医疗卫生法律法规与医患沟通

Laws and Regulations on Medical and Health&Doctor-Patient Communication

华 西 医 学 临 床 系 列

主 编 李大江

四川大学出版社
SICHUAN UNIVERSITY PRESS

图书在版编目（CIP）数据

医疗卫生法律法规与医患沟通 / 李大江主编. -- 成都：四川大学出版社，2024.11
（华西医学临床系列）
ISBN 978-7-5690-6736-1

Ⅰ.①医… Ⅱ.①李… Ⅲ.①卫生法－研究－中国 Ⅳ.① D922.164

中国国家版本馆CIP数据核字（2024）第067184号

书　　名：	医疗卫生法律法规与医患沟通
	Yiliao Weisheng Falü Fagui yu Yihuan Goutong
主　　编：	李大江
丛 书 名：	华西医学临床系列
丛书策划：	许　奕　周　艳
选题策划：	许　奕
责任编辑：	倪德君
责任校对：	周维彬
装帧设计：	李　沐
责任印制：	李金兰
出版发行：	四川大学出版社有限责任公司
地　　址：	成都市一环路南一段24号（610065）
电　　话：	（028）85408311（发行部）、85400276（总编室）
电子邮箱：	scupress@vip.163.com
网　　址：	https://press.scu.edu.cn
印前制作：	四川胜翔数码印务设计有限公司
印刷装订：	四川煤田地质制图印务有限责任公司
成品尺寸：	185 mm×260 mm
印　　张：	14.5
字　　数：	342千字
版　　次：	2025年1月 第1版
印　　次：	2025年1月 第1次印刷
定　　价：	89.00元

本社图书如有印装质量问题，请联系发行部调换

版权所有 ◆ 侵权必究

编委会

主　　编：李大江

副 主 编：李　念　冉隆耀　徐　聃

编　　者：刘　敏　张　磊　帅冰星　管　玫　刘　凯　刘　芳
　　　　　任　爽　刘　余　张瀚智　杜　鑫　胡晓华　朱　清
　　　　　罗会强　唐　洁　张冰然　杨墨轩　王颖航

编写单位：四川大学华西医院医务部

前　言

党的二十大报告提出了全面推进健康中国建设的战略目标，公立医院进入了高质量发展阶段，其根本目标是围绕人民群众持续增长的健康需求，通过科学化、精细化、智慧化管理，不断提升优质医疗资源的效度，为人民群众提供一流的医疗服务。同时，随着我国卫生健康事业的持续发展及科学技术的不断进步，卫生健康行业的法治体系也伴随全面依法治国的实施而日臻完善，医疗卫生法律法规不断推陈出新，医疗机构及医务人员面临很多新形势、新任务和新要求。但深刻分析我国卫生健康行业发展中存在的短板，以及人民群众在医疗服务中反映的问题，我们发现医疗机构及医务人员在依法执业方面仍然存在漏洞，在医疗质量安全核心制度落实方面仍然存在不足，诊疗规范执行及优化有待加强，医患沟通意识与技巧需要提升。

我国卫生健康行业主管部门对此类问题高度重视，采取了多种措施强化依法执业，并将其作为大型医院巡查、医院等级评审、日常监督执法的重要内容。医疗机构的管理者和从业者也应该掌握医疗卫生法律法规与医患沟通的相关知识和技能，不仅是提升个人专业素养的需要，更是适应现代医疗体系发展的必然趋势。

《医疗卫生法律法规与医患沟通》一书就是旨在为医疗机构的管理者和从业者落实医疗卫生法律法规提供指导，并协助他们有效应对医疗服务过程中的各种挑战。本书依托在医疗管理方面经验丰富的华西医院医务管理专家团队，理论与实践相结合，以法律法规为准绳，以医疗质量与患者安全为核心，以医疗服务品质提升为目标，就医疗机构医务人员在提供医疗服务过程中需要关注的重点和难点给予了深入分析和科学阐释，并涉及医事法学、卫生管理学、药学等多个学科范畴。

本书的目标读者广泛，包括卫生健康行业的从业者、医学院校学生、医疗机构管理者及对医疗卫生法律问题感兴趣的普通读者。在编写过程中，我们不仅对医疗卫生管理理论知识体系进行了系统化、全面化、深度化的梳理和解释，更特别注重医疗工作实践中的常见问题，并提供解决策略和建议，以培养具备高度临床思维和丰富实践能力的医学人才。从应用性角度出发，本书强调学以致用，尤其注重将医疗质量安全管理中常用的方法和工具与医疗临床工作相结合，以实现知识与实践的有机融合。我们期望通过本书的学习，读者能够深入理解医疗卫生法律法规的重要性，掌握医患沟通的有效技巧，提高医疗质量安全管理的专业能力，为构建和谐的医患关系、推动医疗卫生事业的持续发展作出积极贡献。

目 录

第一章 依法执业 ………………………………………………………………（ 1 ）
  第一节 依法执业概述 …………………………………………………………（ 1 ）
  第二节 医疗机构依法执业 ……………………………………………………（ 5 ）
  第三节 医务人员依法执业 ……………………………………………………（ 12 ）
  第四节 依法执业面临的挑战 …………………………………………………（ 15 ）

第二章 医师资质与执业授权管理 ……………………………………………（ 19 ）
  第一节 医师资质相关法律法规 ………………………………………………（ 19 ）
  第二节 医师资格考试 …………………………………………………………（ 20 ）
  第三节 医师执业注册制度与医师定期考核制度 ……………………………（ 25 ）
  第四节 医师执业授权管理 ……………………………………………………（ 33 ）
  第五节 典型案例 ………………………………………………………………（ 40 ）

第三章 医疗质量与患者安全 …………………………………………………（ 43 ）
  第一节 医疗质量与患者安全的内涵 …………………………………………（ 43 ）
  第二节 《医疗质量管理办法》的相关要求 …………………………………（ 44 ）
  第三节 患者安全 ………………………………………………………………（ 45 ）
  第四节 医疗质量安全核心制度 ………………………………………………（ 47 ）
  第五节 典型案例 ………………………………………………………………（ 53 ）

第四章 医疗质量安全不良事件与医疗纠纷管理 ……………………………（ 56 ）
  第一节 医疗质量安全不良事件管理 …………………………………………（ 56 ）
  第二节 医疗纠纷的投诉管理 …………………………………………………（ 72 ）
  第三节 医疗纠纷的多元化解机制 ……………………………………………（ 87 ）
  第四节 医疗纠纷的防范 ………………………………………………………（ 97 ）

第五章 医患沟通管理与实践 …………………………………………………（110）
  第一节 医患沟通的概念与原则 ………………………………………………（110）
  第二节 医患沟通中的医事法 …………………………………………………（111）

第三节　医患沟通的标准化程序和常见障碍……………………………（114）
　　第四节　医患沟通技巧………………………………………………………（119）
　　第五节　医患沟通体系建设的管理实践……………………………………（123）
　　第六节　典型案例……………………………………………………………（130）

第六章　病历书写规范与质量管理……………………………………………（135）
　　第一节　病历的内容与管理…………………………………………………（135）
　　第二节　病历规范化书写要点………………………………………………（138）
　　第三节　病历质量管理………………………………………………………（143）
　　第四节　典型案例……………………………………………………………（147）

第七章　合理用药相关规定……………………………………………………（150）
　　第一节　合理用药管理概述…………………………………………………（150）
　　第二节　抗菌药物相关规定…………………………………………………（153）
　　第三节　合理输液相关规定…………………………………………………（156）
　　第四节　抗肿瘤药物相关规定………………………………………………（157）
　　第五节　药品不良反应相关规定……………………………………………（159）
　　第六节　典型案例……………………………………………………………（161）

第八章　医疗技术临床应用管理………………………………………………（168）
　　第一节　医疗技术临床应用管理概述………………………………………（168）
　　第二节　医疗技术管理规范、质量控制与培训……………………………（169）
　　第三节　医疗技术临床应用管理的法律思考………………………………（174）

第九章　单病种质量管理与临床路径…………………………………………（181）
　　第一节　单病种质量管理概述………………………………………………（181）
　　第二节　单病种质量管理的实施……………………………………………（183）
　　第三节　临床路径概述………………………………………………………（186）
　　第四节　临床路径的制订与实施……………………………………………（191）
　　第五节　以临床路径为抓手的单病种质量管理体系………………………（198）
　　第六节　典型案例……………………………………………………………（198）

第十章　静脉血栓栓塞院内防治体系的建立…………………………………（209）
　　第一节　静脉血栓栓塞的流行病学及预防策略……………………………（209）
　　第二节　住院患者静脉血栓栓塞风险和出血风险评估……………………（210）
　　第三节　医院内静脉血栓栓塞防治管理制度………………………………（214）
　　第四节　VTE医疗质量控制与管理评价……………………………………（217）

第一章 依法执业

第一节 依法执业概述

一、依法执业是推进健康中国建设的重要保障

(一)执业和行医必须在法律允许的范畴内开展

医疗服务涉及公民的生命健康权,生命健康权是《中华人民共和国宪法》明确规定的公民的基本权利,任何人不得侵害。然而,在提供医疗服务的过程中,医务人员往往需要对患者进行诊断、用药、手术等操作。由于医患双方在专业医疗知识方面存在差异,患者往往处于相对被动的地位。因此,为了确保医务人员的医疗行为不会侵害患者的生命健康权,国家和卫生行政部门从不同层面制定了一系列法律法规和规章制度,旨在限制医务人员的过度自主权,同时保护患者的合法权益。在全面推进依法治国的大背景下,医院管理也应将法治作为其重要工具和组成部分。

依法执业指医疗机构及其医务人员严格按照《医疗机构管理条例》《医疗机构管理条例实施细则》《医疗机构诊疗科目名录》等卫生法律法规、规章制度、规范和相关标准,开展诊疗活动的行为。

医师指依法获得执业医师资格或执业助理医师资格,并在医疗、预防、保健机构注册执业的专业医务人员,包括执业医师和执业助理医师。医师按执业类别分为临床医师、中医医师、口腔医师和公共卫生医师。为了加强医师队伍建设,提升医师的职业道德和业务素质,保障医师的合法权益,维护人民健康,我国已形成了一套较为完善的医师管理体系。

(二)深化医药卫生体制改革需要加强法治建设

医药卫生体制改革不仅需要法治的保障,也需要法治的引领和推动。只有运用法治思维,沿着法治轨道推进医疗体制改革,才能确保改革的正确性、准确性和协调性,最终实现既定目标。《中华人民共和国宪法》明确指出,国家应发展医疗卫生事业。医药卫生体制改革的出发点是履行《中华人民共和国宪法》的要求,发展医药卫生事业,更

好地满足人民群众的医药卫生需求。

自 2009 年深化医药卫生体制改革以来，我国在医疗卫生服务体系的筹资方式、服务提供模式等方面进行了改革、探索与完善。只有将这些好的做法和政策固化下来，形成法律，依法促进医药卫生事业的健康发展，依法保障我国的基本医疗卫生服务体系，才能形成长效运行机制。

依法推进医药卫生体制改革是对深化医药卫生体制改革更高层次的要求。加快形成完备的基本医疗卫生法律体系，将有力推动具有中国特色社会主义基本医疗卫生服务体系的建立与完善，早日实现人人享有基本医疗卫生服务的改革目标。

（三）和谐医患关系需要法治保障

近年来，我国医患冲突数量有所上升，其中，患者死亡成为引发医患冲突的一个重要因素。部分人认为，既然患者支付了医疗费用，医院就应该保证治愈，否则就应承担责任并给予赔偿。

医学是一个充满未知的领域，具有风险性和不确定性。目前已知的疾病数以万计，但能够完全治愈的疾病其实只占少数，大多数疾病只能通过治疗缓解症状。期望医师能够包治百病，是不符合医学发展规律的。

患者出现医疗意外的原因多种多样，包括医学技术的局限性、病情的特殊性、医师的专业水平不高及责任心不强等。医学是一门探索性科学，探索过程中难免会有成功与失败。当前，我国医患关系仍较为紧张，这不仅影响社会和谐，也对健康中国的建设产生不利影响。造成医患关系紧张的因素错综复杂，需要从医患双方、医学活动本身的特殊性、医疗卫生体系的现状及社会大环境等多个角度进行深入分析。构建和谐的医患关系需要多方面的努力，既要维护患者的合法权益，也要保护医务人员的权益。

实践证明，医患冲突在一定程度上是难以完全避免的。但只要我们以患者为中心，从患者的利益出发，就能更有效地解决医患冲突，保障双方的合法权益，维护医疗秩序的稳定。

二、卫生行政部门加强对依法执业的监督和管理

卫生行政部门一直高度重视对医疗机构依法执业的监督检查工作。为此，专门成立了卫生执法监督机构，定期对医疗机构开展依法执业培训、指导和监督检查，并将检查结果作为医疗机构校验、评审、考核的重要参考。各地卫生行政部门还结合本地实际情况，开展了形式多样的监督检查活动。其根本目的是持续强化依法执业的意识，确保医疗服务的质量和安全。

以四川省为例，为贯彻落实党中央、国务院的决策部署及省委、省政府的工作要求，四川省卫生和计划生育委员会（现更名为卫生健康委员会）于 2016 年 10 月在全国率先提出利用信息化手段，构建医疗机构、医务人员、医疗行为的综合监管机制。通过实现全程、动态、精准的监管，促进医疗机构明确功能定位，医务人员规范执业，医疗行为合理有效。四川省探索建立了医疗服务综合监管的新模式，即"四川模式"。

四川省构建了基于医院信息管理系统（hospital information system，HIS）的数据采集和分析平台，并整合了统计直报系统、医保系统、省全民健康信息平台、药品招标采购平台、大数据平台等资源。利用统计和大数据技术及疾病风险评估模型，建立了"三医"（医疗机构、医务人员、医疗行为）政府信息化监管平台。该平台能够对医疗机构、医务人员、医疗行为进行综合分析、动态呈现和全程监管，是一个集监控、分析、管理于一体的综合性、智能化、信息化监管平台。

平台的设计遵循"13468"的总体思路：

"1"代表一个平台——四川省"三医"政府信息化监管平台。

"3"代表三种方法，平台利用大数据、疾病诊断相关分组（diagnosis related groups，DRGs）及疾病风险调整三种方法实现对全省数据的实时分析。

"4"代表四种手段，平台采用标值监控、离群监控、趋势监控和风险监控四种方法对全省监控数据异常值及发展趋势进行实时分析。

"6"代表六个层级，平台实现了对省级、市级、县级三级医疗机构及机构、科室、医师三个层级的全覆盖。

"8"代表八个维度，平台监控的指标主要包括资源配置、服务项目、服务状况、依法执业、合理医疗、服务能力、执业资格和执业状况等八个维度的全方位监管。

目前，该平台针对医疗机构、医务人员和医疗行为共设置了26项监控指标（表1-1），并会根据监管需要适时进行调整和优化。通过这一平台的建设和应用，四川省在医疗服务监管方面迈出了坚实的步伐，为全国提供了可借鉴的经验。

表1-1 医疗"三监管"平台监控指标

类别	指标
医疗机构监管指标	• 机构资质违规（包括医疗机构资质、诊疗科目设置、限制临床应用医疗技术资质、医院等级评审、复审时间等指标） • 人员配置合理性（包括医护比、床护比） • 医疗费用合理性（包括医疗总费用、药占比、百元医疗收入消耗卫生材料费） • 医疗服务效率（包括病床使用率、平均住院日） • 双向转诊比例（包括转往下级医疗机构患者数、下级机构转入患者数） • 基本/疑难病种占比（包括基本病种占比、疑难病种占比） • 药品采购（包括药品上网采购积分、国产药品采购比例、基本药物使用比例） • 医疗机构不良执业记分
医务人员监管指标	• 医务人员资质 • 医师处方权限（包括违规开具限制使用级抗生素处方，疑似违规开具特殊使用级抗生素处方，违规开具麻醉药品、精神药品处方） • 服务患者月次均门诊费用 • 服务患者月次均住院费用 • 日均门诊人次 • 日均负担床日 • 单处方月平均价 • 医师不良执业行为记分

续表

类别	指标
医疗行为监管指标	• 不合理住院费用 • 不合理处方 • 不合理药品使用 • 不合理高值耗材使用 • 门诊抗菌药物使用率 • CT 检查阳性率 • MRI 检查阳性率 • 重复住院 • 非计划再入院率 • 个人支付占比

同时，卫生行政部门也将依法执业作为医院评审的重要内容，在国家卫生健康委员会发布的《三级医院评审标准（2022年版）》中，第一部分前置要求中的重要部分就是依法设置与执业，共包括15项内容，如发生1项，即实施一票否决，直接影响医院等级评审。这15项内容具体如下。

1. 医院规模和基本设置未达到《医疗机构管理条例》《医疗机构基本标准（试行）》所要求的医院标准。

2. 违反《中华人民共和国基本医疗卫生与健康促进法》《医疗机构管理条例》，伪造、变造、买卖、出租、出借《医疗机构执业许可证》；医院命名不符合《医疗机构管理条例实施细则》等有关规定，未按时校验、拒不校验或有暂缓校验记录，擅自变更诊疗科目或有诊疗活动超出诊疗科目登记范围；政府举办的医疗卫生机构与其他组织投资设立非独立法人资格的医疗卫生机构，与社会资本合作举办营利性医疗卫生机构；医疗卫生机构对外出租、承包医疗科室；公立医院承包、出租药房，向营利性企业托管药房，以任何形式开设营利性药店；非营利性医疗卫生机构向出资人、举办者分配或变相分配收益。

3. 违反《中华人民共和国医师法》《医疗机构管理条例》《护士条例》，使用非卫生技术人员从事医疗卫生技术工作。

4. 违反《中华人民共和国药品管理法》《医疗器械监督管理条例》，违法违规采购或使用药品、设备、器械、耗材开展诊疗活动，造成严重后果；未经许可配置使用需要准入审批的大型医用设备。

5. 违反《中华人民共和国母婴保健法》，未取得母婴保健技术服务执业许可证开展相关母婴保健技术。

6. 违反《人体器官移植条例》，买卖人体器官或者从事与买卖人体器官有关的活动，未经许可开展人体器官获取与移植技术。

7. 违反《中华人民共和国献血法》，非法采集血液，非法组织他人出卖血液，出售无偿献血的血液。

8. 违反《中华人民共和国传染病防治法》《中华人民共和国生物安全法》，造成传染病传播、流行或其他严重后果；或其他重大违法违规事件，造成严重后果或情节严重；卫生健康行政部门或监督执法机构近两年来对其进行传染病防治分类监督综合评价为重点监督单位（以两年来最近一次评价结果为准）。

9. 违反《医疗纠纷预防和处理条例》《医疗事故处理条例》，篡改、伪造、隐匿、毁灭病历资料，造成严重后果。

10. 违反《医疗技术临床应用管理办法》，将未通过技术评估与伦理审查的医疗新技术、禁止类医疗技术应用于临床，造成严重后果。

11. 违反《麻醉药品和精神药品管理条例》《易制毒化学品管理条例》《处方管理办法》，违规购买、储存、调剂、开具、登记、销毁麻醉药品和第一类精神药品，使用未取得处方权的人员或被取消处方权的医师开具处方，造成严重后果。

12. 违反《放射诊疗管理规定》，未取得放射诊疗许可从事放射诊疗工作或未履行其他法定职责，造成严重后果。

13. 违反《中华人民共和国职业病防治法》，未依法开展职业健康检查或职业病诊断、未依法履行职业病与疑似职业病报告等法定职责，造成严重后果。

14. 违反《中华人民共和国广告法》《医疗广告管理办法》，违规发布医疗广告，情节严重。

15. 其他重大违法、违规事件，造成严重后果或情节严重。

医疗机构要做到依法执业，必须高度关注人员、设备、机构等资质合规，对法律法规要求管理到位，发布的各项信息必须真实准确，需要报送的材料必须及时可靠。

第二节　医疗机构依法执业

一、法律法规对医疗机构依法执业的相关要求

（一）医疗机构分类

医疗机构指按照《医疗机构管理条例》和《医疗机构管理条例实施细则》相关规定，取得《医疗机构执业许可证》，从事疾病诊断治疗活动的卫生机构的总称。目前，我国医疗机构分为医院、乡（镇）卫生院、疗养院、门诊部、诊所、村卫生室及急救站等十四大类。

1. 按经济类型分类，医疗机构分为公立医疗机构和民营医疗机构。其中，公立医疗机构是我国医疗服务体系的主体，指由政府或集体举办的纳入财政预算管理的医疗机构。民营医疗机构指公立医疗机构以外的医疗机构，包括联营、股份合作、私营和外国投资等性质的医疗机构。

2. 按主办单位分类，医疗机构分为政府办医疗机构、社会办医疗机构和个人办医疗机构。其中，政府办医疗机构包括卫生行政部门及其他政府机关主办的医疗机构。社

会办医疗机构包括企业、事业单位、社会团体和其他社会组织主办的医疗机构。

3. 按分类管理原则分类，医疗机构分为非营利性医疗机构和营利性医疗机构。

1）非营利性医疗机构指为社会公众利益服务而设立运营的医疗机构，不以营利为目的，其收入用于弥补医疗服务成本，实际运营中的收支结余只能用于自身的发展或回报社会，如改善医疗条件、引进技术、开展新的医疗服务项目等。

2）营利性医疗机构指医疗服务所得收益可用于投资者经济回报的医疗机构。营利性医疗机构根据市场需求自主确定医疗服务项目并报卫生行政部门核准，参照执行企业的财务、会计制度和有关政策。它依法自主经营，医疗服务价格放开，实行市场调节价，根据实际服务成本和市场供求情况自主制订价格。

非营利性医疗机构和营利性医疗机构比较见表1-2。

表1-2 非营利性医疗机构和营利性医疗机构比较

维度	非营利性医疗机构	营利性医疗机构
经营目标	为社会公众利益服务	追求利润最大化
在我国医疗服务体系中的定位	主体地位	补充地位
收益分配	只能用于自身发展或回报社会	可用于投资者经济回报
税收优惠	享受国家免税政策	不享受国家免税政策
财政补贴	有	无
医疗服务定价	政府定价	自主定价
财务会计要求	执行财政部、卫生部颁布的《医院管理制度》和《医院会计制度》等有关法规、政策	参照执行企业的财务、会计制度和有关政策
财产清偿（退出机制）	由社会管理部门或其他非营利性医疗机构处置	自行处置

（二）医疗机构管理要点

1. 实行医疗机构设置规划和审批制度。县级以上地方人民政府卫生行政部门应根据本行政区域的人口规模、医疗资源状况、医疗需求以及现有医疗机构的分布，制定医疗机构设置规划。所有医疗机构，不论其类别、所有制形式、隶属关系或服务范围，其设置均应遵循医疗机构设置规划和基本标准，并依照国家相关规定完成审批或备案流程，依法获得执业许可。

2. 实行医疗机构执业登记制度。医疗机构开展执业活动前，必须向批准其设置的人民政府卫生行政部门进行执业登记，并领取《医疗机构执业许可证》。若医疗机构需变更名称、地点、主要负责人、诊疗科目或床位，必须办理相应的变更登记或备案。若医疗机构因非改建、扩建或迁建原因停业超过1年，必须办理注销登记或备案。《医疗机构执业许可证》需定期进行校验，严禁伪造、涂改、出售、转让或出借。若许可证遗失，应立即声明并申请补发。

3. 实行医疗机构评审制度。由专家组成的评审委员会将根据医疗机构评审办法和标准,对医疗机构的执业活动和医疗服务质量进行综合评价。目前,我国医疗机构分为三级十等,评审周期为每四年一次。

三级医院评审标准分为三部分。第一部分为前置要求,医疗机构在评审周期内发生一项及以上情形的,延期一年评审。延期期间原等级将被取消,按照"未定等"管理。第二部分为医疗服务能力与质量安全监测数据,此部分主要为医疗机构日常行为、客观指标,内容包括医院资源配置、质量、安全、服务、绩效等指标监测,DRGs评价、单病种和重点医疗技术质量控制等日常监测数据,数据统计周期为全评审周期,且本部分在评审综合得分中的权重不低于60%。第三部分为现场检查,在评审综合得分中的权重不高于40%。

4. 实行负面清单制度。符合以下六种情形之一的单位或个人不得申请设置医疗机构:①不能独立承担民事责任的单位;②正在服刑或者不具有完全民事行为能力的个人;③发生二级以上医疗事故未满五年的医务人员;④被吊销执业证书的医务人员;⑤被吊销《医疗机构执业许可证》的医疗机构法定代表人或者主要负责人;⑥省级卫生行政部门规定的其他情形。

5. 强化重点领域管理。

1) 加强药品管理。医疗机构应具备与所使用药品相适应的场所、设备、仓储设施和卫生环境,并配备依法经过资格认定的药师或其他药学技术人员。应建立并严格执行进货检查验收制度、药品追溯制度和药品保管制度。

医疗机构配制制剂,必须经过审批并获得医疗机构制剂许可证。制剂只能在指定的医疗机构之间调剂使用,不得在市场上销售。

对于需要使用麻醉药品和第一类精神药品的医疗机构,必须经过审批并获得相应的购用印鉴卡,凭此印鉴卡向定点企业购买药品。应设立专库或专柜储存这些药品,专库应配备防盗设施并安装报警系统;专柜应使用保险柜。专库和专柜应实行双人双锁管理制度。

医疗机构应按规定对本单位执业医师进行药品使用知识的培训、考核,并授予处方资格。所有处方应进行专册登记,其中麻醉药品处方至少保存3年,精神药品处方至少保存2年。

在抢救患者急需药品而本机构无法提供的情况下,可以从其他机构紧急借用。但在抢救工作结束后,应及时将相关情况报告给所在地设区的市级药品监督管理部门和卫生主管部门备案。

2) 加强医疗器械管理。医疗器械指单独或者组合适用于人体的仪器、设备、器具、材料或其他物品,包括所需要的软件。其效用主要通过物理等方式获得,不是通过药理学、免疫学或者代谢的方式获得,或者虽然有这些方式参与但是只是起辅助作用。其使用目的:①疾病的诊断、预防、监护、治疗或者缓解;②损伤的诊断、监护、治疗、缓解或者功能补偿;③生理结构或者生理过程的检验、替代、调节或者支持;④生命的支持或者维持;⑤妊娠控制;⑥通过对来自人体的样本进行检查,为医疗或者诊断目的提供信息。

医疗机构应当建立并完善本机构医疗器械临床使用管理制度，包括临床适用技术评估与论证制度、进货查验记录制度、医疗器械验收验证制度、临床适用风险管理制度、重要医疗器械故障紧急替代流程，对医疗器械实行分类管理。临床使用医疗器械，应当按照诊疗规范、操作指南、医疗器械使用说明书等，遵守医疗器械适用范围、禁忌证及注意事项，注意主要风险和关键性能指标。使用大型医疗器械及植入和介入类医疗器械的，应当将医疗器械的名称、关键性技术参数等信息，以及与使用质量安全密切相关的必要信息记载到病历等相关记录中。医疗机构应当通过开展性能检测和安全监测，验证医疗器械性能的适当性和使用的安全性；通过开展部件更换、清洁等预防性维护，延长医疗器械使用寿命并预防故障发生。发生或者发现医疗器械使用安全事件或者可疑医疗器械使用安全事件时，应当立即采取有效措施，避免或者减轻对患者身体健康的损害，防止损害扩大，并向有关部门报告。

医疗机构开展放射诊疗工作，应当具备与其开展的放射诊疗工作相适应的条件，取得《放射诊疗许可证》，并进行诊疗科目登记。不合格或国家有关部门规定淘汰的放射诊疗设备不得购置、使用、转让和出租。应当制定与本单位从事的放射诊疗项目相适应的质量保证方案、防范和处置放射事件的应急预案，定期对放射诊疗工作场所、放射性核素储存场所和防护设施进行放射防护检测，发生放射事件后应当立即采取有效应急救援和控制措施。应当按照规定和标准，对放射诊疗工作人员进行上岗前、在岗期间和离岗时的健康检查，定期进行专业及防护知识培训。放射诊疗工作人员应当按照有关规定佩戴个人剂量仪，对患者和受检者进行医疗照射时，应当遵守医疗照射正当化和放射防护最优化的原则，严格控制受照剂量；对邻近照射野的敏感器官和组织进行屏蔽防护。

3）加强医疗技术管理。医疗机构开展医疗技术临床应用应当具有符合要求的诊疗科目、专业技术人员、相应的设备、设施和质量控制体系，并遵守相关技术临床应用管理规范。对国家明确的禁止类医疗技术禁止应用于临床，对限制类技术按要求经备案后方能开展，对其他医疗技术自行决定开展临床应用。应当建立本机构医疗技术临床应用管理制度，并将开展的限制类技术目录、手术分级管理目录和限制类技术临床应用情况纳入本机构院务公开范围，主动向社会公开，接受社会监督。医疗机构从事人体器官移植，应当申请办理人体器官移植诊疗科目登记。内容详见"第四章医疗质量安全不良事件与医疗纠纷管理"。

4）做好医疗纠纷预防与处理。发生医疗纠纷，应当告知患者或其近亲属：①解决医疗纠纷的合法途径；②有关病历资料、现场实物封存和启封的规定；③有关病历资料查阅、复制的规定；④患者死亡的，还应当告知有关尸检的规定。发生重大医疗纠纷的，应当按照规定向有关部门报告。内容详见"第四章医疗质量安全不良事件与医疗纠纷"。

5）合法发布医疗广告。医疗广告指利用各种媒介或者形式直接或间接介绍医疗机构或医疗服务的广告。医疗机构发布医疗广告，应当在发布前取得《医疗广告审查证明》。非医疗机构或医疗机构内部科室不得发布医疗广告。禁止利用新闻形式、医疗资讯服务类专题节（栏）目发布或变相发布医疗广告。有关医疗机构的人物专访、专题报道等宣传内容，可以出现医疗机构名称，但不得出现有关医疗机构的地址、联系方式等医疗广告内容；不得在同一媒介的同一时间段或者版面发布该医疗机构的广告。

医疗广告内容仅限于以下内容：①医疗机构第一名称；②医疗机构地址；③所有制形式；④医疗机构类别；⑤诊疗科目；⑥床位数；⑦接诊时间；⑧联系电话。其中①至⑥项必须与《医疗机构执业许可证》或其副本载明的内容一致。

医疗广告内容不得含有：①涉及医疗技术、诊疗方法、疾病名称、药物的内容；②保证治愈或者隐含保证治愈的内容；③宣传治愈率、有效率等诊疗效果的内容；④淫秽、迷信、荒诞的内容；⑤贬低他人的内容；⑥利用患者、卫生技术人员、医学教育科研机构及人员及其他社会社团、组织的名义、形象作证明的内容；⑦使用解放军和武警部队名义的内容。

6）做好特殊疾病的管理。

（1）做好传染病管理，做到早发现、早报告、早隔离、早治疗。疫情报告工作是各级医疗机构的法定责任，医疗机构发现法定传染病疫情或者发现其他传染病暴发、流行及突发原因不明的传染病时，应当遵循属地管理原则，按照规定的内容、程序、方式和时限报告，并及时采取相应治疗和控制传播措施，保护易感人群。目前我国法定传染病分为甲类、乙类和丙类（表1-3）。

表1-3 我国法定传染病病种清单及管理要求

传染病类型	具体病种	管理要求
甲类	鼠疫、霍乱	强制管理，对患者、携带者、疑似感染和密切接触的对象，以及疫区进行严格的控制、隔离、治疗
乙类	传染性非典型肺炎、艾滋病、病毒性肝炎、脊髓灰质炎、人感染高致病性禽流感、麻疹、流行性出血热、狂犬病、流行性乙型脑炎、登革热、炭疽、细菌性和阿米巴性痢疾、肺结核、伤寒和副伤寒、流行性脑脊髓膜炎、百日咳、白喉、新生儿破伤风、猩红热、布鲁菌病、淋病、梅毒、钩端螺旋体病、血吸虫病、疟疾、人感染H7N9禽流感、新型冠状病毒感染、猴痘	严格管理，及时控制、隔离并治疗
丙类	流行性感冒、流行性腮腺炎、风疹、急性出血性结膜炎、麻风病、流行性和地方性斑疹伤寒、黑热病、包虫病、丝虫病、除霍乱、细菌性和阿米巴性痢疾、伤寒和副伤寒以外的感染性腹泻病、手足口病	监测管理

注：乙类传染病中的传染性非典型肺炎和炭疽中的肺炭疽采取甲类传染病的预防、控制措施。

（2）做好精神疾病管理。开展精神障碍诊断、治疗活动的医疗机构，应进行诊疗科目登记。医务人员在提供疾病诊疗服务时，应遵循诊断标准和治疗规范，为就诊者提供心理健康指导。若发现患者可能患有精神障碍，应建议其前往符合规定的医疗机构接受进一步诊断和治疗。除非法律有明确规定，否则不得违反患者意愿进行精神障碍的医学检查。精神障碍的诊断应由具有执业资格的精神科医师作出。

患者住院治疗应遵循自愿原则。然而，对于伴有以下情况的严重精神障碍患者，应实施住院治疗：①已经发生伤害自身的行为，或者有伤害自身的危险；②已经发生危害他人安全的行为或存在危害他人安全的危险。

若患者已经发生自伤行为或存在自伤危险，且其监护人不同意住院治疗，则医疗机构不得对患者实施住院治疗。在医疗机构内，若患者发生或即将发生自伤、危害他人安全或扰乱医疗秩序的行为，且无其他可替代措施时，可以采取约束、隔离等保护性医疗措施。实施这些措施后，应及时通知患者的监护人。严禁利用约束、隔离等措施作为惩罚精神障碍患者的手段。

医疗机构不得强迫精神障碍患者参与生产劳动，也不得对患者实施与其精神障碍治疗无关的实验性临床医疗活动。

6. 实行执业规则制度。

1）医疗机构及其医务人员应遵守有关法律法规和规范，按照核准登记或者备案的诊疗科目开展诊疗活动。

2）医疗机构不得雇用非卫生技术人员从事医疗卫生技术工作。

3）医疗机构应加强对医务人员的医德教育。

4）对于危重患者，医疗机构应立即进行抢救。对于因设备或技术条件限制无法诊治的患者，应及时转诊至具备相应条件的医疗机构。

5）未经医师亲自诊查患者，医疗机构不得出具医学证明文件。

6）医疗机构必须按照规定标准收取医疗费用，并向患者提供详细的费用清单和正式收据。

7）医疗机构应承担相应的预防保健工作，并积极参与支援农村、指导基层医疗卫生机构的工作。

8）在发生重大灾害、事故、疾病流行或其他紧急情况时，医疗机构及其医务人员必须服从政府的统一调遣，积极参与救援工作。

9）在实施手术、特殊检查或特殊治疗前，医疗机构应及时向患者或其近亲属充分说明医疗风险、替代医疗方案等情况，并取得其明确同意。在紧急情况下，如无法及时取得患者或其近亲属的意见，经医疗机构负责人或授权负责人批准，可以立即采取相应的医疗措施。

二、医疗机构的常见违法行为

（一）违法违规执业行为

1. 未取得《医疗机构执业许可证》擅自营业，买卖、转让、租借《医疗机构执业许可证》或《医师执业证书》，不按期办理《医疗机构执业许可证》校验，超出登记范围开展诊疗活动。

2. 雇用非卫生技术人员从事医疗卫生技术工作、出具虚假证明文件、制售假药、以医疗名义推广销售所谓"保健"相关用品等。

3. 开展禁止临床使用的医疗检查，使用未依法注册或者备案的医疗器械，未经批准违规开展限制类技术、人类辅助生殖技术、免疫细胞治疗、干细胞临床研究和治疗等。

4. 以虚假诊断、夸大病情或疗效、利用"医托"等方式，欺骗、诱使、强迫患者接受诊疗和消费等。

5. 非法获取和买卖器官、角膜等人体组织器官。

6. 实施特殊检查未签署知情同意书。

7. 医疗机构和科室实施"开单提成"、设置业务收入指标并与医务人员收入直接挂钩等可能诱导过度检查的行为。

（二）医疗骗保行为

通过虚假宣传、以体检等名目诱导、骗取参保人员住院；留存、盗刷、冒用参保人员社会保障卡；虚构医疗服务、伪造医疗文书或票据；虚记、多记药品、诊疗项目、医用耗材、医疗服务设施费用；串换药品、器械、诊疗项目等恶意骗取医保基金行为。

（三）发布违法医疗广告和虚假信息行为

未经卫生健康部门审查和违反《医疗广告审查证明》规定发布医疗广告，参与医药产品、食品、保健品等商品推销活动。利用医院自建网站、公众号等自媒体发布虚假医疗信息。

（四）不规范收费、乱收费、诱导消费和过度诊疗行为

拆分手术或检验检查项目，未按照要求公示药品、医用材料及医疗服务价格，未按照项目和计价依据收费等。违反诊疗常规，诱导医疗、过度医疗、无依据检查、非必要重复检查，特别是术中加价。

三、医疗机构加强依法执业管理的措施

许多医疗机构违法执业的根本原因是过分重视业务发展而忽视了管理的重要性。尽管存在相应的规章制度，但往往未能严格执行。此外，由于对依法执业管理规章的认识不足，一些医疗业务和岗位出现了违法执业的情况而未能及时察觉。针对这些问题，可以从以下几个方面进行改进。

（一）加强组织建设，转变工作观念

依法执业是医疗机构发展的基石。当前，部分医疗机构，尤其是民营医疗机构，为了追求最大利益，采用企业管理方式运营医院，导致医院发展出现了重效益轻管理的现象。为了减少成本，一些经济效益不高的科室硬件设施不完善，人员培养投入不足，管理过程中存在敷衍了事的现象。因此，医院领导需要转变观念，重视依法执业的管理，严格按照法律法规规范执业行为。要明确各部门职责，指定专人负责依法执业工作；通过签订责任状，明确各级责任，形成领导、科室主任和医务人员各负其责的良好局面。

同时，将依法执业要求纳入科室建设的重要内容，将违法医疗行为与医务人员的职称晋升、绩效考核、评优评先等利益挂钩，确保在追求业务发展的同时，坚守医疗行为的红线和底线。

（二）完善工作制度，加强培训与考核

随着国家不断加强医疗卫生领域法制体系建设，医疗机构也应及时完善内部管理规章制度，确保与法制要求相一致。依法执业的关键在于及时了解并有效执行相关法制要求。医疗机构应积极营造普法、学法、知法的氛围，通过专项培训和考核，使制度深入人心、落实到行动。同时，建立相应的惩处机制，对医疗过程中的违法违规行为坚决制止并予以惩处。

（三）依托信息手段，强化制度落实

现代信息技术为医疗机构加强依法执业管理提供了有力支持。医疗机构应充分利用信息化手段，通过系统设置先决条件来限制和管控法律法规或规章限制的诊疗行为。例如，为防止非卫生技术人员从事医疗技术工作，可以通过加强 HIS 账号管理和内部工作模块设置，确保非卫生技术人员无法进行医疗操作。

（四）强化自查监督，做到持续改进

医院职能部门应不定期对依法执业的重点科室、环节和人员进行专项检查，针对发现的问题及时指导整改，规范诊疗行为。同时，可在各科室设立依法执业协管员，形成全院统一的依法执业管理体系，使依法执业的理念深入人心，成为每位工作人员的行为准则。

第三节　医务人员依法执业

一、法律法规对医务人员依法执业的相关要求

（一）医务人员的范畴

医务人员指经过考核和卫生行政部门批准和承认，取得相应资格及执业证书的各级各类卫生技术人员。按照业务性质的不同，医务人员分为医师、护士、药剂人员、医技人员。目前，我国对于医务人员执业规范管理的依据主要有《中华人民共和国医师法》《外国医师来华短期行医暂行管理办法》《香港、澳门特别行政区医师在内地短期行医管理规定》《护士条例》《处方管理办法》《医疗机构临床实验室管理办法》等。

（二）医师依法执业的管理要点

详见"第二章医师资质与执业授权管理"。

（三）护士依法执业的管理要点

1. 护士执业注册。护士执业，应当经执业注册取得《护士执业证书》。申请执业注册，应当具备下列条件：具有完全民事行为能力；完成普通全日制3年以上的护理、助产专业课程学习，包括完成8个月以上护理临床实习，并取得相应学历证书；经过护士执业资格考试；符合规定的健康标准。护士执业注册申请，自通过护士执业资格考试之日起3年内提出；逾期提出申请的，还应当在符合国务院卫生主管部门规定条件的医疗机构接受3个月临床护理培训并考核合格。护士执业注册有效期为5年。有效期届满需要继续执业的，应当提前申请延续注册。延续执业注册有效期为5年。

2. 护士的权利。①有按照国家有关规定获取工资报酬、享受福利待遇、参加社会保险的权利。②有获得与其所从事的护理工作相适应的卫生防护、医疗保健服务的权利。③有获得与本人业务能力和学术水平相应的专业技术职务、职称的权利；有参加专业培训、从事学术研究和交流、参加行业协会和专业学术团体的权利。④有获得疾病诊疗、护理相关信息的权利和其他与履行护理职责相关的权利，可以对医疗机构和卫生主管部门的工作提出意见和建议。

3. 护士的义务。①应当遵守法律法规、规章和诊疗技术规范的规定。②在执业活动中，发现患者病情危急，应当立即通知医师；在紧急情况下为抢救垂危患者生命，应当先行实施必要的紧急救护。发现医嘱违反法律法规、规章或者诊疗技术规范规定的，应当及时向开具医嘱的医师提出；必要时，应当向该医师所在科室的负责人或者医疗机构负责医疗服务管理的人员报告。③应当尊重、关心、爱护患者，保护患者的隐私。④有义务参与公共卫生和疾病预防控制工作。发生自然灾害、公共卫生事件等严重威胁公众生命健康的突发事件时，应当服从安排，参加医疗救护。

4. 特殊管理要求。从事医疗美容护理工作的人员，应同时具备下列条件：具有护士资格，并经护士注册机关注册；具有2年以上护理工作经历；经过医疗美容护理专业培训或进修并合格，或已从事医疗美容临床护理工作6个月以上。

（四）其他医务人员依法执业的管理要点

1. 药剂人员。取得药学专业技术职务任职资格的人员方可从事处方调剂工作。直接从事中药饮片技术工作的，应当是中药学专业技术人员。膏方处方人员应为中医类别执业医师，膏方制备人员应为中药学专业技术人员。具有药师以上专业技术职务任职资格的人员负责处方审核、评估、核对、发药及安全用药指导；药士从事处方调配工作。应当凭医师处方并按照操作规程调剂处方药品。药师经处方审核后，认为存在用药不适宜时，应当告知处方医师，请其确认或者重新开具处方。药师若发现严重不合理用药或者用药错误，应当拒绝调剂，及时告知处方医师，并应当记录，按照有关规定报告。

2. 其他医技人员。医疗机构临床实验室专业技术人员应当具有相应的专业学历，并取得相应专业技术职务任职资格。医疗机构临床基因扩增检验实验室人员应当经省级以上卫生行政部门指定机构技术培训合格后,方可从事临床基因扩增检验工作。开展母婴保健技术服务人员需取得相应项目《母婴保健技术考核合格证书》或在《医师执业证书》上加注母婴保健技术考核合格及技术类别。从事人类辅助生殖技术服务的专业技术人员需经国家卫生健康委员会认证的基地培训合格。放射工作人员上岗前,医疗机构应当为其申请办理《放射工作人员证》。

二、医务人员常见违法行医行为

根据《中华人民共和国医师法》相关要求,医师在执业活动中有下列行为之一,将会受到不同程度的处罚:

1. 在提供医疗卫生服务或者开展医学临床研究中,未按照规定履行告知义务或者取得知情同意。
2. 对需要紧急救治的患者,拒绝急救处置,或者由于不负责任延误诊治。
3. 遇有自然灾害、事故灾难、公共卫生事件和社会安全事件等严重威胁人民生命健康的突发事件时,不服从卫生健康主管部门调遣。
4. 未按照规定报告有关情形。
5. 泄露患者隐私或者个人信息。
6. 出具虚假医学证明文件,或者未经亲自诊查、调查,签署诊断、治疗、流行病学等证明文件或者有关出生、死亡等证明文件。
7. 隐匿、伪造、篡改或者擅自销毁病历等医学文书及有关资料。
8. 未按照规定使用麻醉药品、医疗用毒性药品、精神药品、放射性药品等。
9. 利用职务之便,索要、非法收受财物或者牟取其他不正当利益,或者违反诊疗规范,对患者实施不必要的检查、治疗造成不良后果。
10. 开展禁止类医疗技术临床应用。
11. 医师未按照注册的执业地点、执业类别、执业范围执业。
12. 严重违反医师职业道德、医学伦理规范,造成恶劣社会影响。
13. 其他违反法律法规、规章或者执业规范,造成医疗事故或者其他严重后果。

根据《护士条例》相关要求,护士在执业活动中有下列行为之一,将会受到相应的处罚:

1. 发现患者病情危急未立即通知医师。
2. 发现医嘱违反法律法规、规章或者诊疗技术规范的规定,未依照相关要求提出或者报告。
3. 泄露患者隐私。
4. 发生自然灾害、公共卫生事件等严重威胁公众生命健康的突发事件时,不服从安排参加医疗救护。

案例 1-1：

某医院麻醉科执业医师徐某，私自将患者的电子病案首页拍照发到微信群，然后该照片被广泛传播，导致患者及其家人的正常工作、生活和身心健康受到严重影响。医师徐某受到暂停执业活动6个月的行政处罚。

案例 1-2：

某市卫生执法人员在对某口腔诊所开展常规巡查时发现，该诊所的口腔医师刘某正在为患者开展口腔诊疗活动。经调查发现，刘某年初时变更注册到了外省的一家口腔门诊部，但他仍主要在该口腔诊所执业。刘某的行为属于"未按照注册的执业地点从事相应的医疗卫生服务"，该市卫生健康局依据《中华人民共和国医师法》第五十七条的规定，责令刘某立即改正违法行为，并作出警告、罚款一万元的行政处罚。

案例 1-3：

2018年，某私立医院业务员陈某请托某医院急诊科主任张某给该医院介绍患者，并向张某支付转诊患者医疗费用的20%作为"感谢费"。2019年至2020年，张某先后2次将本医院患者介绍给该私立医院，并收取"感谢费"5300元，违反医疗机构相关纪律规定，损害职业形象。2022年4月，张某受到党内警告处分，并被收缴违纪所得。

第四节　依法执业面临的挑战

医疗机构依法执业的影响因素具有复杂性、多重性，除了所有制形式、级别、类别等，依法执业的风险存在于医疗机构日常运行的各个环节，相关影响因素与作用机制多元且多变。医疗机构执业风险不仅与医疗机构相关属性、管理水平、医疗水平、医学技术使用、医务人员管理等内部因素相关，社会法制化水平、群众健康需求等各种外部因素也可能会对医疗机构执业风险产生影响。

一、高质量发展带来的挑战

随着医疗卫生服务需求的迅速增长，公众对卫生健康服务的质量和水平有了更高的期待。当前，我国的医疗改革已进入攻坚阶段，公立医院正处于由"高速规模式发展"向"高质量内涵式发展"过渡的关键时期。在改革探索的过程中，存在诸多法律风险。因此，我们必须不断提升运用法治思维和法治方式深化改革的能力，科学有效地平衡改革创新与法律风险防范之间的内在矛盾，以高质量的法治建设为公立医院的高质量发展提供坚实的保障。

二、多点执业带来的挑战

随着医疗改革的不断深化,医师多点执业制度已逐渐成熟。这一制度促使医师的身份从传统的"单位人"转变为"社会人"。这不仅使医务人员能够更好地发挥其专业技能,为更多患者提供优质医疗服务,同时也让医疗机构,特别是基层医疗机构,能够通过多点执业吸引更多专家,为医院的发展提供强有力的支持。然而,在实施多点执业过程中,合法性问题不容忽视:

1. 多点执业医师应根据个人注册的执业地点、类别和范围,从事相应的医疗、预防和保健活动。

2. 医师需要办理完备的多点执业手续。尽管国家对多点执业采取备案制,医师在进行多点执业时无需主执业机构的同意,但完成备案手续是确保行为合法性的重要步骤。

3. 医师应规范签署多点执业合同,明确医疗纠纷、医疗安全、医疗风险和医疗责任分担机制。

4. 尽管国家鼓励多点执业,但医师在多点执业时不应损害医疗机构的利益。医师不应为了不正当利益而不合理地转介患者,扰乱医疗秩序或损害患者权益。

目前,出现了一些多点执业医师将公立医院的患者引导至私立医院的情况,这涉及"利益输送"和"不当转诊"等问题,对主执业机构的合法权益造成了严重影响。

三、互联网医疗带来的挑战

随着信息技术的持续进步,便携化、智能化的信息终端、5G 网络和 Wi-Fi 技术在我国的广泛普及,线上诊疗服务已经逐渐被公众所接受。线上诊疗服务能够突破传统的地域和时间限制,显著提高医疗服务效率。在互联网医疗平台上,医师可以充分利用碎片时间,为患者提供诊疗建议,这不仅突破了医疗服务的时空限制,也使医务人员的服务模式更加多样化。

然而,互联网并非法外之地。互联网医院在建设和风险控制方面可能存在不足,导致首诊门槛、患者隐私保护、医保结算、处方管理及医患冲突等方面的风险高于传统医院。国家正在不断完善相关管理规范,医疗机构及其医务人员应当严格按照要求,规范开展行为。

信息技术的发展也改变了传统的医疗监管模式。过去需要到医疗机构现场进行的被动监管,已经转变为信息化自动提取的全过程、主动监管模式,使医疗监管更加主动化和智能化。

四、医学技术发展带来的挑战

传统上,我们将临床医学主要分为外科和内科两大类。外科主要通过手术方法去除患者的病因，而内科则侧重于使用药物治疗、康复治疗及预防和处理并发症等方法来治疗疾病。长期以来，这两大领域有着明确的分工。

然而，近年来随着医疗设备和治疗手段的快速发展，传统内外科的工作内容发生了显著变化。一个突出的表现是内科医师开始采用外科化的治疗手段，特别是通过介入和内镜技术等方式为患者提供诊疗服务。实践证明，介入和内镜技术等微创手段能够为患者带来安全、有效的治疗方案，显著降低了传统手术的风险和并发症。

目前，心脏内科、神经内科、消化内科、呼吸内科等领域的医师外科化趋势尤为明显。这一趋势对传统医师执业理念提出了新的挑战。

为了应对这些挑战，国家已经出台了相关的管理规定和实施细则，对医师实施介入、内镜技术等进行了规范。特别是对医师的培训经历提出了明确要求。各级医疗机构在指导医师开展相关技术操作时，必须严格按照国家规定，确保医师经过规范培训，并取得院内授权后，方能从事相应的诊疗活动。

五、中西医协同发展带来的挑战

中医药是中华民族的瑰宝，也是中国古代科学的杰出代表。中西医两种医学体系在生命和疾病的认识以及治疗方法上各有优势。通过中西医结合，可以促进对重大疑难疾病进行联合攻关，形成具有特色的中西医结合诊疗方案，从而提高这些疾病以及急危重症的临床治疗效果。

近年来，国家对中西医协同发展给予了高度重视，并陆续出台了多项政策，鼓励各级医疗机构开展中西医协同工作。在推动中西医协同发展的过程中，特别需要注意规范非中医类别医师开具中成药或中药饮片处方的行为。目前，国家层面已经对相关行为进行了明确规范：

1. 非中医类别医师在经过不少于一年的系统学习中医药专业知识并考核合格后，方可开具中成药处方。
2. 医师如取得省级以上教育行政部门认可的专业学历或学位，或完成西医学习中医的培训并获得合格证书，或持有《传统医学师承出师证书》，则既可以开具中成药处方，也可以开具中药饮片处方。

各省份也根据国家指导原则，陆续制定和出台本省的管理要求或细则。医疗机构及其医师必须严格落实这些要求或细则，确保医疗行为的合规性和患者用药的安全有效。

【关键术语】

依法执业。

【思考题】

1. 简述医疗卫生领域加强法治建设的背景。
2. 简述医务人员应该如何加强依法执业。

主要参考文献

范进学. "法治中国": 世界意义与理论逻辑 [J]. 法学,2018 (3): 3-13.

刘武俊. 深化依法治国实践: 新时代法治中国建设的重大主题 [J]. 群言,2017 (12): 20-23.

马进. 在法治的轨道上推进医改 [J]. 中国卫生,2015 (2): 7.

汪建荣. 30 年卫生立法的发展进程 [J]. 中国卫生法制,2009,17 (1): 8-9.

张鹭鹭,王羽. 医院管理学 [M]. 2 版. 北京: 人民卫生出版社,2014.

陆君. 医疗风险监测与预警——我国落伍多少年 [J]. 中国卫生,2006 (8): 43-45.

DICUCCIO M H. The relationship between patient safety culture and patient outcomes: a systematic review [J]. Journal of Patient Safety,2015,11 (3): 135-142.

MORELLO R T,LOWTHIAN J A,BARKER A L,et al. Strategies for improving patient safety culture in hospitals: a systematic review [J]. BMJ Quality & Safety,2013,22 (1): 11-18.

(李大江　杜鑫)

第二章　医师资质与执业授权管理

第一节　医师资质相关法律法规

医师指依法取得执业医师资格或者执业助理医师资格，经注册在医疗、预防、保健机构中执业的专业医务人员，包括执业医师和执业助理医师。按照执业类别，医师分为临床医师、中医医师、口腔医师和公共卫生医师。为加强医师队伍的建设，提升医师的职业道德和专业技能，保障医师的合法权益，以及维护人民健康，我国在1998年正式颁布了《中华人民共和国执业医师法》，这是我国第一部规范执业医师的法律，标志着医师队伍建设和管理正式步入法治化轨道。随后，卫生部又出台了《医师执业注册管理办法》《医师资格考试暂行办法》《医疗质量管理办法》《外国医师来华短期行医暂行管理办法》《香港、澳门特别行政区医师在内地短期行医管理规定》和《台湾地区医师获得大陆医师资格认定管理办法》等配套文件，形成了一套较为完善的医师管理体系。

《医师执业注册暂行办法》于1999年7月16日颁布实施，对医师执业注册条件、注册程序、注销与变更注册等做出了明确规定，对于规范医师准入管理，加强医师队伍建设发挥了重要作用。随着医药卫生体制改革的不断深化、健康服务业的快速发展，医师执业注册管理也面临着新形势和新任务：一是按照简政放权、放管结合、优化服务（简称"放管服"）的要求，亟须改革医师执业注册制度，进一步优化注册流程，提高行政审批效率，方便行政相对人办事；二是医师执业流动性增强，多点执业情况比较复杂，需要有力推动和加强规范；三是医疗管理信息化水平不断提高，信息共享和大数据应用成为加强事中事后监管的重要手段，医师注册电子化势在必行。

为适应医药卫生体制改革的需要，根据《中华人民共和国执业医师法》有关规定，国家卫生和计划生育委员会对《医师执业注册暂行办法》进行了全面修订，发布了《医师执业注册管理办法》并于2017年4月1日起施行。

2021年8月20日，十三届全国人大常委会第三十次会议表决通过了《中华人民共和国医师法》，自2022年3月1日起施行。《中华人民共和国医师法》是对《中华人民共和国执业医师法》的全面系统修订，增设"保障措施"一章。

第二节　医师资格考试

医师资格考试是一项行业准入性质的考试，旨在评估申请医师资格的个人是否具备从事医师工作所需的专业知识和技能。该考试分为两个部分：实践技能考试和医学综合笔试。

《医师执业证书》是通过参加全国统一的执业医师资格考试或执业助理医师资格考试后，由国家卫生健康委员会统一颁发的。它是在我国从事医师职业所必须持有的证书，代表了医疗技术领域的专业认可。持有《医师执业证书》意味着个人具备独立从事医疗活动所需的技术和能力。

一、医师资格考试制度

医师资格考试制度是医师法的核心组成部分，它直接关系到医师的执业水平，进而影响医疗质量，关乎公民的生命安全和身体健康。全球多数国家和地区通过立法确立了医师执业资格的重要性，明确非医师不得从事医师执业活动。

自1998年《中华人民共和国执业医师法》颁布以来，我国逐步完善了医师资格考试制度。1999年7月16日，卫生部发布了《医师资格考试暂行办法》并付诸实施。2014年3月18日，国家卫生和计划生育委员会、教育部、国家中医药管理局联合发布了《医师资格考试报名资格规定》（2014版），明确规定了参加医师资格考试所需满足的条件。

医师资格考试每年定期举行，通过考试者可获得医师资格。国家卫生健康委员会制定了医师资格考试的具体实施办法，对考试报名、考试形式、组织管理、成绩发布等环节在国家层面进行了统一和明确的规定，确保了医师资格考试的权威性、统一性和可操作性，为医师队伍的同质化和高质量发展打下了坚实基础。

医师资格考试包括执业医师资格考试和执业助理医师资格考试，考试类别涵盖临床、中医（包括传统中医、民族医、中西医结合）、口腔和公共卫生四大领域。每个领域均设有执业医师和执业助理医师两个层次的考试。执业助理医师资格考试主要针对次发达地区和农村基层的医疗人才，考试内容包括实践技能考试和医学综合笔试。

二、医师资格考试报考条件

针对不同学历条件人员，设置了不同的参加执业医师资格考试的条件。符合规定条件的人员，即可报考。

(一)执业医师资格考试报考条件

具备下列条件之一,可以参加执业医师资格考试。

1. 具有高等学校相关医学专业本科以上学历,在执业医师指导下,在医疗机构中参加医学专业实践满1年。

学历要求:具有高等学校医学专业本科以上学历,指具有国家承认的毕业证书。

专业要求:所学专业必须是医学专业,非医学专业不得参加医师资格考试。有些医学专业的关联专业如基础医学类、法医学类、护理(学)类、医学技术类、药学类、中药学类等专业,其学历不得作为报考医师资格的学历依据,因为这些专业的培养方向为医学科研人员、护士、技士、药师等其他卫生专业人员。

实践要求:医师资格考试是以诊疗工作需要为导向的,成为一名合格的医师应当具备一定的专业实践经验。医学生毕业后,应当在执业医师的指导下参加医学专业工作实践至少1年。工作实践的专业类别应当与所报考的专业类别相一致。实践的地点必须是符合《中华人民共和国医师法》《医疗机构管理条例》和《医疗机构管理条例实施细则》规定的医疗、预防保健机构,包括各级各类医院、乡镇卫生院、社区卫生服务中心、门诊部、诊所、卫生所、急救中心及各级妇幼保健院等。

2. 具有高等学校相关医学专业专科学历,取得《执业助理医师执业证书》后,在医疗机构中执业满2年。

学历要求和专业要求:与上述相同,均为医学专业。

资质要求:报考人员应当是执业助理医师。

实践要求:在医疗机构执业满2年。

(二)执业助理医师资格考试报考资格

具有高等学校相关医学专业专科以上学历,在执业医师指导下在医疗机构中参加医学专业工作实践满1年,可以参加执业助理医师资格考试。

学历要求:具有高等学校专科以上学历。

专业要求:医学专业。

实践要求:在执业医师指导下,在医疗机构中参加医学专业工作实践满1年。

(三)中医医师资格考试报考条件及相关特殊规定

以师承方式学习中医是中医药人才的传统培养方式,在民间还有一些虽未接受正规中医教育,但经多年实践掌握独具特色、安全有效传统医学诊疗技术的人员。此类人员由于未接受系统的医学院校教育,没有取得相应学历证书,故无法参加一般的医师资格考试取得相应医师资格。考虑到这些人员的特殊情况,对此类相关人员经考核合格参加中医医师资格考试、经考核合格取得中医医师资格分别做了规定。

1. 以师承方式学习中医或者医术确有专长人员经考核合格参加中医医师资格考试。

《中华人民共和国医师法》第十一条对中医师承或者医术确有专长人员考核考试做了规定,明确以师承方式学习中医满3年,或者经多年实践医术确有专长的,经县级以上人民政府卫生健康主管部门委托的中医药专业组织或者医疗机构考核合格并推荐，可以参加中医医师资格考试。

2006年制定的《传统医学师承和确有专长人员医师资格考核考试办法》规定，以师承方式学习中医满3年的人员，要求其具有高中以上文化程度或者具有同等学历，并连续跟师学习满3年。经多年实践医术确有专长人员，应当同时具备以下两个条件：①依法从事传统医学临床实践5年以上；②掌握独具特色、安全有效的传统医学诊疗技术。

《传统医学师承和确有专长人员医师资格考核考试办法》规定，考核是对中医师承出师考核和医术确有专长人员申请参加医师资格考试的资格评价和认定，分为中医师承出师考核和医术确有专长考核。中医师承出师考核内容包括职业道德和业务水平，重点是传统医学专业基础知识与基本技能、学术经验、技术专长继承情况，包括综合笔试和临床实践技能考核，考核合格者取得《传统医学师承出师证书》。医术确有专长考核内容包括职业道德和业务水平，重点是传统医学专业基础知识及掌握的独特诊疗技术和临床基本操作，包括综合笔试和临床实际本领考核，考核合格者取得《传统医学医术确有专长证书》。考核主体是县级以上人民政府卫生健康主管部门委托的中医药专业组织或者医疗机构。

经考核合格并推荐，可以参加中医医师资格考试。《中华人民共和国医师法》第八条规定，医师资格考试分为执业医师资格考试和执业助理医师资格考试。《传统医学师承和确有专长人员医师资格考核考试办法》规定，中医师承和医术确有专长人员取得《传统医学师承出师证书》或《传统医学医术确有专长证书》后，在执业医师指导下，在相关医疗机构中试用期满1年并考核合格，可以申请参加执业助理医师资格考试；取得《执业助理医师执业证书》后，在医疗机构中从事传统医学医疗工作满5年，可以申请参加执业医师资格考试。

2. 医术确有专长人员经考核合格取得中医医师资格及相应的资格证书。

一是参加考核的主体是医术确有专长人员，包括以师承方式学习中医或者经多年实践两种方式。2017年《中医医术确有专长人员医师资格考核注册管理暂行办法》规定，以师承方式学习中医的，申请参加医师资格考试应当连续跟师学习中医满5年，对某些病证的诊疗，方法独特、技术安全、疗效明显，经指导老师评议合格；经多年实践的，申请参加医师资格考试应满足具有医学渊源，在中医医师指导下从事中医医术实践活动满5年或者中医药法施行前已经从事中医医术实践活动满5年的，对某些病证的诊疗，方法独特、技术安全、疗效明显，并得到患者的认可。

二是相关推荐和考核要求，必须由至少2名中医医师推荐，经省级人民政府中医药主管部门组织实践技能和效果考核合格。2017年《中医医术确有专长人员医师资格考核注册管理暂行办法》规定，推荐医师应当为被推荐者长期临床实践所在省、自治区、直辖市相关专业中医类别执业医师。以师承方式学习中医的，推荐医师不包括其指导老师。考核由省级人民政府中医药主管部门组织，实行专家评议方式，通过现场陈述问答、回顾性中医医术实践资料评议、中医药技术方法操作等形式对实践技能和效果进行科学量化考核。考核合格后，由省级中医药主管部门颁发《中医（专长）医师资格证书》。

三、医师资格考试内容

医师资格考试内容见表 2-1。

表 2-1　医师资格考试内容

类别	实践技能考试	医学综合笔试
临床	1. 病史采集和病例分析 2. 体格检查和基本操作技能 3. 心肺听诊、影像（X 线、CT）诊断、心电图诊断和医德医风 4. 执业助理医师增加颅脑 CT 影像诊断	1. 基础医学综合：生物学、生物化学、病理学、药理学、医学微生物学、医学免疫学、解剖学、病理生理 2. 医学人文综合：卫生法规、医学心理学、医学伦理学 3. 临床医学综合：内科学（含传染病学）、外科学、妇产科学、儿科学、神经病学、精神病学 4. 预防医学综合：预防医学
公共卫生	1. 公共卫生调查、分析与处置能力 2. 临床基本技能操作 3. 公共卫生现场处置能力	1. 基础综合：生物化学、生理学、医学微生物学、医学免疫学、药理学、医学心理学、医学伦理学、卫生法规 2. 临床综合：症状与体征、疾病（呼吸系统、心血管系统、消化系统、泌尿系统、男性生殖系统、女性生殖系统、血液系统、内分泌系统、精神神经系统、运动系统、儿科、传染病、性传播疾病、其他） 3. 专业综合：流行病学、卫生统计学、卫生毒理学、环境卫生学、劳动卫生与职业病、营养与食堂卫生学、妇女保健学、儿童保健学、学校/青少年卫生学、社会医学、健康教育与健康促进
口腔	1. 病史采集与病例分析 2. 口腔检查基本技能 3. 基本操作技能 4. 基本急救技术 5. 基本诊断技术和辅助检查结果的判读 6. 医德医风	1. 基础医学综合：生物化学、医学微生物学、医学免疫学、药理学、口腔组织病理学、口腔解剖生理学 2. 医学人文综合：医学心理学、医学伦理学、卫生法规 3. 临床医学综合：内科学、外科学、妇产科学、儿科学 4. 预防医学综合：预防医学、口腔预防医学 5. 口腔临床医学综合：牙体牙髓病学、牙周病学、儿童口腔医学、口腔黏膜病学、口腔颌面外科学、口腔修复学、口腔颌面医学影像诊断学

续表

类别	实践技能考试		医学综合笔试
中医	执业助理医师	医学人文素养、病案分析、中医基本操作、体格检查、西医基本操作、病史采集、临床问题答辩、辅助检查结果判读分析等内容	1. 中医学基础：涉及中医基础理论、中医诊断学、中药学、方剂学，为执业助理医师所需的基础知识与理论 2. 中医临床：涉及中医内科学、中医外科学、中医妇科学、中医儿科学、针灸学，为执业助理医师所需的专业理论和知识，适当融合与之相关的基础知识和医学人文知识等 3. 西医综合：涉及诊断学基础、内科学（师承或确有专长人员不测试）、传染病学，主要考核临床所需的西医学基础知识、临床专业知识和传染病知识等 4. 医学人文：主要考核临床应具备的法律法规和伦理知识，包括医学伦理学、卫生法规等科目
	执业医师	医学人文素养、病案分析、中医基本操作、体格检查、西医基本操作、病史采集、临床问题答辩、辅助检查结果判读分析等内容	1. 中医学基础：涉及中医基础理论、中医诊断学、中药学、方剂学，为执业所需的基础知识与理论 2. 中医经典：涉及黄帝内经、伤寒论、金匮要略、温病学，为执业所需的理论与临床基础 3. 中医临床：涉及中医内科学、中医外科学、中医妇科学、中医儿科学、针灸学，为执业所需的专业理论和知识，适当融合与之相关的基础知识和医学人文知识等 4. 西医综合：涉及诊断学基础、内科学（师承或确有专长人员不测试）、传染病学，主要考核临床所需的西医学基础知识、临床专业知识和传染病知识等 5. 医学人文：主要考核临床应具备的法律法规和伦理知识，包括医学伦理学、卫生法规等科目
中西医		医学人文素养、病案分析、中医基本操作、体格检查、西医基本操作、病史采集、临床问题答辩的中西医结合思维、辅助检查结果判读分析等内容	1. 中医学基础：涉及中医基础理论、中医诊断学、中药学、方剂学，为执业所需的基础知识与理论 2. 中医经典：涉及黄帝内经、伤寒论、金匮要略、温病学，为执业所需的理论与临床基础 3. 中西医结合临床：涉及中西医结合内科学、中西医结合外科学、中西医结合妇产科学、中西医结合儿科学、针灸学，为执业所需的专业理论和知识，适当融合与之相关的基础知识和医学人文知识等 4. 西医综合：涉及诊断学基础、药理学、传染病学，主要考核临床所需的西医学基础知识、临床相关知识和传染病知识等 5. 医学人文：主要考核临床应具备的法律法规和伦理知识，包括医学伦理学、卫生法规等科目

第三节　医师执业注册制度与医师定期考核制度

执业医师注册是对取得医师资格的人员从事医师执业活动的准入，是从事医师职业所必须取得的行政许可。

医疗机构、医师和医疗技术是医疗管理的三大核心内容，医师队伍的管理更是医疗管理的关键。医师的执业登记注册是医疗管理部门依法履行行业准入管理职责的重要手段。

一、医师执业注册条件和程序

1. 医师执业注册条件。凡取得医师资格的，均可申请医师执业注册。
2. 医师执业注册程序。
1）拟在医疗、保健机构中执业的人员，应当向批准该机构执业的卫生行政部门申请注册；拟在预防机构中执业的人员，应当向该机构的同级卫生行政部门申请注册。
2）在同一执业地点多个机构执业的医师，应当确定一个机构作为其主要执业机构，并向批准该机构执业的卫生行政部门申请注册；对于拟执业的其他机构，应当向批准该机构执业的卫生行政部门分别申请备案，注明所在执业机构的名称。
3）医师只有一个执业机构的，视为其主要执业机构。
4）医师的主要执业机构及批准该机构执业的卫生行政部门应当在医师管理信息系统及时更新医师定期考核结果。
3. 申请医师执业注册，应当提交下列材料。
1）医师执业注册申请审核表。
2）近6个月2寸白底免冠正面半身照片。
3）医疗、预防、保健机构的聘用证明。
4）省级以上卫生健康主管部门规定的其他材料。

获得医师资格后2年内未注册者、中止医师执业活动2年以上或者不予注册的情形消失的医师申请注册时，还应当提交在省级以上卫生健康主管部门指定的机构接受连续6个月以上的培训并经考核合格的证明。

4. 对不符合注册条件不予注册的，注册主管部门自收到注册申请之日起20个工作日内书面通知聘用单位和申请人，并说明理由。申请人如有异议的，可以依法申请行政复议或者向人民法院提起行政诉讼。
5. 执业助理医师取得执业医师资格后，继续在医疗、预防、保健机构中执业的，应当按《医师执业注册管理办法》规定，申请执业医师注册。
6. 《医师执业证书》（绿色封面证书）应当由本人妥善保管，不得出借、出租、抵押、转让、涂改和毁损。如发生损坏或者遗失的，当事人应当及时向原发证部门申请补发。

7. 医师跨执业地点增加执业机构，应当向批准该机构执业的卫生健康主管部门申请增加注册。

8. 执业助理医师只能注册一个执业地点。

二、医师执业不予注册的情形

1. 不具有完全民事行为能力的。
2. 因受刑事处罚，自刑罚执行完毕之日起至申请注册之日止不满2年的。
3. 受吊销《医师执业证书》行政处罚，自处罚决定之日起至申请注册之日止不满2年的。
4. 甲类、乙类传染病传染期，精神疾病发病期及身体残疾等健康状况不适宜或者不能胜任医疗、预防、保健业务工作的。
5. 重新申请注册，经考核不合格的。
6. 在医师资格考试中参与有组织作弊的。
7. 被查实曾使用伪造医师资格或者冒名使用他人医师资格进行注册的。
8. 国家卫生健康委员会规定不宜从事医疗、预防、保健业务的其他情形的。

三、医师执业注销

《医师执业注册管理办法》规定：医师注册后有下列情形之一的，医师个人或者其所在的医疗、预防、保健机构，应当自知道或者应当知道之日起30日内报告注册主管部门，办理注销注册。

1. 死亡或者被宣告失踪的。
2. 受刑事处罚的。
3. 受吊销《医师执业证书》行政处罚的。
4. 医师定期考核不合格，并经培训后再次考核仍不合格的。
5. 连续两个考核周期未参加医师定期考核的。
6. 中止医师执业活动满2年的。
7. 身体健康状况不适宜继续执业的。
8. 出借、出租、抵押、转让、涂改《医师执业证书》的。
9. 在医师资格考试中参与有组织作弊的。
10. 本人主动申请的。
11. 国家卫生健康委员会规定不宜从事医疗、预防、保健业务的其他情形的。

四、医师执业备案

《医师执业注册管理办法》规定：医师注册后有下列情况之一，其所在的医疗、预防、保健机构应当自办理相关手续之日起 30 日内报注册主管部门，办理备案。

1. 调离、退休、退职。
2. 被辞退、开除。
3. 省级以上卫生健康主管部门规定的其他情形。

上述备案满 2 年且未继续执业的予以注销。

五、医师执业权利和义务

1. 医师在执业活动中享有下列权利。
1) 在注册的执业范围内，按照有关规范进行医学诊查、疾病调查、医学处置、出具相应的医学证明文件，选择合理的医疗、预防、保健方案。
2) 获取劳动报酬，享受国家规定的福利待遇，按照规定参加社会保险并享受相应待遇。
3) 获得符合国家规定标准的执业基本条件和职业防护装备。
4) 从事医学教育、研究、学术交流。
5) 参加专业培训，接受继续医学教育。
6) 对所在医疗机构和卫生健康主管部门的工作提出意见和建议，依法参与所在机构的民主管理。
7) 法律法规规定的其他权利。
2. 医师在执业活动中履行下列义务。
1) 树立敬业精神，恪守职业道德，履行医师职责，尽职尽责救治患者，执行疫情防控等公共卫生措施。
2) 遵循临床诊疗指南，遵守临床技术操作规范和医学伦理规范等。
3) 尊重、关心、爱护患者，依法保护患者隐私和个人信息。
4) 努力钻研业务，更新知识，提高医学专业技术能力和水平，提升医疗卫生服务质量。
5) 宣传推广与岗位相适应的健康科普知识，对患者及公众进行健康教育和健康指导。
6) 法律法规规定的其他义务。

六、医师执业规则

1. 医师实施医疗、预防、保健措施，签署有关医学证明文件，必须亲自诊查、调查，并按照规定及时填写病历等医学文书，不得隐匿、伪造、篡改或者擅自销毁病历等医学文书及有关资料。

医师不得出具虚假医学证明文件，以及与自己执业范围无关或者与执业类别不相符的医学证明文件。

2. 医师在诊疗活动中应当向患者说明病情、医疗措施和其他需要告知的事项。需要实施手术、特殊检查、特殊治疗的,医师应当及时向患者具体说明医疗风险、替代医疗方案等情况,并取得其明确同意;不能或者不宜向患者说明的,应当向患者的近亲属说明,并取得其明确同意。

3. 医师开展药物、医疗器械临床试验和其他医学临床研究应当符合国家有关规定,遵守医学伦理规范,依法通过伦理审查,取得书面知情同意。

4. 对需要紧急救治的患者,医师应当采取紧急措施进行诊治,不得拒绝急救处置。

因抢救生命垂危的患者等紧急情况,不能取得患者或者其近亲属意见的,经医疗机构负责人或者授权的负责人批准,可以立即实施相应的医疗措施。

国家鼓励医师积极参与公共交通工具等公共场所急救服务;医师因自愿实施急救造成受助人损害的,不承担民事责任。

5. 医师应当使用经依法批准或者备案的药品、消毒药剂、医疗器械,采用合法、合规、科学的诊疗方法。

除按照规范用于诊断治疗外,不得使用麻醉药品、医疗用毒性药品、精神药品、放射性药品等。

6. 医师应当坚持安全有效、经济合理的用药原则,遵循药品临床应用指导原则、临床诊疗指南和药品说明书等合理用药。

在尚无有效或者更好治疗手段等特殊情况下,医师取得患者明确知情同意后,可以采用药品说明书中未明确但具有循证医学证据的药品用法实施治疗。医疗机构应当建立管理制度,对医师处方、用药医嘱的适宜性进行审核,严格规范医师用药行为。

7. 执业医师按照国家有关规定,经所在医疗机构同意,可以通过互联网等信息技术提供部分常见病、慢性病复诊等适宜的医疗卫生服务。国家支持医疗机构之间利用互联网等信息技术开展远程医疗合作。

8. 医师不得利用职务之便,索要、非法收受财物或者牟取其他不正当利益;不得对患者实施不必要的检查、治疗。

9. 遇有自然灾害、事故灾难、公共卫生事件和社会安全事件等严重威胁人民生命健康的突发事件时,县级以上人民政府卫生健康主管部门根据需要组织医师参与卫生应急处置和医疗救治,医师应当服从调遣。

10. 在执业活动中有下列情形之一,医师应当按照有关规定及时向所在医疗机构或者有关部门、机构报告。

1)发现传染病、突发不明原因疾病或者异常健康事件。
2)发生或者发现医疗事故。
3)发现可能与药品、医疗器械有关的不良反应或者不良事件。
4)发现假药或者劣药。
5)发现患者涉嫌伤害事件或者非正常死亡。
6)法律法规规定的其他情形。

七、医师定期考核

医师定期考核是医师在临床工作中接受日常监管的重要环节，对于提高医师队伍的整体素质、确保医疗质量和医疗安全具有重要意义。在 20 世纪，许多国家已经建立了完善的医师定期考核制度。例如，美国的医师委员会通过"再认证"程序，强制要求医师每 7~10 年进行一次再认证，以保持其执业资格。在英国，医师通过参与"国民健康保险制度和持续专业发展项目"来完成定期考核。法国、德国等国家则通过继续医学教育来完成医师的定期评估和考核。

（一）考核内容

医师定期考核是由卫生健康主管部门委托的机构或组织，根据医师执业标准对医师的业务水平、工作成绩和职业道德进行的全面评估。

业务水平考核包括医师对医疗卫生相关法律法规的掌握，应用本专业基本理论、基础知识和基本技能解决实际问题的能力，以及学习和掌握新理论、新技术和新方法的能力。工作成绩考核则涉及医师在执业过程中遵守规定、完成工作的数量和质量，以及执行政府指令性任务的情况。职业道德考核则关注医师在执业中是否坚持救死扶伤的原则，以患者为中心，以及医德医风、医患关系、团结协作和依法执业的状况。

（二）考核对象与周期

考核对象为依法取得医师资格并在医疗、预防、保健机构中执业的医师。

医师定期考核分为执业医师考核和执业助理医师考核，考核类别涵盖临床、中医（包括传统中医、民族医、中西医结合）、口腔和公共卫生等领域。

医师定期考核周期为每 2 年 1 次。

（三）考核程序

医师定期考核程序分为简易程序与一般程序。

1. 简易程序。

适用于：①取得《医师执业证》且具有 5~11 年执业经历，在考核周期内有良好行为记录者；②取得《医师执业证》且具有 12 年及以上执业经历，在考核周期内无不良行为记录者。

其中：良好行为记录应当包括医师在执业过程中受到的奖励、表彰，完成政府指令性任务，取得的技术成果等；不良行为记录指因违反医疗卫生管理法规和诊疗规范常规受到的行政处罚、处分，以及发生的医疗事故等。有不良执业记录者必须采用一般程序进行考核。

2. 一般程序。不符合简易程序的医师和执业助理医师均适用一般程序。

3. 考核结果。

1) 考核结果分为合格和不合格。工作成绩、职业道德和业务水平中任何一项不能通过考核的，即为不合格。

2）医师在考核周期内按规定通过住院医师规范化培训或通过晋升上一级专业技术职务考试，可视为业务水平考核合格，考核时仅考核工作成绩和职业道德。

3）被考核医师对考核结果有异议的，可以在收到考核结果之日起30日内，向考核机构提出复核申请。考核机构在接到复核申请之日起30日内对医师考核结果进行复核，并将复核意见书面通知医师本人。

4）卫生健康主管部门将考核结果记入《医师执业证书》的"执业记录"栏，并录入医师执业注册信息库。

5）对考核不合格的医师，卫生健康主管部门可以责令其暂停执业活动3~6个月，并接受培训和继续医学教育；暂停执业活动期满，由考核机构再次进行考核。对考核合格者，允许其继续执业，但该医师在本考核周期内不得评优和晋升；对考核不合格的，由卫生健康主管部门注销注册，收回《医师执业证书》。

6）医师在考核周期内有下列情形之一的，考核机构应当认定为考核不合格：

（1）在发生的医疗事故中负有完全或主要责任的。

（2）未经所在机构或者卫生行政部门批准，擅自在注册地点以外的医疗、预防、保健机构进行执业活动的。

（3）跨执业类别进行执业活动的。

（4）代他人参加医师资格考试的。

（5）在医疗卫生服务活动中索要患者及其亲友财物或者牟取其他不正当利益的。

（6）索要或者收受医疗器械、药品、试剂等生产、销售企业或其工作人员给予的回扣、提成或者谋取其他不正当利益的。

（7）通过介绍患者到其他单位检查、治疗或者购买药品、医疗器械等收取回扣或者提成的。

（8）出具虚假医学证明文件，参与虚假医疗广告宣传和药品医疗器械促销的。

（9）未按照规定执行医院感染控制任务，未有效实施消毒或者无害化处置，造成疾病传播、流行的。

（10）故意泄露传染患者、病原携带者、疑似传染病患者、密切接触者涉及个人隐私的有关信息、资料的。

（11）疾病预防控制机构的医师未依法履行传染病监测、报告、调查、处理职责，造成严重后果的。

（12）考核周期内，有1次以上医德考评结果为医德较差的。

（13）无正当理由不参加考核，或者扰乱考核秩序的。

八、美容主诊医师实施备案管理

为规范医疗美容服务，促进医疗美容事业的健康发展，维护就医者的合法权益，依据《中华人民共和国医师法》《医疗机构管理条例》和《护士管理办法》制定了《医疗美容服务管理办法》。2016年1月19日，国家卫生和计划生育委员会对《医疗美容服务管理办法》进行修订，不再对主诊医师资格进行认定。2017年3月，国家卫生和计划生育委员会下发《关于加强医疗美容主诊医师管理有关问题的通知》，对医疗美容主诊医师实施专业备案管理。

（一）相关定义

医疗美容指运用手术、药物、医疗器械及其他具有创伤性或者侵入性的医学技术方法对人的容貌和人体各部位形态进行的修复与再塑。医疗美容科为一级诊疗科目，美容外科、美容牙科、美容皮肤和美容中医科为二级诊疗科目。根据医疗美容项目的技术难度、可能发生的医疗风险程度，对医疗美容项目实行分级准入管理，《医疗美容项目分级管理目录》由卫生部制定。

美容主诊医师指具备以下规定条件，负责实施医疗美容项目的执业医师。

美容主诊医师的基本条件：①具有执业医师资格，经执业医师注册机关注册。②具有从事相关临床学科工作经历。其中，负责实施美容外科项目的应具有6年以上从事美容外科或整形外科等相关专业临床工作经历；负责实施美容牙科项目的应具有5年以上从事美容牙科或口腔科专业临床工作经历；负责实施美容中医科和美容皮肤科项目的应分别具有3年以上从事中医专业和皮肤病专业临床工作经历。③经过医疗美容专业培训或进修并合格，或已从事医疗美容临床工作1年以上。④省级人民政府卫生行政部门规定的其他条件。

（二）美容主诊医师核定、备案

备案要求：将《医疗美容主诊医师专业核定申请表》《美容主诊医师专业核定备案表》《医疗美容主诊医师专业核定申请表》和相关材料报卫生行政部门备案。

不具备美容主诊医师条件的执业医师，可在主诊医师的指导下从事医疗美容临床技术服务工作。未经卫生行政部门核定并办理执业注册手续的人员不得从事医疗美容诊疗服务。

九、人体器官移植医师实施资格认定

2007年5月，我国颁布了《人体器官移植条例》，标志着我国人体器官移植技术管理步入法治化轨道，此后我国陆续出台了数十个关于器官移植的配套文件，进一步细化落实《人体器官移植条例》相关规定。依据《人体器官移植条例》和《卫生部关于印发肝脏、肾脏、心脏、肺脏移植技术管理规范的通知》，2007年，卫生部办公厅印发了《关于对人体器官移植技术临床应用规划及拟批准开展人体器官移植医疗机构和医师开展审定工作的通知》，组织专家严格技术准入审核，审定医师人体器官移植资质。2013年，按照国务院规范行政审批的工作的有关要求，"人体器官移植医师执业资格认定"列入卫生计生委的行政审批项目。2014年，"人体器官移植医师执业资格认定"审批权限下放至省级卫生健康主管部门。为进一步加强对人体器官移植医师的管理工作，指导地方做好"人体器官移植医师执业资格认定"审批事项下放后的各项工作，国家卫生和计划生育委员会起草了《人体器官移植医师培训与认定管理办法（试行）》和《人体器官移植医师培训基地基本要求（试行）》，明确"人体器官移植医师执业资格认定"审批事项下放后省级卫生健康主管部门对人体器官移植医师执业资格认定和培训相关工作程序及要求，加大下放后事中事后监管力度。2023年12月，国务院总理李强日前签署国务院令，公布《人体器官捐献和移植条例》，自2024年5月1日起施行。

（一）人体器官移植医师的定义

人体器官移植医师指在人体器官移植医师培训基地完成培训，经培训基地或省级卫生行政部门委托的第三方考核合格后，获得省级卫生行政部门认定、取得相应人体器官移植医师执业资格并注册、能够独立开展相应人体器官移植手术的执业医师。

（二）人体器官移植医师执业资格认定标准及流程

1. "新人"认定标准和流程。符合以下条件者，可以向所在地省级卫生健康主管部门申请相关专业人体器官移植医师执业资格认定，省级卫生健康主管部门在20日内作出决定。认定通过的，由省级卫生健康主管部门在《医师执业证书》中注明。

1）持有《医师执业证书》，执业类别为临床，执业范围为外科或儿科（小儿外科方向），执业地点为三级医院。

2）近3年未发生二级以上负完全责任或主要责任的医疗事故，无违反医疗卫生相关法律法规、规章、伦理原则和人体器官移植技术管理规范的行为。

3）取得主治医师专业技术职务任职资格，有5年以上人体器官移植临床工作经验或8年以上相关外科或小儿外科临床工作经验。

4）经培训基地培训并考核合格。

2. "老人"认定标准和流程。2016年9月25日施行《人体器官移植医师培训与认定管理办法》前已经从事人体器官移植工作，同时符合以下条件的执业医师，可以直接向所在地省级卫生健康主管部门提出认定申请。

1）执业地点为具有相应人体器官移植诊疗科目的医院，具有副主任医师及以上专业技术职务任职资格。

2）近8年连续从事人体器官移植相关专业临床工作。

3）近5年累计作为手术医师实施移植手术达到规定数量且移植器官生存率符合国家有关技术管理规范。申请肝移植医师执业资格认定的，近5年累计作为手术医师实施肝移植手术应当不少于30例；申请肾移植医师执业资格认定的，近5年累计作为手术医师实施肾移植手术应当不少于50例；申请心脏、肺移植医师执业资格认定的，近5年累计作为手术医师实施心脏、肺移植手术应当不少于5例；申请小肠、胰腺移植医师执业资格认定的，近5年累计作为手术医师实施小肠、胰腺移植手术应当不少于2例。

第四节 医师执业授权管理

一、医师执业授权管理的定义

医学作为一门实践科学，需长期实践经验的积累。依法取得执业资格并进行注册，是一名医师能够从事医疗活动的基本条件，通常并非所有满足执业医师从业条件的医师都能独立完全所有与自身专业相关的临床工作，按照不同工作能力、岗位职责及岗位管理要求将医师分为住院医师、住院总医师及医疗组长。

其中，住院医师的职责主要是完成基本医疗工作，包括收治患者、记录病程、在上级医师指导下开医嘱、进行基础临床操作等，是对患者进行全程诊治的一线医师，需接受上级医师的指导与监督。住院总医师指住院医师在担任主治医师工作之前，经过一段时间的集中临床实践，全面参与和负责临床工作，是医院高级医疗人才培养的必要过程。通常，医学本科及以上学历、从事本专业工作 3 年以上的高年资住院医师基本能够胜任住院总医师岗位。医疗组长指具有本专业多年临床工作经验，经过住院总医师培训，临床实践和科室综合管理、教学能力达到一定水准，能够独立带组完成对患者救治的医师。

在实际临床工作中，为进一步规范各级各类医师诊疗行为，培养和提高医师临床技能，避免超范围执业情形出现，实现对医务人员管理的"分类而治"，保障医疗质量和医疗安全，通常根据医师的技术资质及其实际能力水平，确定该医师所能实施和承担的相应诊疗范围与类别。

（一）医师执业授权管理的界定

20 世纪 50 至 60 年代，许多企业特别是一些大公司已经提出了授权（authorization）的概念。授权指将权利转移出去，让他人共担，以实现更大的管理效益。由于患者的个体差异性、医疗救治的时效性、医疗专科的独特性，对患者的诊疗活动采取统一固定的模式会脱离临床实际。因此，对医疗服务主体（如医师、护士等）进行分权、授权的程度，远远大于其他行业，即每位医疗组长有权决定其诊治的患者所需的医疗服务项目。但由于医疗服务的不可逆性，没有约束的授权又容易导致医师对同一种疾病采取不同的治疗方案，使得治疗效果与治疗成本参差不齐，势必损害患者的利益，影响医疗质量和医疗安全。

（二）医师执业授权管理的必要性

医疗管理的最终目的在于提高医院的社会和经济效益。因此，医院管理者进行决策时，应充分运用授权与目标管理的理念，实现管理的专门化与人性化。

1. 医师执业授权是规范执业人员行为的基础。授权是完成目标责任的基础,权力伴随着责任,行使权力是尽责的需要,权责对应或权责统一才能保证执业人员有效地实现目标,进而规范执业人员的行为。

2. 医师执业授权是调动执业人员积极性的需要。通过赋予权力,实现目标,激发执业人员的潜在动力,调动执业人员的积极性和主动性。

3. 医师执业授权是提高下级医师能力的途径。通过授予具备相应岗位素质要求的医师从事相应岗位工作的权利,实现自我控制与自我管理,在一定程度上改变了下级医师完全在上级医师指导或指挥下做事的局面,有利于下级医师发挥临床工作能力和协调能力。

4. 医师执业授权是增强执业人员应变能力的条件。现代医疗管理环境的复杂多变性,对医院组织管理提出了更高的要求:必须具备较强的适应和应变能力,而具备这种能力的重要条件即符合相应岗位素质要求的医师应被赋予相应的自主权。

(三)医师执业授权管理的原则

1. 明确授权界限。授权基于责任,授权时必须明确责任人的责任范围和权限范围,包括行使权力的条件、时间、对象、方式和标准等。同时,建立相应的处罚机制,对超出授权范围的医疗行为进行处罚。

2. 根据能力授权。医疗服务的授权标准应以医师和技师的实际能力为基础,根据工作需求和授权对象的能力水平制定授权标准,确保不超出授权对象的承受能力,以医疗安全为前提,充分发挥授权对象的专业能力。

3. 完整授权。遵循"疑人不用,用人不疑"的原则,一旦卫生技术人员达到授权标准,医疗管理部门应授予其相应的权利,并为其行使医疗诊疗权提供必要的支持和便利。

4. 动态授权。授权不是放任,授权后应对医师、技师等行使医疗权限的行为进行持续的动态监管,并定期对医疗权限进行审查和重新评估。根据不同的环境、条件和时间,授予相应的权限。一旦发现权力使用不当或违反规定的行为,应及时调整或撤销授权。

(四)医师执业授权的实施

1. 构建平台,完善制度。医院应成立医疗授权管理委员会,委员会成员应涵盖医院领导、医务、质量控制等行政职能部门负责人,以及临床、医技科室的负责人。同时,应制定明确的工作制度,包括权限申请、审批、调整和终止的具体流程;建立定期工作例会机制,对全院各级授权进行定期评估和调整。

2. 聚焦关键,分类管理。医疗业务流程复杂多样,全面展开医疗授权工作在操作上可能存在困难。确保医疗授权管理有效实施的关键在于识别并管理关键环节。以四川大学华西医院为例,目前实施的授权管理主要涵盖以下几类:①岗位授权,如医疗组长和住院总医师;②技术授权,包括手术分级、限制类技术;③处方授权,如抗菌药物和精神麻醉药物。

3. 加强监督，定期考核。确保被授权者合理使用其授权是至关重要的，为此必须建立相应的考核评价体系，对不合格者应及时暂停或终止其授权。医院应构建全面的考核评价体系，确保被授权者合理行使被授予的权力。通过多部门协作进行动态管理，定期或不定期对各级授权人员进行考核，对考核不达标者及时采取措施。同时，获得医疗授权不仅是医院对个人医疗业务能力的认可，也意味着需要付出更多努力和承担更大责任。为激励每位被授权者以积极态度认真履行职责，建立必要的激励机制是不可或缺的。

二、医师执业授权管理的类型及取得条件

以四川大学华西医院为例，目前开展的授权管理主要包括以下几类：①岗位授权（住院总医师和医疗组长）；②技术授权（手术分级、限制类技术）；③处方授权（抗菌药物、精神麻醉药物）。

（一）岗位授权

1. 住院总医师授权。

住院总医师要承担各专科的急会诊、抢救等医疗任务，对急危重症患者救治能力及团队协调能力均有较高要求，同时也要承担临床教学、指导低年资住院医师的临床工作，以及协助科主任、医疗组长完成科室及医疗组部分管理工作。通常，医学本科及以上学历、从事本专业工作3年以上的高年资住院医师基本能够胜任住院总医师岗位。

2. 医疗组长授权。

四川大学华西医院于2005年试点开展"医生跟着患者走"的医疗组长负责制，试行1年后在手术台次、平均住院日、医疗服务、医患沟通、科室管理等方面均有显著改善，此后在全院正式推行。2007年，四川大学华西医院在国内率先探索并成功实施医疗组长负责制，由医疗授权委员会严格授权准入，提升医疗质量与医疗安全，并基于医疗质量、效率、费用对医疗组长进行绩效考核与动态评估。医院科室管理主体由科主任负责制转变为医疗组长负责制。

医疗组长负责制即主诊医师负责制，由一名医疗组长（主诊医师）带领若干主管医师和经治医师组成一个医疗组，全面负责并实施患者的接诊、住院、诊疗操作（包括手术等）及出院随访等患者医疗全程工作的一种新型医疗管理模式。医疗组长（主诊医师）负责本医疗组的全面事务；主管医师是医疗组长的主要助手；经治医师负责观察患者、书写病历等具体事宜。各医疗组相对独立，医院对各医疗组进行全成本核算，收益分配到各组，医疗风险由各医疗组承担。

医疗组长和住院总医师是医院医疗工作十分重要的岗位，对医疗组长、住院总医师实行授权管理指授予具备相应岗位要求的医师从事该岗位医疗工作的权利，是保障医疗质量和医疗安全的重要手段。为有效规范医师行为，确保医疗技术合理应用，保障医疗质量和安全，四川大学华西医院通过构建医疗授权平台、实施医疗准入管理、落实岗位责任来加强医师行为和医疗技术应用监管，在医疗授权管理方面中进行了探索与实践。

（二）技术授权

1. 手术分级管理。

手术分级管理指医疗机构以保障手术质量安全为目的，根据手术风险程度、难易程度、资源消耗程度和伦理风险，对本机构开展的手术进行分级，并对不同级别手术采取相应管理策略的过程。

1）手术分级标准：参照《医疗机构手术分级管理办法》，根据各医疗机构临床科室本专业具体情况，按手术的难易度、手术过程的复杂性、风险的大小以及是否为开展的新技术等，手术可分为下列级别：

一级手术是指风险较低、过程简单、技术难度低的手术。

二级手术是指有一定风险、过程复杂程度一般、有一定技术难度的手术。

三级手术是指风险较高、过程较复杂、难度较大、资源消耗较多的手术。

四级手术是指风险高、过程复杂、难度大、资源消耗多或涉及重大伦理风险的手术。

2）手术医师分级：根据手术医师卫生技术资格、受聘技术职称、从事相应技术岗位工作年限及手术技能等方面综合确定手术医师的分级。所有手术医师均应依法取得执业医师资格并在医院执业注册。

住院医师：①低年资住院医师，从事住院医师岗位工作3年以内或获得硕士学位，曾从事住院医师工作2年以内者。②高年资住院医师，从事住院医师岗位工作3年以上或取得硕士学位，曾从事住院医师岗位工作2年以上者。③进修医师或研究生可视其既往职称及工作学习情况，承担低年资或高年资住院医师工作。

主治医师：①低年资主治医师，从事主治医师工作3年以内或获得临床博士学位并从事主治医师工作2年以内者。②高年资主治医师，从事主治医师工作3年以上或获得临床博士学位并从事主治医师工作2年以上者。

副主任医师（副教授）：①低年资副主任医师（副教授），从事副主任医师岗位工作3年以内或从事副主任医师岗位工作2年以内且有博士后出站资历者。②高年资副主任医师（副教授），从事副主任医师岗位工作3年以上者。

主任医师（教授）：受聘主任医师（教授）岗位的工作者。

3）各级医师手术权限：原则上各级医师在以下权限内开展手术，下述各级医师手术权限特指各专业手术级别。

（1）低年资住院医师：在上级医师临场指导下，可视其技术水平和操作能力申请独立主持一级手术。

（2）高年资住院医师及低年资主治医师：可申请独立主持二级手术，在熟练掌握二级手术的基础上，在上级医师临场指导下，可视其技术水平和操作能力逐步开展三级手术。

（3）高年资主治医师及低年资副主任医师（副教授）：视其工作能力可申请独立主持三级及以下手术，在上级医师临场指导下，可逐步开展四级手术。

（4）高年资副主任医师（副教授）：视其工作能力可申请独立主持四级及以下手术，

在上级医师临场指导下或根据本人的手术操作能力具体情况，探索新技术或新项目手术。

（5）主任医师（教授/正高）：可独立主持四级及以下各类型手术和主持新技术或新项目手术。

（6）由于各医院存在不同医师职称、资历高低与其年资、职称及技术水平不完全相称的情况，故上述手术权限为一般原则，手术科室除遵循上述手术权限原则外，还应根据各手术医师具体技术水平和操作能力确定其手术权限。

（7）在未获得手术准入时，任何级别手术医师的手术权限均不可超出医院规定的手术权限。对于尚未取得相应专业技术职称但从事岗位工作年限达5年的手术医师，相关专业手术操作技术能力及手术治疗效果得到专业学科管理小组认可，经科室专家小组讨论及科室主任审核并报二级学科专家审核后，报与医院医疗授权管理分委会审批同意后可授予相应级别手术权限。

4）手术医师"资格准入"管理执行程序。新近取得《医师执业证书》的手术医师需主持手术时，或手术医师根据前述有关条款需晋级主持上一级手术类型时，医师应根据自己的资历、实际技术水平和操作能力等情况提出申请，填写"手术资格准入申请单"交本科室主任处。各科室主任收到医师的申请单后应及时组织科内专家小组进行讨论认定，由科室主任审核签署意见后交二级学科专家组，由二级学科专家组再次讨论确定。二级学科专家组讨论已确认的"手术资格准入申请单"，经二级学科科主任审核签署意见后交医教部质量控制科，由医院医务管理部门审核后报医院审批及准入确定。

5）"手术资格准入"的其他管理规定。需急诊手术时，如无相应手术资格医师实施手术，当班医师在准备手术的同时必须努力与上级医师取得联系，并向科主任报告，由科主任安排相应手术医师实施。已分亚专业的手术科室需急诊手术时，值班的非本亚专业医师实施手术前，必须与该亚专业的医师取得联系，该亚专业的医师应临场指导或参与手术。各级医师在实施手术过程中遇到无法预测的特殊情况时，应立即报告科主任或分管医疗的副主任。专科进修医师不得以主刀职责主持二级以上的手术。

6）监督执行程序。手术医师未经管理程序擅自越级主持或开展手术将被视为违规行为。手术室根据主刀医师手术权限具体目录进行手术排程。各手术科室科主任在签署"手术计划核准书"时，必须按照各手术医师的手术权限签署是否同意手术意见，如主刀医师超越手术权限，科室主任有权停止该手术或更换主刀医师。医院医务管理部门履行监督检查职责，并不定期检查执行情况，其检查结果将纳入医疗质量考核项目之中。

7）取消手术资格管理程序。对出现手术医疗事故或其他医疗问题的医师，科室可组织本专业专家组对其技术水平进行再认定后，提出书面报告交二级学科专家组进行讨论和确认。二级学科主任审核签署意见后，由医教部提交医院医疗授权管理委员会审批，决定该医师是否降级手术权限或停止某级某种手术。

2. 限制类技术授权管理。

高风险技术指需要经过严格管理的技术。具体而言主要包括限制类技术、介入技术和内镜技术。根据各项医疗技术的实际情况，国家均出台了相应的应用管理规范，明确人员资质、工作经历、培训经历等基本要求。同时，对于开展限制类技术的情况，要求医疗机构应当及时、准确、完整地向全国和省级医疗技术临床应用信息化管理平台逐例报送限制类技术开展情况数据。

限制类技术，指除禁止类技术以外并具有以下情形之一的，由省级以上卫生行政部门严格管理的技术：①技术难度大、风险高，对医疗机构的服务能力、人员水平有较高专业要求，需要设置限定条件的；②需要消耗稀缺资源的；③涉及重大伦理风险的；④存在不合理临床应用，需要重点管理的。

1) 限制类技术范围。限制类技术包括《国家限制类技术目录（2022年版）》和省级限制类技术目录如《四川省限制类技术目录（2022年版）》中在列医疗技术。

（1）国家级限制类技术目录（12项）：异基因造血干细胞移植技术、同种胰岛移植技术、同种异体运动系统结构性组织移植技术、同种异体角膜移植技术、性别重置技术、质子和重离子加速器放射治疗技术、放射性粒子植入治疗技术、肿瘤消融治疗技术、心室辅助技术、人工智能辅助治疗技术、体外膜肺氧合（ECMO）技术、自体器官移植技术。

（2）省级限制类技术目录：如《四川省限制类技术目录（2022年版）》中包括口腔颌面复杂种植技术、聚焦超声消融恶性肿瘤治疗技术、心血管疾病介入诊疗技术、口腔颌面部肿瘤颅颌联合根治技术、颅颌面畸形颅面外科矫治技术5项。

2) 开展限制类技术的人员资质管理及授予权限管理。

针对限制类技术的人员管理，应由已取得《医师执业证书》且执业范围与所开展限制类技术相关专业相符的本院注册在职医师担任。相关人员必须具备相关专业工作经验，并满足相应的职称要求。此外，还必须持有相应的限制类技术培训合格证明。

对于计划开展限制类技术的临床专业科室，必须遵循国家卫生健康委员会发布的《医疗技术临床应用管理办法》及相关医疗技术临床应用管理规范，进行自我评估。只有符合条件者方可开展临床应用。医务管理部门应负责组织，并在首次开展该技术后的15个工作日内向省级医疗卫生服务指导中心提交备案申请。获得批准后，方可在院内开展该技术。

一旦限制类技术备案成功，项目负责人及项目组成员将被授予开展该技术的相关权限。医务人员如需申请限制类技术授权，应提交《资格授权审批表》。经科室专家小组考核和科室主任审核后，再由二级学科专家组考核和二级学科主任审核，最后提交医务管理部门。经医院医疗授权管理委员会审核通过后，方可开展相关医疗技术。

医院应对限制类技术权限实行动态管理。已获得授权的医务人员应严格按照相关法律法规及规章制度要求，规范开展诊疗活动。医院需持续加强对于已授权人员工作情况的考核和监督，对于违规行为，根据情节轻重，可采取通报、诫勉谈话直至取消授权等措施。未经授权的医师不得开展相应的诊疗行为。符合条件的医师可提出申请，经医疗授权管理委员会讨论通过后，方可取得授权。

3) 停止限制类技术授权情况。医务人员出现下列情形之一，将取消限制类技术授权。

（1）在限制类技术开展中严重违反适应证、禁忌证、诊疗技术规范等造成患者器质性损伤。

（2）医师因为严重违背医院相关管理规定或《中华人民共和国医师法》相关规定被院内停止执业期间。

（3）医师因为违法被吊销《医师执业证》。

（4）其他可能需要取消授权的情况，经医院医疗授权管理委员会讨论确定。

（三）处方授权

1. 抗菌药物。

1）抗菌药物的定义及分级。抗菌药物一般指具有杀菌或抑菌活性的药物，包括各种抗生素、人工合成药物（磺胺类、硝基咪唑类、喹诺酮类等）。根据《抗菌药物临床应用管理办法》的有关规定，抗菌药物临床应用实行分级管理，根据其安全性、疗效、细菌耐药性和价格因素，将抗菌药物分为非限制使用级、限制使用级与特殊使用级三类进行分级管理。具体划分标准如下：

（1）非限制使用级抗菌药物指经长期临床应用证明安全、有效，对细菌耐药性影响较小，价格相对较低的抗菌药物。

（2）限制使用级抗菌药物是指经长期临床应用证明安全、有效，对细菌耐药性影响较大，或者价格相对较高的抗菌药物。

（3）特殊使用级抗菌药物指具有以下情形之一的抗菌药物：①具有明显或者严重不良反应，不宜随意使用的抗菌药物；②需要严格控制使用，避免细菌过快产生耐药的抗菌药物；③疗效、安全性方面的临床资料较少的抗菌药物；④价格昂贵的抗菌药物。

2）抗菌药物的处方授权。一般来说，具有高级专业技术职务任职资格的医师，可授予特殊使用级抗菌药物处方权；具有中级以上专业技术职务任职资格的医师，可授予限制使用级抗菌药物处方权；具有初级专业技术职务任职资格的医师，在乡（民族乡）镇、村的医疗机构独立从事一般执业活动的执业助理医师及乡村医生，可授予非限制使用级抗菌药物处方权。药师经培训并考核合格后，方可获得抗菌药物调剂资格。

二级以上医院应当定期对医师和药师进行抗菌药物临床应用知识和规范化管理的培训。医师经本机构培训并考核合格后，方可获得相应的处方权。

其他医疗机构依法享有处方权的医师、乡村医生和从事处方调剂工作的药师，由县级以上地方卫生行政部门组织相关培训、考核。经考核合格的，授予相应的抗菌药物处方权或者抗菌药物调剂资格。

3）抗菌药物处方授权的取消。医疗机构抗菌药物管理组织应当定期组织相关专业技术人员对抗菌药物处方、医嘱实施点评，并将点评结果作为医师定期考核、临床科室和医务人员绩效考核依据。对出现抗菌药物超常处方3次以上且无正当理由的医师提出警告，限制其特殊使用级和限制使用级抗菌药物处方权。

医师出现下列情形之一的，医疗机构应当取消其抗菌药物处方授权：①抗菌药物考核不合格的；②限制处方权后，仍出现超常处方且无正当理由的；③未按照规定开具抗菌药物处方，造成严重后果的；④未按照规定使用抗菌药物，造成严重后果的；⑤开具抗菌药物处方牟取不正当利益的。

药师未按照规定审核抗菌药物处方与用药医嘱，造成严重后果的，或者发现处方不适宜、超常处方等情况未进行干预且无正当理由的，医疗机构应当取消其药物调剂资格。

医师处方权和药师药物调剂资格取消后，在6个月内不得恢复其处方权和药物调剂资格。

2. 精神麻醉药物。

1）精神麻醉药物的处方授权。根据《处方管理办法》的相关规定，医疗机构应当按照有关规定，对本机构执业医师和药师进行麻醉药物和精神药物使用知识和规范化管理的培训。

执业医师经考核合格后取得麻醉药物和第一类精神药物的处方权，药师经考核合格后取得麻醉药物和第一类精神药物调剂资格。医师取得麻醉药物和第一类精神药物处方权后，方可在本机构开具麻醉药物和第一类精神药物处方，但不得为自己开具该类药物处方。药师取得麻醉药物和第一类精神药物调剂资格后，方可在本机构调剂麻醉药物和第一类精神药物。

医疗机构医务管理部门负责定期组织对涉及麻醉药物和精神药物的管理、药学、医务人员进行有关法律法规、规定、专业知识、职业道德的教育和培训。新进的执业医师和药学专业技术人员必须经考试合格方可取得麻醉药物和第一类精神药物处方权、调剂资格。

2）精麻药物处方授权的监督管理。具有麻醉药物和第一类精神药物处方权的执业医师，违反规定开具麻醉药物和第一类精神药物处方，或者未按照麻醉药物和精神药物临床应用指导原则的要求使用麻醉药物和第一类精神药物的，由医院取消其麻醉药物和第一类精神药物处方权；造成严重后果的，由原发证部门吊销其执业证书。执业医师未按照麻醉药物和精神药物临床应用指导原则的要求使用第二类精神药物或者未使用专用处方开具第二类精神药物，造成严重后果的，由原发证部门吊销其执业证书。未取得麻醉药物和第一类精神药物处方权的执业医师擅自开具麻醉药物和第一类精神药物处方，将报卫生主管部门给予警告，暂停其执业活动；造成严重后果的，吊销其执业证书；构成犯罪的，交有关部门依法追究刑事责任。

第五节 典型案例

案例2-1：因未按注册地点执业，2名医师受罚。

（一）案情介绍

近期，某市卫生健康监督所综合执法队接到群众举报，称某医疗机构任用非卫生技术人员开展诊疗活动，卫生执法人员依据线索对该医疗机构进行检查。

经查，该医疗机构已持有有效许可证，在岗执业人员中有2名持有的行医资质执业地点为非本市行政区，并且这2名执业人员在此医疗机构内开展诊疗活动、开具医疗文书。卫生执法人员对此种违法行为予以立案调查，经调查后 2 人均承认未在规定的执业地点内开展诊疗活动的违法行为。卫生行政部门对 2 人作出相应的行政处罚。

（二）案情分析

1. 认定违法事实清楚、证据全面且充分。在案件办理过程中，卫生执法人员从现场发现的医疗文书入手，通过询问、调查，相关证据链相互印证后，2 名执业人员承认在非执业地点开展诊疗活动并为患者开具医疗文书，承认违反《中华人民共和国医师法》。

2. 该案例适用法律正确，处罚裁量合适。2 名执业人员未按照注册的执业地点执业的行为违反了《中华人民共和国医师法》第十四条的规定，依据《中华人民共和国医师法》第五十七条对 2 人作出相应的行政处罚。

（三）案例思考

在《中华人民共和国医师法》实施前，医师未按照注册的执业地点执业的违法行为的违法成本较低，使得很多医师缺乏变更注册到正在工作的医疗机构的意识，或因各种原因不愿意进行变更注册。《中华人民共和国医师法》第五十七条规定，医师未按照注册的执业地点、执业类别、执业范围执业的，由县级以上人民政府卫生健康主管部门或者中医药主管部门责令改正，给予警告，没收违法所得，并处一万元以上三万元以下的罚款；情节严重的，责令暂停 6 个月以上 1 年以下执业活动直至吊销医师执业证书。各医疗机构执业人员在执业过程中不仅要提高自身业务水平，也必须熟悉相关法律法规，各医疗机构、执业人员应当树立依法执业的意识，提高对医疗法律法规的重视，避免"以身试法"。

案例 2-2：医师超范围执业。

（一）案情介绍

2021 年 8 月，某市卫生健康监督所监督员在某诊所进行监督检查，经检查发现该诊所《医疗机构执业许可证》显示诊疗科目为内科，该诊所医师高某能出示《执业医师资格证》和《医师执业证书》，其《医师执业证书》显示执业范围为内科专业，但现场发现高某在 2021 年 8 月 6 日至 2021 年 8 月 10 日期间为 14 岁以下儿童开具了药品处方共 6 张。

（二）案情分析

该诊所存在超出医疗机构登记的诊疗范围开展儿科的违法行为，违反了《医疗机构管理条例》第二十七条的规定，依据《医疗机构管理条例》第四十七条、《医疗机构管理条例实施细则》第八十条第一款第一项的规定，最终对该诊所作出了给予警告并处以罚款人民币 2900 元的行政处罚；对涉事医师高某，下达监督意见书，责令其停止超范围执业的违法行为。

（三）案例思考

上述案件，如发生在 2022 年 3 月 1 日后，除该医疗机构将因超出医疗机构登记的诊疗范围开展诊疗活动被行政处罚外，涉事医师亦会因超范围执业，违反了《中华人民共和国医师法》第十四条的规定，依据《中华人民共和国医师法》第五十七条"违反本法规定，医师未按照注册的执业地点、执业类别、执业范围执业的，由县级以上人民政府卫生健康主管部门或者中医药主管部门责令改正，给予警告，没收违法所得，并处一万元以上三万元以下的罚款；情节严重的，责令暂停六个月以上一年以下执业活动直至吊销医师执业证书"的规定，将会受到相应的行政处罚。

【关键词】

依法执业、定期考核、医师执业授权、技术授权。

【思考题】

1. 医师不予注册的条件有哪些？
2. 医师执业注销和备案的情形有哪些？
3. 简述医师定期考核程序，以及哪些情况下考核机构应当认定为考核不合格。

主要参考文献

周昀，程永忠，李为民. 四川大学华西医院主诊医师负责制的探索与实践［J］. 中国卫生事业管理，2018，35（11）：816-818.

李大江，钟彦，张卫东，等. 医疗授权管理的探索与实践［J］. 中国医院管理，2010，30（4）：21-22.

杨天桂，曾智，程永忠. 华西医院管理模式探讨［J］. 中国卫生质量管理，2008（1）：13-17.

项耀钧，连斌，徐斌，等. 大型综合性医院实行主诊医师负责制面临的难点与对策［J］. 中华医院管理杂志，2004（7）：11-14.

李军，张静，吴宝新. 建立和完善主诊医师责任制的考核方法［J］. 医院管理论坛，2009，26（11）：20-23.

陈正英，王劲，王家铃. 如何完善实施主诊医师负责制度［J］. 中华医院管理杂志，2002（5）：40-41.

吴少玮，余晓云，贺哲，等. 主诊医师负责制下医疗组管理制度的实施策略与思考［J］. 中国医院管理，2022，42（1）：57-59，63.

郑宇. 从考核机构角度谈医师定期考核中存在的问题及完善路径［J］. 江苏卫生事业管理，2018，29（2）：235-237.

（胡晓华　徐聆）

第三章 医疗质量与患者安全

第一节 医疗质量与患者安全的内涵

医疗质量是医院的生命线,是医院管理工作的重点,医疗质量的提高与持续改进是医院生存和发展的永恒主题。党的二十大报告中明确提出,要进一步健全医疗卫生服务体系,促进人民群众健康水平显著提升。国务院发布的《"十四五"国民健康规划》也提出了持续改善医疗卫生服务质量,加强临床服务能力建设。

1966年,美国"医疗管理学之父"多那比第安(Avedis Donabedian)首次提出医疗质量概念的三维内涵,即结构质量、过程质量和结果质量,这是医疗质量管理学的理论基础。他提出医疗服务质量应该是用最小的危险、最小的成本使患者获得最适当的健康状态。1977年,美国学者恩格尔(G. L. Engle)提出现代医学模式,即生物-心理-社会医学模式,使医疗质量的内涵变得更丰富和全面,开始关注患者心理需求,强化了服务属性。1988年,美国技术评价处(office of technology assessment, OTA)提出,医疗服务质量指在利用医学知识和技术,在现有条件下,医疗服务过程增加患者期望结果(恢复身心健康、令人满意)和减少患者非期望结果的程度。

与医疗质量密切相关的是患者安全。患者安全指医院在实施医疗保健过程中,患者不发生法律法规允许范围以外的心理、机体结构或功能损害、障碍、缺陷或死亡。患者安全的核心是医疗质量。不安全的医疗会导致患者病程延长和治疗方法复杂化等后果,不仅增加医疗成本和经济负担,有时还导致医疗事故引发纠纷,影响医院的社会信誉和形象。

2009年以来,对于医疗质量内涵的定义趋向整体化和立体化,在重视"以患者为中心"探讨医疗质量内涵的同时,开始关注医院自身内涵建设。有学者提出医疗质量是医院形象、服务态度、工作效率、对患者权益和价值观的尊重、环境设施条件、技术服务水平、费用水平、管理水平等多方面的立体体现。可见,尽管医疗质量的概念仍未统一,但其人文属性和服务属性已经得到高度重视。

医疗质量是医院生存和发展的基石,国内文献报道,患者选择医院的首要因素是医疗质量,对医疗机构的评审评价也把医疗质量和患者安全作为重要的内容。《三级医院评审标准(2022年版)》中,第一部分前置要求特别强调了医院安全管理,不要发生完全责任的一级医疗事故或重大医疗事故,不要发生严重后果的医院感染事件,不要发生重大火灾、放射源泄露、有害气体泄漏等被通报或处罚的重大安全事故，不要发生瞒报、漏报重大医疗过失事件的行为，不要发生造成严重后果的大规模医疗数据泄露或其他重大网络安全事件，否则也要按前置要求实施一票否决。第二部分医疗服务能力与质量安全监测数据占医院评审总分的60%以上，第三部分现场检查中临床服务质量与安全管理占有相当重要的比重，可见医疗质量与患者安全对医院生存和发展的重要性。

第二节 《医疗质量管理办法》的相关要求

为加强医疗质量管理，规范医疗服务行为，保障医疗安全，国家卫生和计划生育委员会于2016年9月25日发布了《医疗质量管理办法》，自2016年11月1日起施行。

《医疗质量管理办法》旨在通过顶层制度设计，进一步建立完善医疗质量管理长效工作机制，创新医疗质量持续改进方法，充分发挥信息化管理的积极作用，不断提升医疗质量管理的科学化、精细化水平，提高不同地区、不同层级、不同类别医疗机构间医疗服务同质化程度，更好地保障广大人民群众的身体健康和生命安全。《医疗质量管理办法》共分8章48条。在高度凝练总结我国改革开放以来医疗质量管理工作经验的基础上，充分借鉴国际先进做法，重点进行了以下制度设计。

一、建立相关制度

一是建立国家医疗质量管理与控制制度。确定各级卫生健康主管部门依托专业组织开展医疗质量管控的工作机制，充分发挥信息化手段在医疗质量管理领域的重要作用。

二是建立医疗机构医疗质量管理评估制度。完善评估机制和方法，将医疗质量管理情况纳入医疗机构考核指标体系。

三是建立医疗机构医疗安全与风险管理制度。鼓励医疗机构和医务人员主动上报医疗质量安全不良事件，促进信息共享和持续改进。

四是建立医疗质量安全核心制度体系。总结提炼了18项医疗质量安全核心制度，并要求医疗机构及其医务人员在临床诊疗工作中严格执行。

二、明确医疗质量管理的责任主体、组织形式、工作机制和重点环节

明确医疗机构是医疗质量的责任主体，医疗机构主要负责人是医疗质量管理第一责任人。要求医疗机构医疗质量管理实行院、科两级责任制，理顺工作机制。对门诊、急诊、药学、医技等重点部门和医疗技术、医院感染等重点环节的医疗质量管理提出明确要求。

三、强化监督管理和法律责任

进一步明确各级卫生行政部门的医疗质量监管责任,提出医疗质量信息化监管的机制与方法。同时,在鼓励地方建立医疗质量管理激励机制的前提下,明确医疗机构及其医务人员涉及医疗质量问题的法律责任。

四、统一医疗机构医疗质量安全核心制度和医疗质量管理工具

医疗质量安全核心制度指医疗机构及其医务人员在诊疗活动中应当严格遵守的相关制度,贯穿于患者诊疗全过程,执行落实不到位可能导致质量安全事件。医疗质量安全核心制度主要包括首诊负责制、三级查房制、会诊制度、分级护理制度、值班和交接班制度、疑难病例讨论制度、急危重患者抢救制度、术前讨论制度、死亡病例讨论制度、查对制度、手术安全核查制度、手术分级管理制度、新技术和新项目准入制度、危急值报告制度、病历管理制度、抗菌药物分级管理制度、临床用血审核制度、信息安全管理制度等。

医疗质量管理工具指为实现医疗质量管理目标和持续改进所采用的措施、方法和手段,如全面质量管理(TQC)、质量环(PDCA循环)、品管圈(QCC)、疾病诊断相关组(DRGs)绩效评价、单病种质量管理、临床路径管理等。这些管理工具为实现医院医疗标准化、科学化、精细化管理提供了有效支撑。

第三节 患者安全

患者安全本身并不是新的医疗质量议题,两千多年前,著名的希波克拉底誓词中就已经有了患者安全的概念。但是直到20世纪的最后十年,人们才开始真正重视患者安全,因为越来越多的研究发现,患者安全不良事件给大众带来的伤害远远超过车祸等造成的伤害。所以,21世纪的医疗质量管理可以认为是以患者安全为中心的质量管理。

1997年,美国住院患者中就有4.4万~9.8万人死于可预防的不良事件,花费170亿~290亿美元。1999年,著名的《跨越质量的鸿沟》(*Crossing the Quality Chasm*)一书出版后,患者安全的概念在世界各国医疗界推广开来,医院管理者也开始关注患者安全议题。医院管理者也逐渐发现,如果不认真进行患者安全管理,辛苦取得的管理成果会很快消失殆尽。

2002年世界卫生组织(World Health Organization,WHO)在世界卫生大会上提出需要密切关注患者安全。2004年9月,首届世界患者安全联盟日大会在上海举行。2004年10月,WHO宣布成立世界患者安全联盟。2006年10月,中国医院协会发布

了《2007年患者安全目标》，目前已更新到2022版。《中国医院协会患者安全目标》（2022版）在历年患者安全目标的基础上，结合当前我国医院质量与患者安全管理工作实际，更加简明化、标识化，更具操作性。

中国医院协会患者安全目标（2025版）

目标一、正确识别患者身份

通过使用腕带、二维码等标识手段，提高患者身份识别的准确性，严格执行查对制度，确保在诊疗过程中准确识别患者身份。

目标二、确保用药与用血安全

加强药品管理和用药安全培训，减少用药错误的发生，建立完善的用血管理制度，确保用血安全。

目标三、强化围手术期安全管理

在手术前后严格执行安全核查制度，确保手术部位、术式等信息的准确性，加强手术团队之间的沟通与协作，提高手术安全性。

目标四、加强有效沟通

建立完善的沟通机制，确保医务人员之间信息传递的准确性和及时性，加强医务人员沟通技巧培训，提高沟通效率和质量。

目标五、落实临床"危急值"管理制度

加强对临床"危急值"的监测和管理，确保在出现危急值时能够及时采取正确的处理措施。

目标六、预防和减少医院相关性感染

严格执行手卫生和消毒隔离制度，降低医院内感染的发生率，加强医院内感染监测和报告，及时发现并控制感染源。

目标七、加强孕产妇及新生儿安全

针对孕产妇和新生儿的特殊需求，提供安全的医疗服务，确保母婴安全。

目标八、鼓励患者及家属参与患者安全

鼓励患者和家属积极参与到患者安全管理中来，提高患者的自我保护意识和能力。

目标九、识别患者安全风险

通过风险评估工具和方法，及时发现并识别患者安全中的风险点，采取相应的预防措施。

目标十、加强医学装备及医院信息安全管理

确保医学装备的安全性和信息系统的稳定性，保护患者信息安全。

第四节 医疗质量安全核心制度

《医疗质量管理办法》指出，医疗质量安全核心制度指医疗机构及其医务人员在诊疗活动中应当严格遵守的相关制度。医疗质量安全核心制度执行到位与否直接影响到医疗质量的好与坏，也会间接影响医院的声誉和品牌效应。加强医疗质量建设，推进医疗质量安全核心制度落实与环节控制的全过程监督，是医疗质量与患者安全的重要保证。医疗质量安全核心制度具体介绍如下。

一、首诊负责制度

首诊负责制度指在一次就诊过程中，患者的首位接诊医师（首诊医师）在该次就诊结束前或转由其他医师接诊前，全面负责患者的诊疗管理工作。医疗机构和各科室应根据医师的首诊责任来承担相应的责任。

基本要求：①明确患者在诊疗过程中不同阶段的责任主体。②保障患者诊疗过程中诊疗服务的连续性。③首诊医师应当做好医疗记录，保障医疗行为的可追溯。④非本医疗机构诊疗科目范围内疾病，应告知患者或其法定代理人，并建议患者前往相应医疗机构就诊。

二、三级查房制度

三级查房制度指患者住院期间，由不同级别的医师以查房的形式实施患者评估、制订与调整诊疗方案、观察诊疗效果等医疗活动的制度。

基本要求：①医疗机构实行科主任领导下的三个不同级别的医师查房制度。三个不同级别医师可以包括但不限于主任医师或副主任医师、主治医师、住院医师。②遵循下级医师服从上级医师，所有医师服从科主任的工作原则。③医疗机构应当明确各级医师的医疗决策和实施权限。④医疗机构应当严格明确查房周期。工作日每天至少查房2次，非工作日每天至少查房1次，三级医师中最高级别的医师每周至少查房2次，中间级别的医师每周至少查房3次。术者必须亲自在术前和术后24小时内查房。⑤医疗机构应当明确医师查房行为规范，尊重患者、注意仪表、保护隐私、加强沟通、规范流程。⑥护士、药师查房可参照上述规定执行。

三、会诊制度

会诊指出于诊疗需要，由本科室以外或本机构以外的医务人员协助提出诊疗意见或提供诊疗服务的活动。规范会诊行为的制度称为会诊制度。

基本要求：①会诊分为机构内会诊和机构外会诊。机构内多学科会诊应当由医疗管理部门组织。②按病情紧急程度，会诊分为急会诊和普通会诊。机构内急会诊应当在会诊请求发出后 10 分钟内到位，机构内普通会诊应当在会诊请求发出后 24 小时内完成。③医疗机构应当统一会诊单格式及填写规范，明确各类会诊的具体流程。④原则上，会诊请求人员应当陪同完成会诊，会诊情况应当在会诊单中记录。会诊意见的处置情况应当在病程中记录。⑤前往或邀请机构外会诊，应当严格遵照国家有关规定执行。

四、分级护理制度

分级护理制度指医务人员根据住院患者病情和（或）自理能力对患者进行分级别护理的制度。

基本要求：①医疗机构应当按照国家分级护理管理相关指导原则和护理服务工作标准，制定本机构分级护理制度。②原则上，护理级别分为特级护理、一级护理、二级护理、三级护理 4 个级别。③医务人员应当根据患者病情和（或）自理能力变化动态调整护理级别。④患者护理级别应当明确标识。

五、值班和交接班制度

值班和交接班制度指医疗机构及其医务人员通过值班和交接班机制保障患者诊疗过程连续性的制度。

基本要求：①医疗机构应当建立全院性医疗值班体系，包括临床、医技、护理部门及提供诊疗支持的后勤部门，明确值班岗位职责并保证常态运行。②医疗机构实行医院总值班制度，有条件的医院可以在医院总值班外，单独设置医疗总值班和护理总值班。总值班人员需接受相应的培训并经考核合格。③医疗机构及科室应当明确各值班岗位职责、值班人员资质和人数。值班表应当在全院公开，值班表应当涵盖与患者诊疗相关的所有岗位和时间。④当值医务人员中必须有本机构执业的医务人员，非本机构执业医务人员不得单独值班。当值人员不得擅自离岗，休息时应当在指定的地点休息。⑤各级值班人员应当确保通信畅通。⑥四级手术患者手术当日和急危重患者必须床旁交班。⑦值班期间所有的诊疗活动必须及时记入病历。⑧交接班内容应当专册记录，并由交班人员和接班人员共同签字确认。

六、疑难病例讨论制度

疑难病例讨论制度指为尽早明确诊断或完善诊疗方案，对诊断或治疗存在疑难问题的病例进行讨论的制度。

基本要求：①医疗机构及临床科室应当明确疑难病例的范围，包括但不限于出现以下情形的患者，没有明确诊断或诊疗方案难以确定、疾病在应有明确疗效的周期内未能达到预期疗效、非计划再次住院和非计划再次手术、出现可能危及生命或造成器官功能严重损害的并发症等。②疑难病例均应由科室或医疗管理部门组织开展讨论。讨论原则上应由科主任主持，全科人员参加。必要时邀请相关科室人员或机构外人员参加。③医疗机构应统一疑难病例讨论记录的格式和模板。讨论内容应专册记录，主持人需审核并签字。讨论的结论应当记入病历。④参加疑难病例讨论的成员中应当至少有 2 人具有主治及以上专业技术职务任职资格。

七、急危重患者抢救制度

急危重患者抢救制度指为控制病情、挽救生命，对急危重患者进行抢救并对抢救流程进行规范的制度。

基本要求：①医疗机构及临床科室应当明确急危重患者的范围，包括但不限于出现以下情形的患者，病情危重，不立即处置可能存在危及生命或出现重要脏器功能严重损害；生命体征不稳定并有恶化倾向等。②医疗机构应当建立抢救资源配置与紧急调配的机制，确保各单元抢救设备和药品可用。建立绿色通道机制，确保急危重患者优先救治。医疗机构应当为非本机构诊疗范围内的急危重患者的转诊提供必要的帮助。③临床科室急危重患者的抢救，由现场级别和年资最高的医师主持。紧急情况下医务人员参与或主持急危重患者的抢救，不受其执业范围限制。④抢救完成后 6 小时内应当将抢救记录记入病历，记录时间应具体到分钟，主持抢救的人员应当审核并签字。

八、术前讨论制度

术前讨论制度指以降低手术风险、保障手术安全为目的，在患者手术实施前，医师必须对拟实施手术的手术指征、手术方式、预期效果、手术风险和处置预案等进行讨论的制度。

基本要求：①除以紧急抢救生命为目的的急诊手术外，所有住院患者手术必须实施术前讨论，术者必须参加。②术前讨论的范围包括手术组讨论、医师团队讨论、病区内讨论和全科讨论。临床科室应当明确本科室开展的各级手术术前讨论的范围并经医疗管理部门审定。全科讨论应当由科主任或其授权的副主任主持，必要时邀请医疗管理部门和相关科室参加。患者手术涉及多学科或存在可能影响手术的合并症的，应当邀请相关科室参与讨论，或事先完成相关学科的会诊。③术前讨论完成后，方可开具手术医嘱，签署手术知情同意书。④术前讨论的结论应当记入病历。

九、死亡病例讨论制度

死亡病例讨论制度指为全面梳理诊疗过程、总结和积累诊疗经验、不断提升诊疗服务水平，对医疗机构内死亡病例的死亡原因、死亡诊断、诊疗过程等进行讨论的制度。

基本要求：①死亡病例讨论原则上应当在患者死亡 1 周内完成。尸检病例在尸检报告出具后 1 周内必须再次讨论。②死亡病例讨论应当在全科范围内进行，由科主任主持，必要时邀请医疗管理部门和相关科室参加。③死亡病例讨论情况应当按照本机构统一制定的模板进行专册记录，由主持人审核并签字。死亡病例讨论结果应当记入病历。④医疗机构应当及时对全部死亡病例进行汇总分析，并提出持续改进意见。

十、查对制度

查对制度指为防止医疗差错，保障医疗安全，医务人员对医疗行为和医疗器械、设施、药品等进行复核查对的制度。

基本要求：①医疗机构的查对制度应当涵盖患者身份识别、临床诊疗行为、设备设施运行和医疗环境安全等相关方面。②每项医疗行为都必须查对患者身份。应当至少使用两种身份查对方式，严禁将床号作为身份查对的标识。为无名患者进行诊疗活动时，必须双人核对。用电子设备辨别患者身份时，仍需口语化查对。③医疗器械、设施、药品、标本等查对要求按照国家有关规定和标准执行。

十一、手术安全核查制度

手术安全核查制度指在麻醉实施前、手术开始前和患者离开手术室前对患者身份、手术部位、手术方式等进行多方参与的核查，以保障患者安全的制度。

基本要求：①医疗机构应当建立手术安全核查制度和标准化流程。②手术安全核查过程和内容按国家有关规定执行。③手术安全核查表应当纳入病历。

十二、手术分级管理制度

手术分级管理制度指为保障患者安全，按照手术风险程度、复杂程度、难易程度和资源消耗不同，对手术进行分级管理的制度。

基本要求：①按照手术风险性和难易程度不同，手术分为四级。具体要求按照国家有关规定执行。②医疗机构应当建立手术分级管理工作制度和手术分级管理目录。③医疗机构应当建立手术分级授权管理机制，建立手术医师技术档案。④医疗机构应当对手术医师能力进行定期评估，根据评估结果对手术权限进行动态调整。

十三、新技术和新项目准入制度

新技术和新项目准入制度指为保障患者安全，对本医疗机构首次开展临床应用的医疗技术或诊疗方法实施论证、审核、质量控制、评估全流程规范管理的制度。

基本要求：①医疗机构拟开展的新技术和新项目应当为安全、有效、经济、适宜、能够进行临床应用的技术和项目。②医疗机构应当明确本机构医疗技术和诊疗项目临床应用清单并定期更新。③医疗机构应当建立新技术和新项目审批流程，所有新技术和新项目必须经过本机构相关技术管理委员会和医学伦理委员会审核同意后，方可开展临床应用。④新技术和新项目临床应用前，要充分论证可能存在的安全隐患或技术风险，并制订相应预案。⑤医疗机构应当明确开展新技术和新项目临床应用的专业人员范围，并加强新技术和新项目质量控制工作。⑥医疗机构应当建立新技术和新项目临床应用动态评估制度，对新技术和新项目实施全程追踪管理和动态评估。⑦医疗机构开展临床研究的新技术和新项目按照国家有关规定执行。

十四、危急值报告制度

危急值报告制度指对提示患者处于生命危急状态的检查、检验结果建立复核、报告、记录等管理机制，以保障患者安全的制度。

基本要求：①医疗机构应当分别建立住院和门急诊患者危急值报告具体管理流程和记录规范，确保危急值信息准确，传递及时，信息传递各环节无缝衔接且可追溯。②医疗机构应当制定可能危及患者生命的各项检查、检验结果危急值清单并定期调整。③出现危急值时，出具检查、检验结果报告的部门报出前，应当双人核对并签字确认，夜间或紧急情况下可单人双次核对。对于需要立即重复检查、检验的项目，应当及时复检并核对。④外送的检验标本或检查项目存在危急值项目的，医院应当和相关机构协商危急值的通知方式，并建立可追溯的危急值报告流程，确保临床科室或患者能够及时接收危急值。⑤临床科室任何接收到危急值信息的人员应当准确记录、复读、确认危急值结果，并立即通知相关医师。⑥医疗机构应当统一制定临床危急值信息登记专册和模板，确保危急值信息报告全流程的人员、时间、内容等关键要素可追溯。

十五、病历管理制度

病历管理制度指为准确反映医疗活动全过程，实现医疗服务行为可追溯，维护医患双方合法权益，保障医疗质量和医疗安全，对医疗文书的书写、质量控制、保存、使用等环节进行管理的制度。

基本要求：①医疗机构应当建立住院及门、急诊病历管理和质量控制制度，严格落实国家病历书写、管理和应用相关规定，建立病历质量检查、评估与反馈机制。②医疗机构病历书写应当做到客观、真实、准确、及时、完整、规范，并明确病历书写的格式、内容和时限。③使用电子病历的医疗机构，应当建立电子病历的建立、记录、修改、使用、存储、传输、质量控制、安全等级保护等管理制度。④医疗机构应当保障病历资料安全，病历内容记录与修改信息可追溯。⑤鼓励推行病历无纸化。

十六、抗菌药物分级管理制度

抗菌药物分级管理制度指根据抗菌药物的安全性、疗效、细菌耐药性和价格等因素，对抗菌药物临床应用进行分级管理的制度。

基本要求：①根据抗菌药物的安全性、疗效、细菌耐药性和价格等因素，抗菌药分为非限制使用级、限制使用级与特殊使用级三级。②医疗机构应当严格按照有关规定建立本机构抗菌药物分级管理目录和医师抗菌药物处方权限，并定期调整。③医疗机构应当建立全院特殊使用级抗菌药物会诊专家库，按照规定规范特殊使用级抗菌药物使用流程。④医疗机构应当按照抗菌药物分级管理原则，建立抗菌药物遴选、采购、处方、调剂、临床应用和药物评价的管理制度和具体操作流程。

十七、临床用血审核制度

临床用血审核制度指在临床用血全过程中，对与临床用血相关的各项程序和环节进行审核和评估，以保障患者临床用血安全的制度。

基本要求：①医疗机构应当严格落实国家关于医疗机构临床用血的有关规定，设立临床用血管理委员会或工作组，制定本机构血液预订、接收、入库、储存、出库、库存预警、临床合理用血等管理制度，完善临床用血申请、审核、监测、分析、评估、改进等管理制度、机制和具体流程。②临床用血审核包括但不限于用血申请、输血治疗知情同意、适应证判断、配血、取血发血、临床输血、输血中观察和输血后管理等环节，并全程记录，保障信息可追溯，健全临床合理用血评估与结果应用制度、输血不良反应监测和处置流程。③医疗机构应当完善急救用血管理制度和流程，保障急救治疗需要。

十八、信息安全管理制度

信息安全管理制度指医疗机构按照信息安全管理相关法律法规和技术标准要求，对医疗机构患者诊疗信息的收集、存储、使用、传输、处理、发布等进行全流程系统性保障的制度。

基本要求：①医疗机构应当依法依规建立覆盖患者诊疗信息管理全流程的制度和技术保障体系，完善组织架构，明确管理部门，落实信息安全等级保护等有关要求。②医疗机构主要负责人是患者诊疗信息安全管理第一责任人。③医疗机构应当建立患者诊疗信息安全风险评估和应急工作机制，制定应急预案。④医疗机构应当确保实现本机构患者诊疗信息管理全流程的安全性、真实性、连续性、完整性、稳定性、时效性、溯源性。⑤医疗机构应当建立患者诊疗信息保护制度，使用患者诊疗信息应当遵循合法、依规、正当、必要的原则，不得出售或擅自向他人或其他机构提供患者诊疗信息。⑥医疗机构应当建立员工授权管理制度，明确员工的患者诊疗信息使用权限和相关责任。医疗机构应当为员工使用患者诊疗信息提供便利和安全保障，因个人授权信息保管不当造成的不良后果由被授权人承担。⑦医疗机构应当不断提升患者诊疗信息安全防护水平，防止信息泄露、毁损、丢失。定期开展患者诊疗信息安全自查工作，建立患者诊疗信息系统安全事故责任管理、追溯机制。在发生或者可能发生患者诊疗信息泄露、毁损、丢失的情况时，应当立即采取补救措施，按照规定向有关部门报告。

医疗质量安全核心制度是围绕诊疗服务全过程的质量管控和安全管理提出的制度性要求，涉及资质准入、患者评估、救治流程、规范执行、安全预警等医疗质量关键环节的管理，每家医疗机构医疗服务的模式有所不同，需要结合自身实际制订本机构实施细则，但归根结底是保障医疗质量和安全，所以医疗机构应不断结合实际工作需要修订和完善，更关键的是强化培训，保证医务人员能知晓掌握，便于落实实施，同时要对执行情况进行督导检查，为保障医疗质量安全提供制度保障。

第五节　典型案例

违反法律法规和医疗质量安全核心制度不但对患者生命健康造成严重影响，而且医疗机构和医务人员也将受到严厉处罚。下面介绍这些典型案例，希望能引起医疗管理者和执业人员的高度重视和警醒。

案例3-1：违反医疗质量安全核心制度的典型案例。

（一）案情介绍

患者胡某，65岁，因交通事故被120急救车紧急送往某医院急诊科。入院时，患者表现出明显的颅脑外伤迹象，言语含糊不清，舌头僵硬，左髋关节剧痛，左腿无法行走。导医台建议患者挂脑外科的号，患者家属随即将他推至脑外科诊室进行初步检查。脑外科医师在初步检查后认为，虽然颅脑外伤存在，但情况并不十分严重，建议优先考虑骨科问题，要求患者家属退掉脑外科的号，改挂骨科。

患者家属遵医嘱退掉脑外科号，转而挂了骨科。骨科医师在进行X线检查后，发现患者左髋关节没有骨折，认为骨科问题较轻，而颅脑外伤的症状更为严重，建议转至神经内科就诊，要求患者家属退掉骨科号，改挂神经内科。

患者家属再次退号并挂上了神经内科。然而，在转诊过程中，患者因多次转移和等待，耗费了宝贵的半小时。神经内科医师接诊后迅速诊断出患者颅内出血情况严重。尽管医院立即进行了紧急抢救，但由于病情迅速恶化，患者最终陷入昏迷，抢救无效，被宣布临床死亡。

（二）案情分析

此案例违反了医疗质量安全核心制度——首诊负责制。首诊负责制指在一次就诊过程中，患者的首位接诊医师（首诊医师）在该次就诊结束前或转由其他医师接诊前，全面负责患者的诊疗管理工作。若首诊医师接诊患者后不能确诊，应及时请示本科室上级医师检诊，必要时请相关科室会诊。若首诊医师确诊患者为其他科室疾病，该患者属于急、危、重症，首诊医师必须及时抢救，同时向上级医师汇报，并请相关科室协同抢救，不得在科室间、医师间推诿患者；若该患者不属于急、危、重症，经紧急处置后，请相关科室会诊后转科或者转院，并做好交接工作。若两个科室的医师对患者处理意见不一致，必须分别请示本科室上级医师或科室主任，若双方仍不能达成一致意见，由首诊医师负责处理，并报医务部门协调解决，不得推诿。首诊医师对于需要紧急抢救的患者，必须先抢救，不得因强调挂号、交费等手续延误抢救时机。

案例 3-2：履行告知义务不到位的典型案例

（一）案情介绍

某日，李某在参与民房建筑工作时不慎从高处坠落，导致全身多处受伤。他随即前往 A 医院接受治疗。A 医院迅速对其进行了全面检查。X 线检查显示李某的左手腕骨未见异常，胸部彩超检查也未发现明显问题。A 医院诊断李某为全身多处复合性外伤，并建议他住院进行进一步的检查和治疗。然而，李某及其家属拒绝了这一建议，李某的儿子在门诊病历上签字，确认了他们拒绝住院的决定。

当夜，李某的左手腕肿胀情况明显加剧，他在村卫生室接受了药物治疗，但 1 周后症状并未好转。由于之前 X 线检查未发现骨骼损伤，李某决定不再进行进一步的检查和治疗。

1 个月后，李某的左手腕仍然肿胀并伴有疼痛。他转至 B 医院进行了 CR 检查，最终被诊断为左手月骨掌侧脱位。随后，李某在 B 医院接受了住院手术治疗，共住院 11 天，支付了 3460.88 元的医疗费用。

李某认为，由于 A 医院的诊断失误，导致他错过了最佳治疗时机，并因此产生了额外的医疗费用。他向人民法院提起诉讼，要求 A 医院赔偿包括医疗费、误工费在内的各项损失，总计 9998 元。

法院审理后认为，A 医院在对李某的病情告知和解释方面存在不足，应对其损失承担一定的赔偿责任。

（二）案情分析

对医疗过失的认定应与医疗机构的级别及其他客观条件相适应。本案中，法院未以 A 医院未为患者准确诊断为过错判决 A 医院承担责任，即考虑了 A 医院作为基层医院的级别和客观条件。但《医疗事故处理条例》第十一条规定，在医疗活动中，医疗机构及其医务人员应当将患者的病情、医疗措施、医疗风险等如实告知患者，及时解答其咨询；但是，应当避免对患者产生不利后果。本条规定是医疗机构及医务人员应该遵守的医疗服务职业规范，是医疗机构应该履行医疗服务合同的附随义务，是医务人员应恪守的职业道德，亦是患者享有医疗服务知情权的法律规定。A 医院不仅应告诉患者需住院进一步观察、检查，还有义务向患者释明住院观察的理由，消除患者的误解和敌对情绪。未尽告知释明义务，即是对医疗义务的违反，是医疗机构的过失，自然应承担相应的赔偿责任。所以，法院认定 A 医院对李某有相对一般患者更加谨慎的告知释明职责是与李某享有的知情权相适应的，是对医疗机构普遍存在的大处方、大检查、大剂量给患者造成的额外负担的必要限制，具有重要的实践意义。

【关键术语】

医疗质量、医疗质量安全核心制度、患者安全。

【思考题】

简述医疗质量的定义,并结合实际谈谈医疗机构应该如何加强医疗质量管理。

主要参考文献

余红星,冯友梅,周尚成,等. 医疗质量模糊性特征研究[J]. 医学与哲学,2014,35(6):73-74,84.

张颜,程华刚,石兴莲. 医疗质量内涵及评价指标研究进展综述[J]. 中国卫生质量管理,2016,23(3):40-43.

陈阳,程雪莲,何中臣,等. 《医疗质量管理办法》的亮点与局限[J]. 中国医院管理,2017,37(2):27-29.

张鹭鹭,王羽. 医院管理学[M]. 2版. 北京:人民卫生出版社,2014.

邓清文,魏艳,陈英耀. 公立医院高质量发展的探索实践及实现路径[J]. 中国医院管理,2022,42(1):1-4,7.

(李大江　杜鑫　冉隆耀　唐洁)

第四章　医疗质量安全不良事件与医疗纠纷管理

第一节　医疗质量安全不良事件管理

医疗质量安全不良事件（以下简称"不良事件"）指在医院内被工作人员主动发现的，或患者在接受诊疗服务过程中出现的，除了患者自身疾病自然过程之外的各种因素所致的安全隐患或造成后果的负性事件。不良事件具有随机性、隐秘性、高危害性等特点。《医疗质量管理办法》《中华人民共和国医师法》《2022年国家医疗质量安全改进目标》《中国医院协会患者安全目标（2022版）》等规范性文件，均将不良事件管理工作放在重要位置。加强不良事件的识别、报告、处置及分析改进，有利于医务人员自查自省、职能部门优化管理，切实提高医院医疗质量安全水平，避免或减轻患者损害后果，保障患者安全，有效预防医疗纠纷。

一、不良事件的分级

参照《中国医院协会团体标准》中"医疗安全（不良）事件管理"部分，结合医院实际情况，根据不良事件的性质和对患者造成损害的严重程度，不良事件可分为以下五级。

1. Ⅰ级事件：非预期的患者死亡和非疾病自然进展过程中造成永久性功能丧失事件。
2. Ⅱ级事件：在疾病医疗过程中非预期的患者心理创伤、机体功能损害、诊疗计划延长、经济负担增高、疾病转归不符合预期等事件。
3. Ⅲ级事件：虽然发生了错误事实，但未给患者机体与功能造成任何损害，或有轻微后果但不需任何处理可完全康复的事件。
4. Ⅳ级事件：错误在实施之前被发现并得到纠正，未造成危害的事件。
5. Ⅴ级事件：医疗行为或诊疗流程本身没有错误，但由于其他因素可能影响医疗活动正常开展的事件。例如，涉及外院医疗纠纷、恶意欠费、家属遗弃患者、语言不通导致医患沟通不畅、患方拒绝签署医疗文书等。

二、不良事件的分类

参照《中国医院协会团体标准》"医疗安全（不良）事件管理"部分，根据医疗质量安全不良事件的具体内容和所属类别，结合医院实际情况制定分类。以四川大学华西医院的不良事件分类为例，目前一级分类12种、二级分类41种、三级分类289种，内容涵盖医疗、护理、医技、行政、后勤（表4-1）。

表4-1　四川大学华西医院不良事件分类

一级分类	二级分类	三级分类
患者安全类	伤害事件	自伤/自杀风险、自伤、自杀未遂、患方间冲突、意外伤害、其他
	死亡事件	猝死、自杀、术中死亡、其他
	非计划出/离院	私自离院、走失、危重患者自动出院、其他
	安全风险	患方依从性差、无有效陪护、误吸/误食、非预期的心理应激、其他
医务人员安全类	职业暴露	体液暴露、血液暴露、针刺伤、锐器伤、其他
	暴力伤医	伤医风险、语言威胁/辱骂、伤医行为、其他
医疗质量类	手术相关事件	身份识别错误、术前评估/准备不足、医务人员资质不足、主刀医师未上台、延时开台、手术部位无标识、手术部位标识错误、手术部位错误、手术方式错误、手术操作不当、术中处置不当、术中病情变化、术中改变预定手术方式、清点异常、医疗耗材丢失、异物遗留体内、术后观察/处置不力、术后并发症、非计划二次手术、其他
	麻醉事件	术前访视/评估不足、麻醉操作不当、监测不足、麻醉意外、麻醉并发症、其他
	沟通事件	医务人员之间：未交接、意见不统一、信息传递延迟/错误、其他
		医患之间：未告知、告知不充分、告知对象错误、知情告知文书缺失、知情告知文书瑕疵/签字无效、不能取得患方意见、语言不通、患方不理解、患方期望值高、患方拒绝签字、患方录音录像、其他
		患方内部：意见不统一、其他
	非计划重返事件	非计划重返住院、非计划重返ICU、日间转住院、其他
	侵入性操作事件	身份识别错误、操作前评估/准备不足、操作人员资质不足、操作不当、异物遗留体内、操作并发症、其他
	放疗事件	身份识别错误、剂量/频次错误、部位错误、放疗并发症、其他
	会诊事件	指征不足、资质不足、不及时、质量差、记录问题、其他
	危急值事件	误报、漏报、延报、未及时处理、处理后无记录、其他
	诊疗事件	误诊、漏诊、延误治疗、其他
	病历事件	隐瞒病史、未及时书写、记录失实、记录瑕疵、隐匿/伪造/篡改病历、病历遗失、抢夺病历、复印/封存病历、归档问题、其他

续表

一级分类	二级分类	三级分类
药物类	药品事件	储存不当、质量问题、效期问题、药品调剂错误、特殊药品丢失、其他
	用药事件	处方错误、查对错误、给药途径/技术/时间错误、配伍禁忌、药物不良反应、超说明书用药未备案、超处方权限用药、自带药品事件、其他
医技医辅类	输血事件	评估及准备不足、输血超量未备案、医嘱错误、查对错误、运输存储不当、血液制品遗失、血液质量问题、超时输注、输血不良反应、其他
	检查事件	查对错误、评估及准备不足、检查/转运途中病情加重、医嘱错误、医嘱执行错误、检查并发症、抢救不力、信息技术问题、报告延迟、报告错误、其他
	检验事件	查对错误、医嘱错误、医嘱执行错误、标本存储及运输不当、标本质量问题、标本遗失、信息技术问题、报告延迟/错误、其他
	病理事件	查对错误、医嘱错误、医嘱执行错误、标本存储及运输不当、标本质量问题、标本遗失、信息技术问题、报告延迟/错误、术前/术中/术后病理重大不一致、其他
护理类	跌倒/坠床事件	患方因素、医务人员因素、药物/治疗因素、环境因素、仪器设备因素、其他
	约束固定事件	评估不足、操作不当、观察巡视不当、宣教不到位、非计划解除约束、并发症、其他
	皮肤护理事件	评估不足、操作不当、观察巡视不当、宣教不到位、其他
	输液事件	操作不规范、药物外渗、并发症、其他
	管路事件	非计划拔管、导管相关性感染、堵管、断管、过敏反应、管路意外滑脱、其他
	中央运输相关事件	未及时接送患者、未及时转运标本、转运方式不当、其他
医用耗材、器械、设备类	产品质量事件	质量问题、其他
	非产品质量事件	医务人员原因、患者自身原因、管理原因、其他
信息安全类	信息安全事件	冒用/盗用账号、信息泄露、冒用/盗用就诊卡、网络系统故障、其他

续表

一级分类	二级分类	三级分类
管理类	资源相关	入院困难、转科困难、设备不足、血液不足、药品不足、其他
	欠费事件	公益欠费、贫困欠费、恶意欠费、纠纷欠费、涉及第三方欠费、欠费风险、其他
	疫情防控事件	患方不理解、患方不配合、疫情报告相关、疫苗接种相关、疫情管控相关、其他
	特殊患者	三无病员、孕产妇、新生儿、心理/精神问题、吸毒人员、物质依赖、涉案人员、涉及第三方（风险）、病情危重、超长住院、本院纠纷（风险）、其他
流程类	门诊流程事件	挂号、候诊、缴费、取药、检查、医保、其他
	急诊流程事件	分诊、候诊、缴费、取药、检查、手术、入院、离院、其他
	住院流程事件	登记、候床、入院、检查、手术、离院、医保结算、病历复印、其他
后勤保障服务类	建筑/设施	不符合规范、质量问题、未定期维护、停水、停电、停气、监控故障、其他
	饮食事件	卫生不达标、食物中毒、其他
环境类	环境相关事件	无标识、标识不清、未及时清理障碍物、地面湿滑、低亮度照明、自然灾害、人为灾害、其他

三、不良事件管理原则

1. 强制报告与自愿报告相结合：Ⅰ级、Ⅱ级、Ⅲ级事件要求当事人必须及时报告。Ⅳ级事件、Ⅴ级事件由当事人自愿报告。

2. 保密性与公开性相结合：一般情况下，应对报告人及报告中涉及的其他人和相应信息保密；特殊情况下，典型案例可在院内进行信息公开和共享，达到警示教育和持续改进的目的。

3. 非处罚性与追究责任相结合：医院鼓励主动报告不良事件，报告的不良事件一般不作为对报告人或者当事人进行内部惩罚的依据，但是违反医疗质量安全管理核心制度的不良事件相关当事人瞒报、谎报的，将根据情节及后果进行处罚。

4. 个案处理与系统改进相结合：职能部门根据情况对报告的个案进行及时处理、调查、反馈，对存在系统性问题的不良事件，组织相关部门及人员进行根因分析（root cause analysis，RCA），梳理流程，并持续改进。

四、不良事件报告系统

(一) 不良事件报告系统的分类

不良事件报告系统根据报告系统的主体和适用范围可分为外部报告系统和内部报告系统两类。

1. 外部报告系统：外部报告系统是以医疗机构为主要报告单位的全国范围内的报告系统，通常由国家卫生健康主管部门组织主管。报告的方式一般分为署名报告（注明事件发生的医疗机构）和匿名报告（隐去医疗机构的名称）两种。

2. 内部报告系统：内部报告系统是以医务人员个人为主要报告主体的医疗机构内部报告系统，由医疗机构收集信息、规范处置、及时反馈、分析改进，实行自我管理的模式。

(二) 不良事件报告相关法律法规

国家卫生健康主管部门及卫生行业内部明确要求医疗机构发生医疗事故和重大医疗过失行为时必须及时报告。

1. 卫生行政部门的要求。2002年9月颁布施行的《医疗事故处理条例》中第十三条、十四条明确规定了医务人员和医疗机构在医疗活动中发生医疗差错或事故必须在规定时间内向上级卫生健康主管部门报告。2002年9月颁布施行的《重大医疗过失行为和医疗事故报告制度的规定》中也明确规定卫生健康主管部门和医疗机构应当建立健全医疗事故和重大医疗过失行为报告制度。2008年颁布的《医院管理年活动指南》中也明确要求各卫生机构要鼓励报告不良事件。

2. 行业内部规范的要求。中国医院协会（Chinese Hospital Association，CHA）自2006年开始，连续3年在《患者安全目标》中明确提出，鼓励主动报告不良事件。《国家医疗质量安全改进目标》从2021版开始均将不良事件报告作为工作推进的重要目标，鼓励积极报告威胁患者安全的不良事件，医疗机构内要形成良好的患者安全文化氛围。

(三) 不良事件报告系统存在的不足

虽然国家卫生健康主管部门及卫生行业内部对医疗机构报告医疗不良事件已有明确规定和要求，但近年来国内不良事件报告系统的发展并不能令人满意，其原因主要如下。

1. 内外部报告系统管理机制不健全：当前，国内尚未建立一个标准化和制度化的不良事件报告系统，无论是对外还是对内，缺少一个操作性强、实际有效的通报、监测和评价体系。对于故意隐瞒或遗漏医疗不良事件的行为，缺乏有效的监管机制，这也导致医疗机构管理者对此类问题不够重视，同时管理制度和组织机构也显得不足。

2. 评审机制的制约：现行的医疗机构评审体系将严重医疗事故的发生作为重要的

否决标准。医院担心一旦上报医疗事故，可能会对评审结果产生不利影响，因此倾向于不上报不良事件。在医院内部，医务人员的职称晋升、年终评价等往往与医疗事故或过失行为相关联，医务人员担心自己的核心利益和名誉受损，这同样导致他们不愿意主动报告医疗不良事件。

3. 传统观念的制约：一些医院管理者仍然持有"家丑不可外扬"的观念，认为医疗差错是不光彩的，对外报告可能会对医疗机构的声誉造成负面影响。特别是在医疗市场竞争日益激烈的背景下，医院的声誉与其发展和经济效益密切相关，这往往导致医院采取回避措施处理不良事件报告。医疗机构缺少鼓励和保障医务人员积极报告不良事件的制度，形成了一种重视惩罚、忽视预防、不愿报告的不良循环。

4. 社会环境的制约：目前，国内医患关系紧张，医疗纠纷和暴力伤医事件频发，医疗机构和医务人员担心医疗不良事件的报告可能加剧医患矛盾，增加医疗纠纷的处理难度，因此更加不愿意报告医疗不良事件。

5. 缺乏患者安全文化氛围：医疗机构和医务人员对患者安全的重视程度不足，缺乏"尊重生命、人人有责"的患者安全文化，以及"以问题为导向、保障患者安全"的患者安全文化氛围。

五、不良事件报告途径

1. 电话报告：如遇到意外坠楼、术中死亡等造成患者严重伤害、死亡的紧急事件，可先电话报告（工作时间报告医务部，非工作时间报告医院行政总值班），后在 HIS 中补报。

2. HIS 报告：按临床科室上报、职能部门分类审核、质量控制部门统一处理三级管理机制，构建不良事件填报系统及数据库。根据不良事件的分级和具体指标设计数据源取值模块，定制平台报告流程，按照填报者角色分配操作菜单，包括事件填报、统计分析和报告综合查询模块，实现不良事件上报统一平台集中管理、统计与分析。

3. 邮件报告：非紧急情况，或不具备 HIS 报告条件的医疗机构，医务人员可将填好的电子版"医疗质量安全不良事件报告表"通过电子邮件发送至医务部。

六、不良事件报告的具体要求

（一）报告主体

全院各级各类工作人员均对不良事件具有报告的责任。例如，手术室内若发生与手术操作相关或手术安全核查相关的不良事件，手术医师、麻醉医师及手术室护士均具有报告的责任。

（二）报告时限

不良事件报告时限要求见表 4-2。

表 4-2　不良事件报告时限要求

不良事件级别	报告时限
Ⅰ级	事件发现之时起 2 小时内
Ⅱ级	事件发现之时起 12 小时内
Ⅲ级	事件发现之时起 24 小时内
Ⅳ级	无时限要求
隐患事件	

七、不良事件的处置

（一）处置机构

医院根据不良事件的性质制定相应的填报表单，并纳入 HIS 中（"医疗护理安全事件"模块）。相关职能部门分管与其职责相关的事件，具体分工见表 4-3。

表 4-3　不同类型不良事件对应的处置部门

事件类型	处置部门
医疗意外、医疗隐患、医疗差错、围手术期安全事件	医务部
护理差错、护理安全隐患、跌倒、非计划拔管、药物外渗、护理意外、输液反应、非预期压力性损伤	护理部
医疗器械不良事件	设备物资部
锐器伤、血液/体液暴露	医院感染管理部
药物不良反应/事件、药品质量与安全事件	临床药学部
输血反应	输血科

（二）处置原则

及时响应报告，重视调查分析，完善持续整改。针对已造成患者伤害的不良事件，职能部门应迅速介入，减轻患者的损害后果，同时降低医疗纠纷风险。

（三）多部门联动

不同类型不良事件管理涉及临床、护理、设备、感染、药学、输血等多个部门和科室，按不良事件的不同类型，医院明确各职能部门职责，由多部门分工协作、有效沟通、密切配合，妥善、及时处理医疗纠纷，建立完整化、程序化的处置流程，提升管理质效。

（四）处置流程

1. 医务部不良事件报告处置流程如图 4-1 所示。

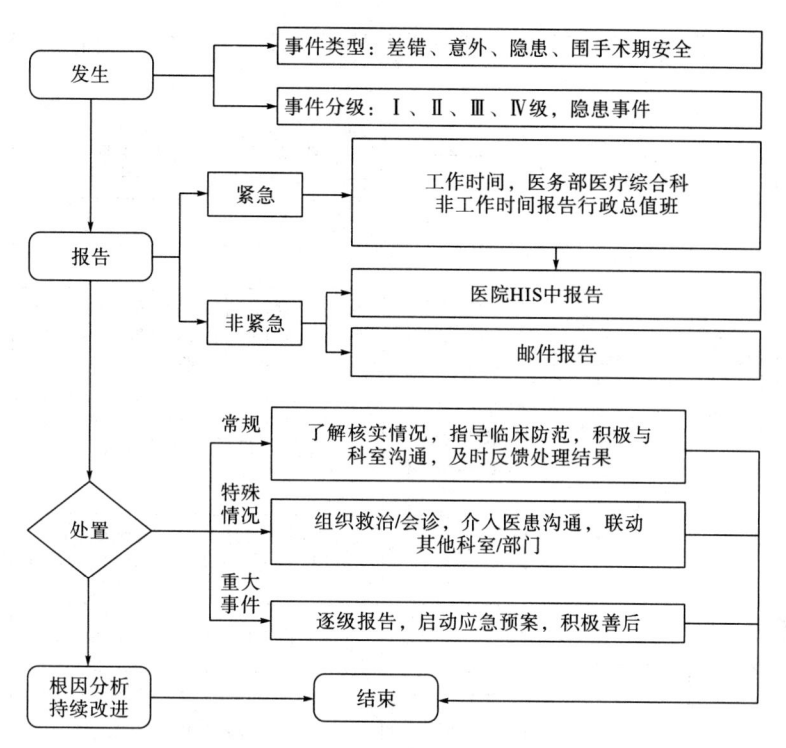

图 4-1 医务部不良事件报告处置流程

2. 护理部不良事件报告处置流程如图 4-2 所示。

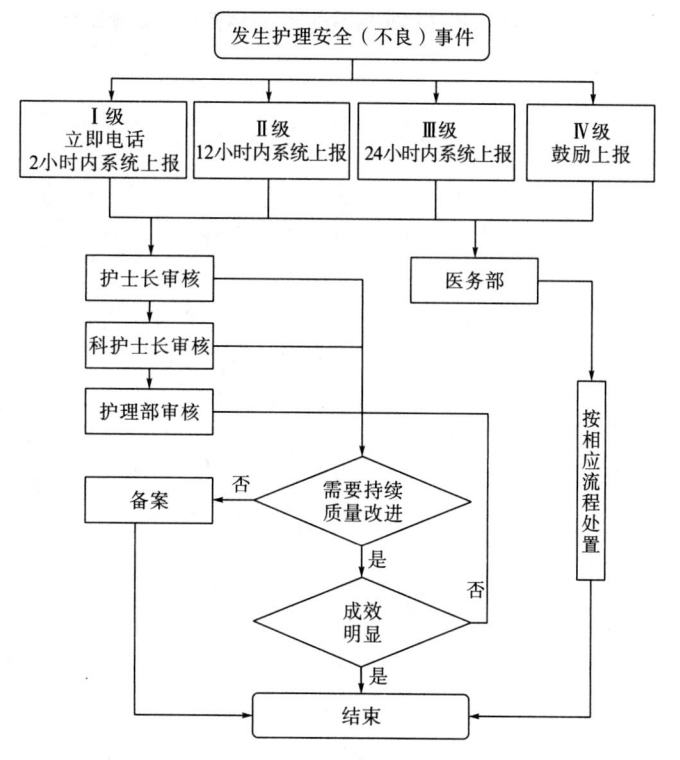

图 4-2 护理部不良事件报告处置流程

3. 临床药学部药品不良反应/事件、药品质量与安全事件报告处置流程如图4-3、图4-4所示。

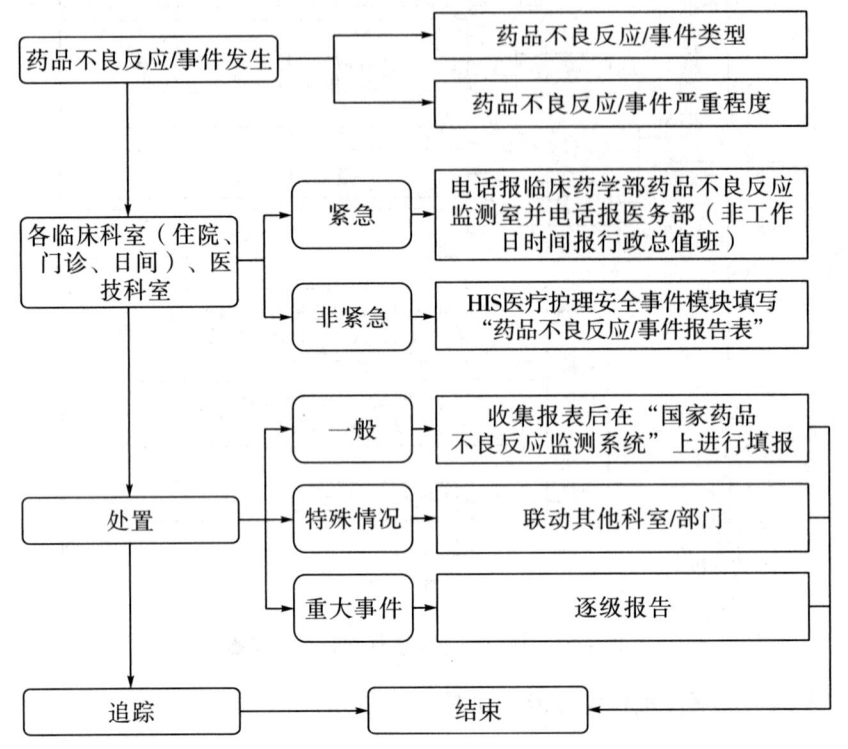

图4-3 临床药学部药品不良反应/事件报告处置流程

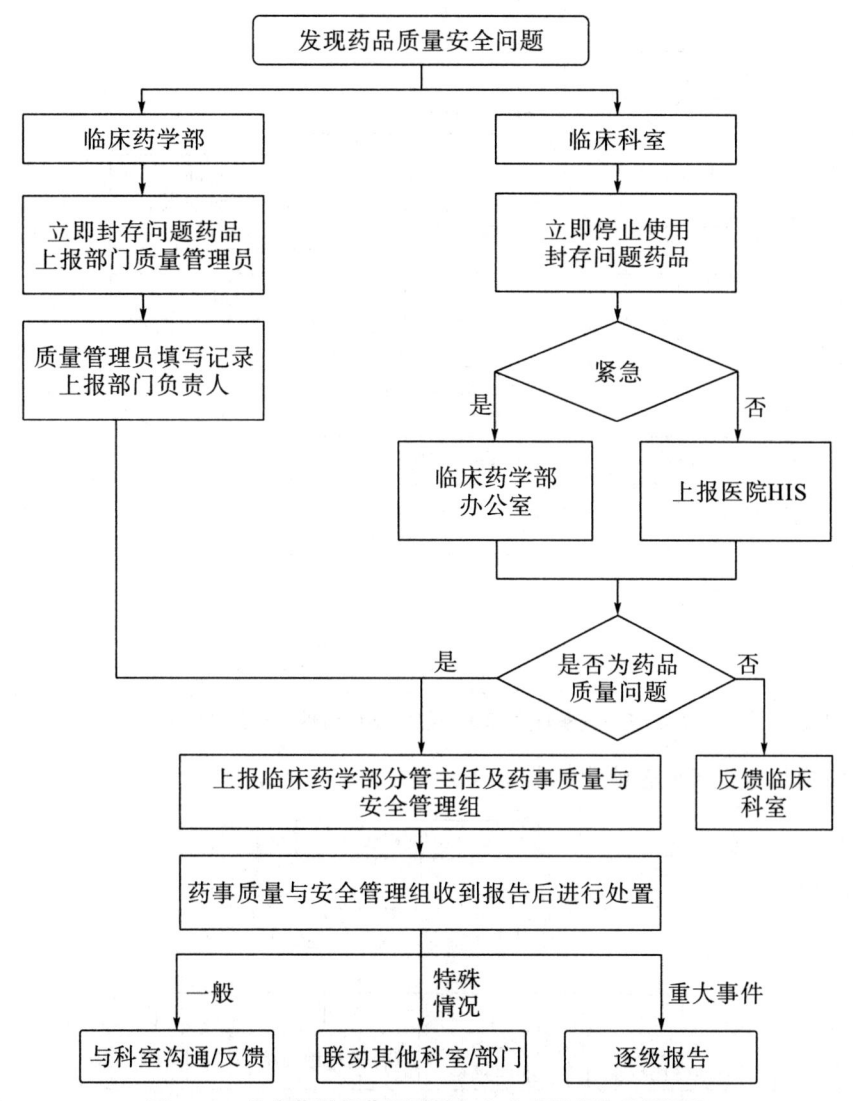

图 4-4 临床药学部药品质量与安全事件报告处置流程

4. 设备物资部医疗器械不良事件报告处置流程如图 4-5 所示。

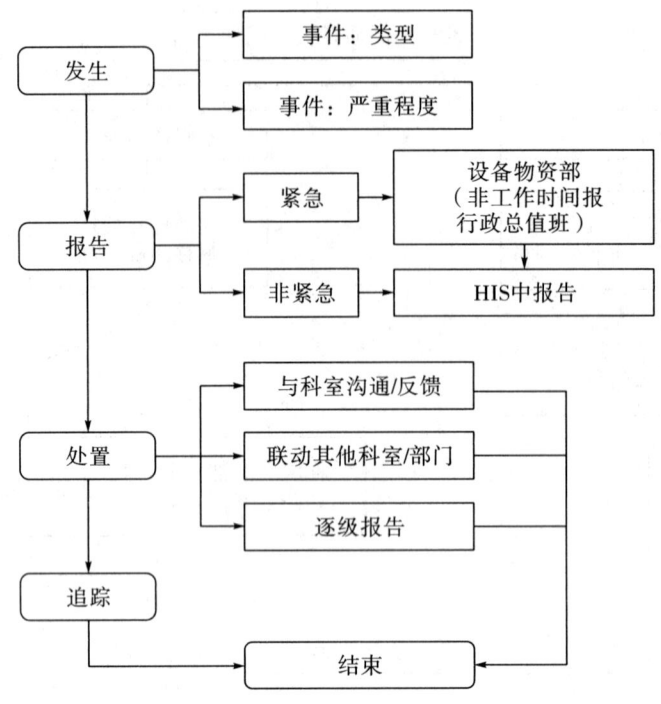

图 4-5　设备物资部医疗器械不良事件报告处置流程

5. 输血反应报告处置流程如图 4-6 所示。

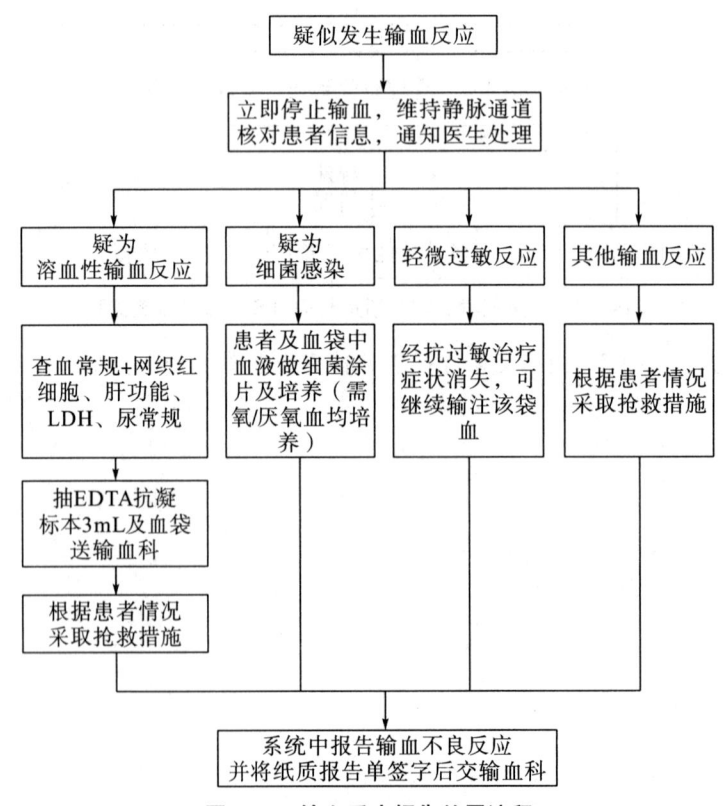

图 4-6　输血反应报告处置流程

6. 医院感染管理部职业暴露后报告处置流程、预防处置及随访流程如图4-7、图4-8所示。

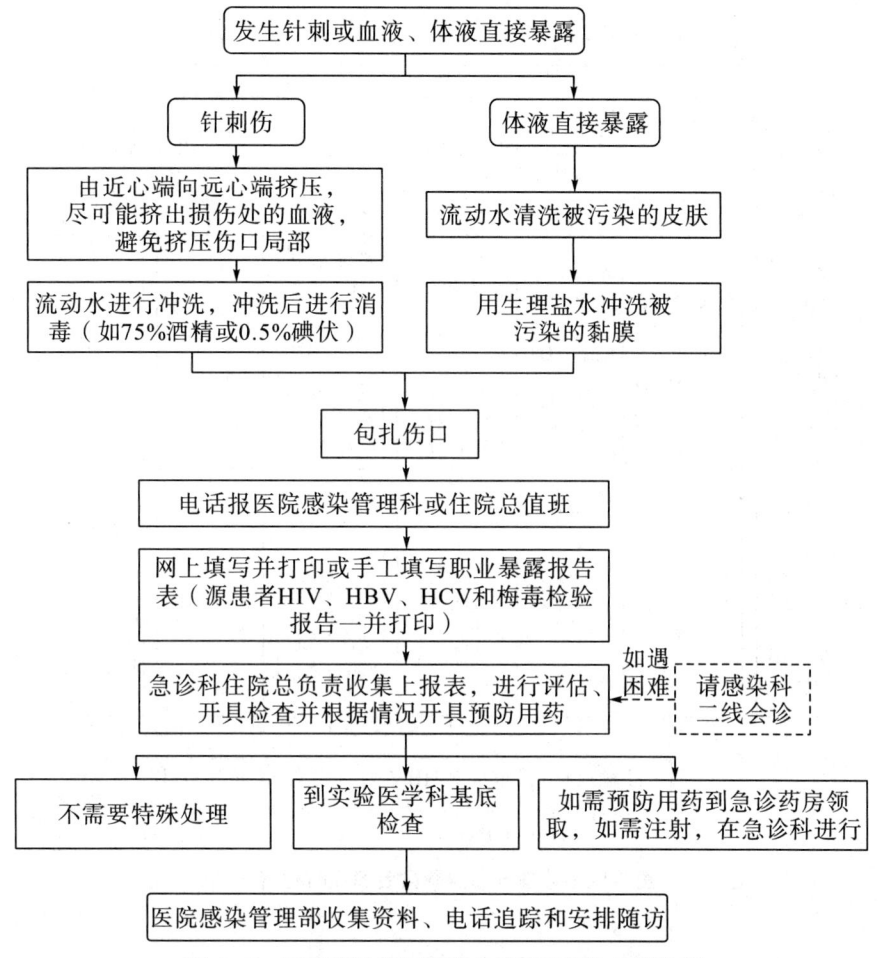

```
                发生针刺或血液、体液直接暴露
                          │
            ┌─────────────┴─────────────┐
          针刺伤                     体液直接暴露
            │                             │
   由近心端向远心端挤压，         流动水清洗被污染的皮肤
   尽可能挤出损伤处的血液，              │
   避免挤压伤口局部              用生理盐水冲洗被
            │                    污染的黏膜
   流动水进行冲洗，冲洗后进行消          │
   毒（如75%酒精或0.5%碘伏）            │
            └─────────────┬─────────────┘
                          │
                       包扎伤口
                          │
               电话报医院感染管理科或住院总值班
                          │
               网上填写并打印或手工填写职业暴露报告
               表（源患者HIV、HBV、HCV和梅毒检验
                    报告一并打印）
                          │                    如遇    请感染科
               急诊科住院总负责收集上报表，进行评估、 困难 ← 二线会诊
               开具检查并根据情况开具预防用药
            ┌─────────────┼─────────────┐
      不需要特殊处理   到实验医学科基底  如需预防用药到急诊药房领
                        检查          取，如需注射，在急诊科进行
                          │
               医院感染管理部收集资料、电话追踪和安排随访
```

图4-7　医院感染管理部职业暴露后报告处置流程

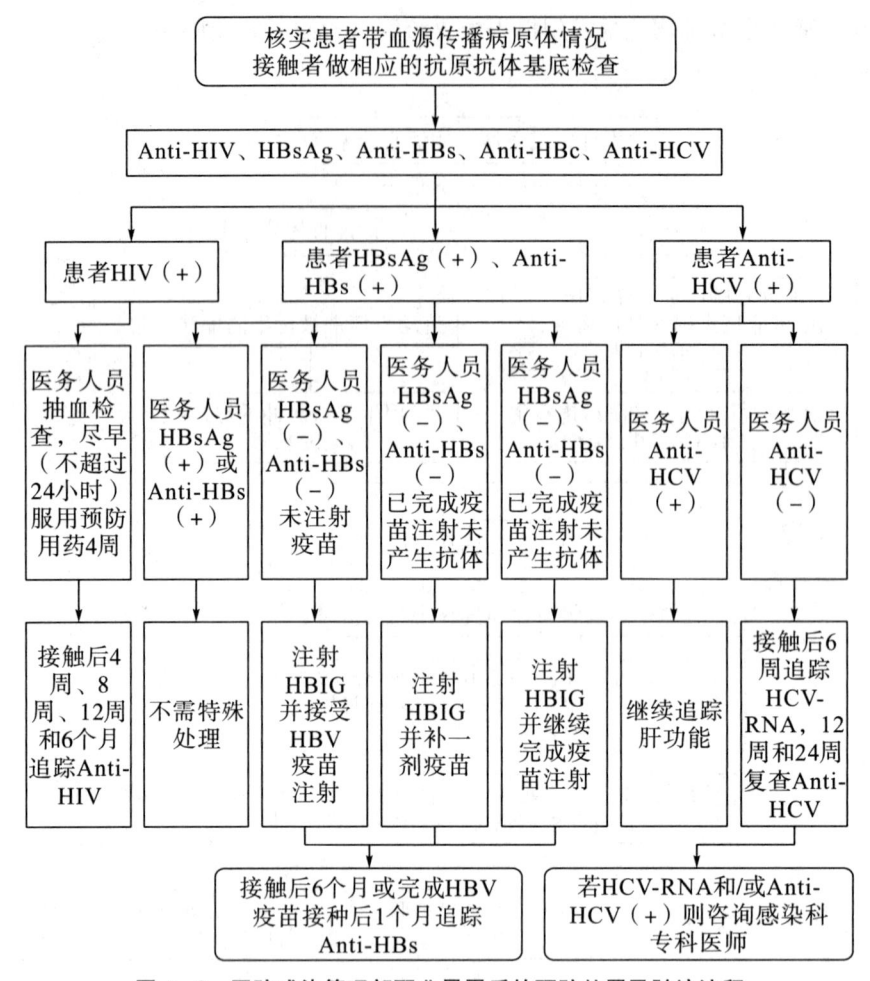

```
                    ┌─────────────────────────────────┐
                    │  核实患者带血源传播病原体情况      │
                    │  接触者做相应的抗原抗体基底检查    │
                    └─────────────────────────────────┘
                                    │
                    ┌─────────────────────────────────────────┐
                    │ Anti-HIV、HBsAg、Anti-HBs、Anti-HBc、Anti-HCV │
                    └─────────────────────────────────────────┘
```

图 4-8 医院感染管理部职业暴露后的预防处置及随访流程

八、不良事件闭环管理

1. 及时响应与救治：一旦发生不良事件，各临床/医技科室及相关医务人员应立即启动患者救治程序，并全力配合医院职能部门进行事件调查和医患沟通工作。各科室应根据病种、手术或操作的特点，制订并明确本部门的不良事件管理措施，包括不良事件的报告和处置流程。

2. 持续教育与培训：科室管理小组应对本科室工作人员进行持续的不良事件报告与处置相关知识的培训，以提高医务人员对不良事件的认识和处理能力。

3. 深入分析与改进：对于因医疗过错导致的Ⅰ级、Ⅱ级和Ⅲ级事件，应立即组织科室质量管理小组会议，对事件进行深入讨论并记录。进行 RCA，提出具体的改进措施，并在全科室范围内开展警示教育。同时，根据职能部门的要求，提交整改报告，并对整改效果进行跟踪和评估。

九、典型案例

（一）案情介绍

患者，男性，13岁。因"腹痛5天，呕血伴血便1天"于2023年7月14日18：45至某院急诊科就诊。急诊诊断：消化道出血。行相关辅助检查后诊断考虑不全性肠梗阻、腹腔感染，经院内胃肠外科、消化内科、中西医结合科会诊，后予补液、抗感染等治疗。因患者哌拉西林钠舒巴坦钠（新特灭）皮试阳性，外科主管医师建议选择环丙沙星予以抗感染治疗，后患者于观察室留观，并输注环丙沙星。因环丙沙星属喹诺酮类抗生素，儿童禁用，该患者治疗用药存在错误。

（二）不良事件处置

1. 组建RCA小组。由医院医务部牵头，联合临床药学部、急诊科等负责人及骨干共建RCA小组，所有成员先接受RCA相关知识的培训。
2. 收集资料。通过访谈询问不良事件相关人员，了解事情经过，按照事情发生的时间顺序，列出事件序列表（表4-4）。

表4-4 事件序列表

时间	事项	补充描述
2023年7月14日 18：45	急诊诊察	患者，男性，13岁，因"腹痛5天，呕血伴血便1天"入某院急诊科。诉腹痛5天，外院诊断肠套叠，予灌肠后腹痛加重，伴呕吐咖啡色样胃内容物，血便数次，初为黑便，后为暗红色血便，外院考虑肠系膜动脉栓塞，现为进一步诊治来院。当时夜班值班医师为轮转医师（外科规培轮转），初步诊断为消化道出血
2023年7月14日 19：00	行相关检查	患者于急诊检查室行上腹部血管CT三维重建增强扫描、下腹部盆腔血管CT三维重建增强扫描、生化等辅助检查
2023年7月14日 21：58	皮试	护士为患者做新特灭皮试，结果显示阳性
2023年7月14日 22：11	院内会诊	夜班值班医师查看患者，阅读检查报告后诊断考虑不全性肠梗阻、腹腔感染，经胃肠外科、消化内科、中西医结合科会诊后，判断患者无急诊手术指征，予留观抗感染治疗，并密切观察病情变化
2023年7月14日 23：12	留观	因患者新特灭皮试阳性，夜班值班医师直接开具了环丙沙星，予抗感染治疗，后患者于观察室留观，当班护士为患者输注环丙沙星（注：环丙沙星属喹诺酮类抗生素，儿童禁用）
2023年7月15日 02：23	医患沟通	急诊科医疗组医师就患者病情、检查治疗相关事宜与患者家属进行沟通，因患者目前考虑肠套叠、不全性肠梗阻，胃肠外科会诊建议胃肠减压管持续减压，但是患儿安置抵抗，拒绝安置。请患方密切观察腹痛、呕吐、大便情况，若症状加重需安置胃肠减压管

续表

时间	事项	补充描述
2023年7月17日 18：44	转科	患者离开急诊科，胃肠外科接收入院，转出时诊断：1. 缺血性肠病；2. 便血；3. 腹腔感染；4. 上消化道出血；5. 腹痛

3. 查找近端原因。应用头脑风暴法，从医务人员、方法、设备/材料、环境等方面对该不良事件进行分析，找出近端原因，绘制鱼骨图（图4-9）。

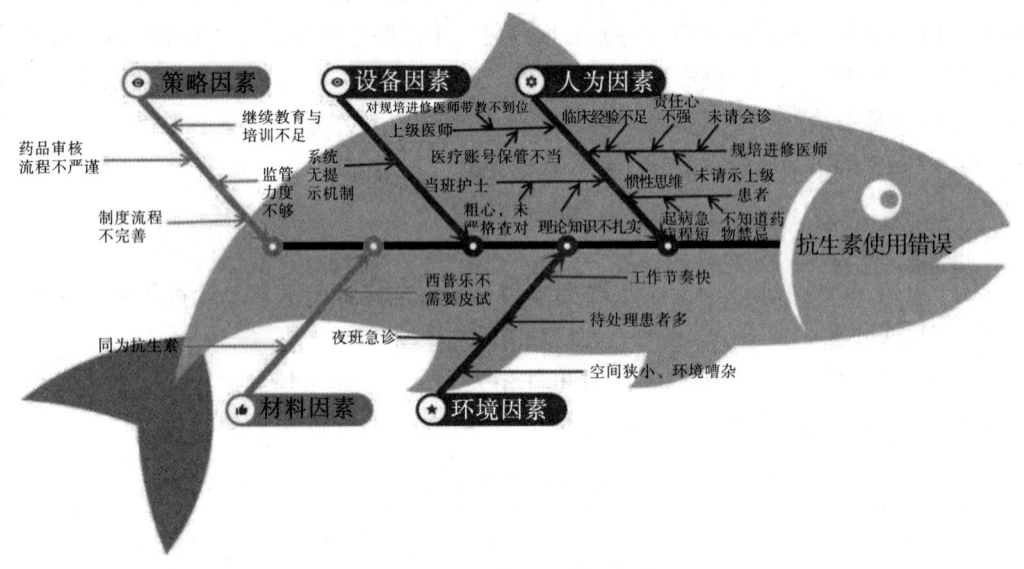

图4-9 抗生素使用错误鱼骨图

4. 找出根本原因。应用5W法对近端原因进一步追溯，通过纠正后看是否还会发生来判断根本原因，最终确定根本原因为：①医务人员为规培进修医师，临床经验不足，医院用药培训不足；②抗生素使用监管制度、流程不完善；③当班护士未严格查对；④系统不完善。

5. 提出改进对策。

1）加强规培进修医师关于抗生素合理使用的培训与考核。此起抗生素使用错误事件中，当班医师为轮转规培进修医师，由于临床经验不足，未严格掌握喹诺酮类抗生素用药指征。一方面，作为医师自身应该熟悉掌握抗生素使用的原则，不断学习抗感染治疗的基本知识，掌握与感染性疾病相关的新进展和用药指南。另一方面，科室带教医师和医院管理部门应定期开展抗生素合理使用的宣教与培训课程，重点宣讲抗生素药品的适应证、禁忌证、注意事项等，线下讲授与线上培训相结合，使规培进修医师客观、全面了解抗生素有关知识，避免再犯。

2）建立健全抗生素使用管理制度。按照国家相关规定制定抗菌药物使用管理规定、临床合理应用抗菌药物原则、抗菌药物用量动态监控及超常预警制度。医院质量控制部门牵头，负责抗生素使用管理工作，全面监控医院各类抗生素的使用，定期进行用药调查、处方点评和用药点评，并将结果及时通报各临床科室，以指导临床用药。

3）强化护理人员角色功能定位。按照《护理条例》相关规定，当护士发现医嘱有违诊疗规范的，应该及时向开具的医师提出，必要时还应向医师所在的科室负责人或医疗机构负责人报告。以此可见，护理人员不仅是简单执行医师医嘱，还应该在执行前严格把关，落实查对制度，一旦发现问题及时提出，这是对生命的负责，也是对自身的一种保护。

4）优化医嘱系统。由于急诊科具有人流量大、危急重症患者集中、病种繁多、抢救任务重、应急情况复杂等特点，为避免开错医嘱，医嘱系统应对抗生素超说明书使用、药物不良反应、开错药物剂量等有明显提示功能，以辅助临床医师作出正确判断。

6. 构建 RCA 结构化电子上报系统。

参照 RCA 理论框架，基于 RCA 程序，拟定不良事件上报根因类型信息项目（根因类型项详见表 4-4），由信息软件工程师按照拟定的项目开发操作模块。依托 HIS，建立医疗护理安全事件专栏，专栏下设不良事件项。针对差错型不良事件，设计电子版医疗差错报告单，涵盖基本信息（所报科室基础信息、患者基本信息、涉及当班医务人员基本信息、填报人基本信息），不良事件详情（事情发生时间地点、涉及人员、患者原有疾病合并症、患者损害、争议焦点、事件发生后的紧急处理、差错类型、差错环节、差错原因等），事件产生影响（无伤害、非永久性伤害、永久性伤害），科室分析，经验教训及整改措施等内容。

表 4-5 医疗差错事件上报 RCA 差错原因信息项

内容模块	根因类型项	答案选项
差错原因	评估确认	A. 术前准备不充分；B. 围手术期评估不足；C. 确认错误；D. 确认不认真；E. 未执行确认程序；F. 其他
	观察	A. 观察不仔细；B. 未观察；C. 经验不足；D. 判定有误；E. 未执行规章制度；F. 其他
	知识、经验	A. 知识储备不足；B. 应用知识有误；C. 应急经验不足；D. 其他
	技能、处置	A. 不成熟技术；B. 技术应用有误；C. 无技术操作规格；D. 非授权技术；E. 不具备资质；F. 未经卫生行政部门核准的技术
	病历等记录	A. 字迹不清；B. 识别与判断有误；C. 格式不一；D. 记录遗漏；E. 错误记录；F. 记录者不具备资格；G. 其他
	相似、类同	A. 患者外观相似，姓名、年龄相同；B. 药品外观、名称、缩写、读音相似；C. 其他相似、类同
	环境状态	A. 常规工作环境；B. 自然灾害状态；C. 紧急状态；D. 突发事件；E. 停电；F. 停气；G. 低亮度照明；H. 床边抢救、操作；I. 就地抢救、操作；J. 其他
	医疗设备器材	A. 不合格产品；B. 发生故障；C. 耗材规格不一致；D. 配置错误；E. 供品数量不足；F. 配发错误；G. 错误操作；H. 气瓶错混、混用；I. 其他

续表

内容模块	根因类型项	答案选项
差错原因	药品	A. 缩写类同；B. 外观类同；C. 名称类同；D. 配发错误；E. 未核对；F. 未告知用法；G. 非批准药品；H. 自制制剂；I. 超常规剂量；J. 包装类同；K. 其他
	教育与培训	A. 继续教育与培训不足；B. 未接受过继续教育与培训；C. 技能操作培训不足；D. 未接受过技能训练；E. 其他
	患方知情同意	A. 知情同意工作不规范；B. 未进行知情同意工作；C. 患者与家属理解错误；D. 知情同意对象错误；E. 知情同意工作培训不到位；F. 进行告知人不具备资质；G. 其他
	当事人所处的状态	身体状态：A. 睡眠不足；B. 体力不足；C. 疲劳；D. 注意力不集中；E. 工作超负荷（连续夜班加班）；F. 工作压力过大 心理状态：A. 过度紧张；B. 受到恐吓；C. 同事间不和纠纷；D. 患病；E. 服用药物 服务状态：A. 当班；B. 非当班；C. 临时替班；D. 非本岗位；E. 夜间值班；F. 其他状态描述
	其他	—

第二节　医疗纠纷的投诉管理

一、投诉管理体系、制度建设

（一）构建三级投诉管理体系

根据《医疗机构投诉管理办法》相关规定，医疗机构应在分管院领导的领导下建立医疗机构、投诉处理部门、临床/医技科室三级投诉管理体系。

1. 医疗机构。

1) 院长为医院质量与安全管理第一责任人，分管医疗的院领导领导具体工作，下设医务部、护理部等职能部门负责日常医疗安全工作的监督与管理。

2) 体现专家治院理念，成立医疗安全管理专委会。在院长或分管院领导的领导下，从全院专家中推选医疗安全管理专委会专家库成员，覆盖医疗、管理、法律等专业。

2. 投诉处理部门。

设立专门的投诉处理部门（如医务部医疗综合科），组建专业化的医疗纠纷处理团队，建议至少包含9名成员，专业背景涵盖医学、法学、法医学、管理学、心理学、伦理学、公共卫生等学科。

医疗纠纷处理团队的主要工作职责：①处理人民群众与医疗相关的来信、来电、来访；②负责医疗纠纷案件的调查、讨论、处理及后续的考核和整改；③配合医疗事故技术鉴定、卫生行政主管部门的调查及医疗纠纷诉讼等的全流程处理；④应急协调处理突发、重大不良事件；⑤处理、分析不良事件及提出改进措施；⑥负责医患沟通的管理及培训；⑦医疗纠纷的预防及医疗安全相关培训等；⑧定期整理医疗纠纷相关数据并进行统计分析；⑨定期协助召开医疗安全管理专委会例会，准备讨论素材；⑩完成各项指令性任务及临时性工作。

3. 临床/医技科室。

各临床/医技科室设置医疗纠纷及投诉管理岗位，通常由科室负责人或分管医疗的科室负责人兼职。临床/医技科室针对本科室特点，制定科室医疗纠纷及投诉管理制度。同时，在医疗纠纷及投诉的调查、处理过程中应积极配合，收到投诉处理部门转办的相关投诉后积极组织科室内部调查和讨论，提供真实、准确的第一手资料，发现问题后要积极提出整改意见并落实整改措施，并为医疗纠纷的院内外鉴定或评估提供医学专业技术支持。

（二）畅通患者沟通渠道

投诉处理部门应在医院内明显位置公布投诉处理程序、接待地点、接待时间和联系方式。

（三）健全投诉管理制度

根据《中华人民共和国民法典》《中华人民共和国医师法》《医疗事故处理条例》《医疗纠纷预防和处理条例》等法律法规，结合医院实际制定相关制度规范，让纠纷及投诉管理有章可循。

1. 医疗安全管理专委会工作制度。

1）组织机构：医疗安全管理专委会是医院医疗质量与安全管理委员会的下属专委会，秘书单位设在投诉处理部门。

2）工作职责：①对医疗安全管理提供专业支撑保障。②通过会议的形式对已赔付的医疗纠纷进行院内讨论，对相关科室或个人进行责任认定。③总结医疗纠纷中的经验教训，并对发现的问题提出整改意见及建议。④协调其他有关医疗安全管理的重要事宜。

3）工作制度：①医疗安全管理专委会每年召开1~2次例会。根据实际工作需求，主任委员可提出召开临时工作会议。②参会人数达到全体委员的2/3以上（含2/3）方能召开工作会议。工作会议形成决议时，需经1/2以上（含1/2）参会委员赞成通过方能生效。③在对已赔付的医疗纠纷进行责任认定讨论时，可根据需要组织院内相关专家参会提供专业意见，但相关专家不享有投票权。④在对已赔付的医疗纠纷进行责任认定讨论时，纠纷涉及的科室领导可列席会议。当事人如需向医疗安全管理专委会做陈述、申辩的，经主任委员同意后，可列席会议。上述列席人员应当在会议表决程序开始前退出会场。⑤由主任委员负责签发相关的会议决议。⑥投诉处理部门负责落实相关会议决议，并保管相关档案资料。

2. 医疗纠纷与投诉管理制度。

1) 相关定义。

（1）医疗投诉管理：患者就医疗服务行为、医疗管理、医疗质量安全等方面存在的问题向医疗机构反映情况，提出意见、建议或者投诉请求，医疗机构进行调查、处理和结果反馈的活动。

（2）医疗纠纷：医患双方因诊疗活动引发的争议。

2) 组织机构及职责。

（1）投诉处理部门负责全院医疗纠纷及投诉管理。

（2）门诊部、财务部、医保办公室应当设置投诉接待处理窗口。

（3）安全保卫部应当建立医疗纠纷处置的安全保障相关工作制度及应急预案，保障医院正常医疗秩序及工作人员的人身安全。

（4）宣传部需加强线上、线下舆情管理，及时妥善处置。

（5）医院各临床/医技科室应当配合医疗纠纷及投诉管理部门做好纠纷处理工作，各临床/医技科室分管医疗的科室负责人为直接责任人。

3) 医疗纠纷处理途径：①双方自愿协商；②申请人民调解；③申请行政调解；④向人民法院提起诉讼；⑤法律法规规定的其他途径。

4) 医疗纠纷投诉主体：患者及其近亲属、患者委托代理人、患者法定代理人、陪同患者就医人员等有关人员。

3. 重大医疗纠纷应急处置预案。

1) 相关定义：重大医疗纠纷指医疗纠纷处理中，一次来访人数超过5人，情绪较激动，出现非理性维权，严重干扰医院正常工作秩序或严重威胁工作人员人身安全的情形。

2) 组织架构：

（1）成立重大医疗纠纷应急处置指挥组和办公室，办公室设在投诉处理部门。重大医疗纠纷应急处置指挥组成员如下。

组长：分管医疗的院领导或值班院领导。

组员：应急办公室、医务部、安全保卫部、护理部、宣传部部门负责人或值班领导，医务部分管医疗安全的副部长，医务部医疗综合科科长，相关临床/医技科室分管医疗的科室负责人。

（2）相关临床/医技科室成立科室重大医疗纠纷应急处置小组，分管医疗的科室负责人或值班科室领导任小组组长。

3) 启动条件：包含但不限于出现下列情形之一。

（1）在院内或周边身着孝服、静坐、下跪、摆设灵堂、烧纸钱、摆花圈、拉横幅标语、张贴大字报、围堵大门、阻塞交通等，不听劝阻，拒不按法律程序处置。

（2）患者死亡后拒不将尸体移放太平间，经劝说无效；或将尸体从太平间移到医疗场所陈尸。

（3）出现打、砸、抢、烧行为，刺伤、围攻、殴打、恐吓医务人员或限制医务人员人身自由。

（4）疑有职业医闹及社会黑恶势力参与。

(5) 以自杀、跳楼、自焚等方式威胁索赔，或者危害到其他患者（家属）人身安全。

(6) 抢夺患者或他人医疗文件以及与医患纠纷相关的医疗证物（如药品、卫生材料、医疗器械等），经劝说无效。

(7) 非法占据医院办公、诊疗场所。

(8) 其他严重违反《中华人民共和国治安管理处罚法》及严重扰乱正常诊疗秩序的行为。

4) 处置原则：及时报告、快速反应、依法处置、积极善后。

5) 应急响应。

(1) 重大医疗纠纷应急处置指挥组对医院内发生的重大医疗纠纷进行统一指挥和决策部署。

(2) 相关职能部门、临床/医技科室全面配合重大医疗纠纷应急处置指挥组开展重大医疗纠纷应急处置工作：①应急办公室负责统一协调、处置，按程序对外报告；②安全保卫部负责安全保障，及时制止暴力行为，联动、配合公安机关开展执法工作；③医务部、护理部负责协调相关临床/医技科室开展受伤人员医疗救治，并做好医疗纠纷的接待工作；④宣传部负责舆情管理；⑤其他相关职能部门在指挥组统一部署下，按照各自职能范围内的应急处置流程开展工作。

4. 应急响应快速指南。

应急响应快速指南主要针对火灾、医疗纠纷、暴力袭医、职业暴露、网络故障、医院感染暴发、群体踩踏、新闻采访、患者失踪、院内自伤、电梯故障等事件详细阐述应急处理的相关流程，以便院内职工快速查询，提高医院突发事件的现场处置效率。

5. 死亡患者的尸体处置与解剖制度。

患者在医疗机构死亡后，医务人员应第一时间通知患者家属，及时准备患者死亡相关文书，包括《死亡通知单》《居民死亡医学证明（推断）书》《尸体处置与尸检问题告知书》等，并详细向患者家属告知尸体处置流程及尸检有关事项，并了解患者家属的尸检意愿。

其中需要特别关注的是，由于不同意或者拖延尸检，超过规定时间，影响对死因判定的，由不同意或者拖延的一方承担责任，因此医院应在《尸体处置与尸检问题告知书》中明确告知患方尸检意义、尸检时限要求和可选尸检机构。若患方拒绝尸检，应在《尸体处置与尸检问题告知书》中明确表达"拒绝尸检"的意见并存入病历中；若患方要求尸检，则医务人员应立即报告科室领导，同时向医务部或医院行政总值班报告，并请患方签署《尸体处置与尸检问题告知书》。医务部或医院行政总值班应告知患方积极联系尸检机构，并在患方明确尸检的时间和地点后，医务部及时协调病理科及临床医务人员参观尸检过程，安排人员和车辆等相关事宜。

若患方拒绝决定是否尸检或拒签文书时，医务人员应在录音录像条件下再次告知，保留证据，并报告科室领导及医务部。

患者尸体处置过程中如遇家属拒绝将患者尸体移送太平间、强制要求带走患者尸体或拒绝签署《尸体处置与尸检问题告知书》，相关科室应及时报告安全保卫部、医务部，8小时外报医院行政总值班。

死亡患者的尸体处置流程见图4-10。

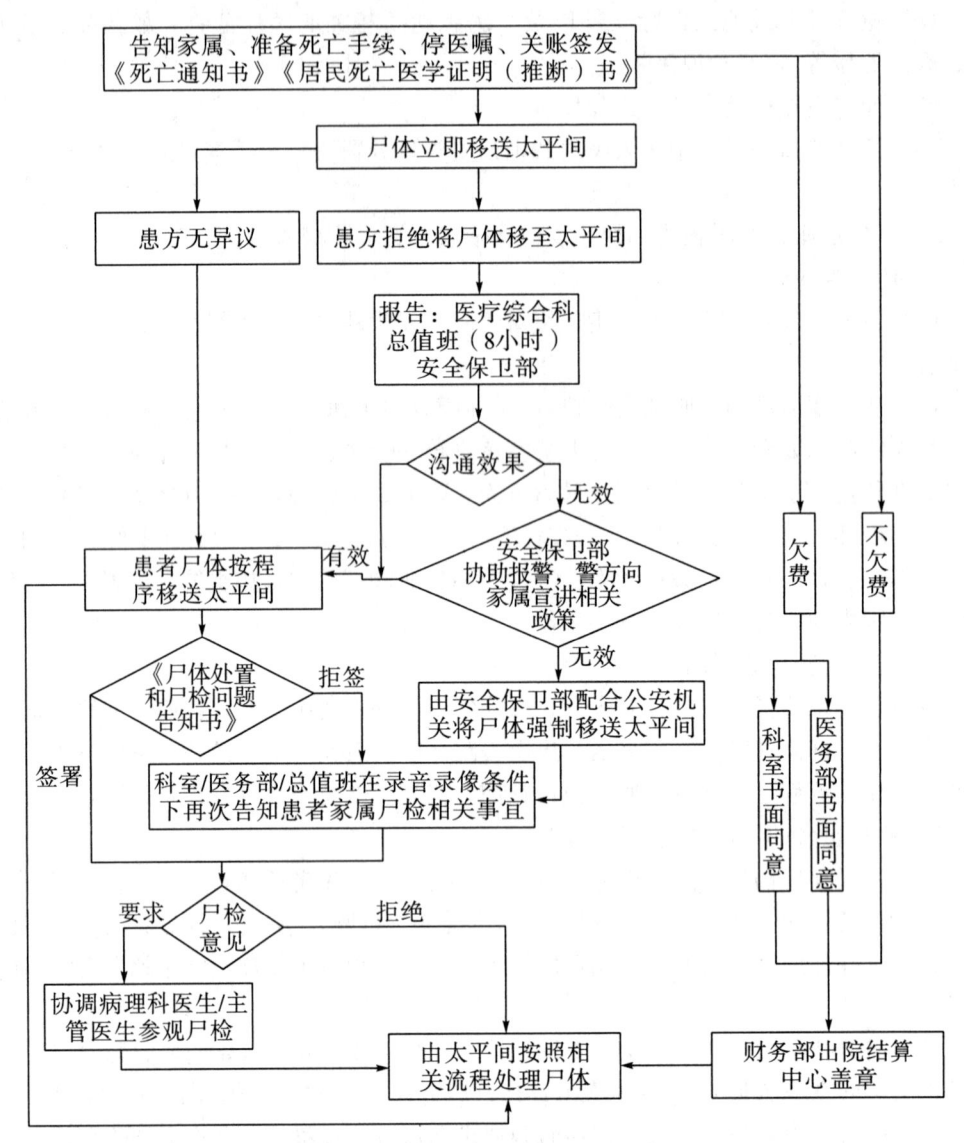

图4-10 死亡患者的尸体处置流程

6. 病历复印与封存制度。

病历是直接、客观地反映诊疗过程的重要资料，也是医疗事故技术鉴定的主要依据，在医疗纠纷处理的过程中，病历的复印及封存十分重要。

1) 权利主体：①患者本人或其代理人；②死亡患者近亲属或其代理人。

2) 患方需提供的证明材料。

(1) 申请人为患者本人，应当提供其有效身份证明。

(2) 申请人为患者代理人，应当提供患者及其代理人的有效身份证明、申请人与患者代理关系的法定证明材料。

(3) 申请人为死亡患者近亲属，应当提供患者死亡证明及其近亲属的有效身份证明、申请人与死亡患者近亲属关系的法定证明材料。

（4）申请人为死亡患者近亲属代理人，应当提供患者死亡证明、死亡患者近亲属及其代理人的有效身份证明、死亡患者与其近亲属关系的法定证明材料、申请人与死亡患者近亲属代理关系的法定证明材料。

3）运行病历的复印及封存流程。

（1）当患者提出复印或封存病历的申请时，医务人员应立即通知医疗组长和科室管理小组，并向医务部或医院行政总值班报告。同时，应迅速整理并完善所有病历资料至患者提出申请时的状态，并指引患者前往医务部或医院行政总值班进行后续流程。

（2）医务部或医院行政总值班在接待患者时，应仔细审核其身份和相关证明材料，明确告知病历复印和封存的相关规定、注意事项，并积极协调相关部门，确定具体的办理时间和地点。

（3）临床科室应根据医务部或医院行政总值班的指示，指派专人负责按时将病历资料送至指定地点，确保病历资料的安全和保密。

（4）病历的复印和封存应在医患双方在场并共同确认病历无误后进行。若病历尚未完全完成，应先封存已完成部分，并在病历全部完成后，再对后续部分进行封存。封存的病历资料应贴上封存条，并由医患双方代表签字或盖章，确保封存的完整性和不可篡改性。病案科应对已正式封存的病历开列封存清单，并由双方签字或盖章，各自保留一份。

（5）复印或封存后的病历原件应由专人送回病房，并可在患者治疗期间继续记录和使用。但需确保已封存部分不被随意修改。治疗结束后，病历应按照医院规定的流程进行归档。

（6）在非工作时间内，医务部或医院行政总值班可对病历原件进行临时封存，并确保封存件的安全保管。待工作日到来时，由医务部协调完成病历的正式封存。

（7）病历正式封存后，由病案科负责建档并妥善保管，严禁任何单方面私自拆封的行为。若需启封，必须在医患双方共同见证下进行。当医疗纠纷得到解决或患者在病历资料封存满3年后未再提出解决医疗纠纷的要求时，医院方可自行启封。

注意事项：患方提出复印、封存病历的申请后，职能部门应迅速反应，积极联动，临床/医技科室应立即配合整理病历资料，病历封存复印前，需保证病历的真实性、完整性及封存件和复印件的一致性。严格审核申请人信息及身份证明材料及关系证明、委托手续等。严禁隐匿或者拒绝提供与纠纷有关的病历资料；严禁遗失、伪造、篡改或者违法销毁病历资料。

4）归档病历的复印与封存流程。

（1）患方向病案科申请复印、封存归档病历，病案科按照常规流程予以办理复印，审核患方材料后可予以封存，并及时反馈医务部。

（2）患方向医务部申请复印、封存归档病历，应积极协调病案科按流程办理。

（3）患方向医院行政总值班申请复印、封存归档病历，医院行政总值班应积极沟通，建议患方于工作时间到医务部申请办理。

病历的封存流程如图4-11所示。

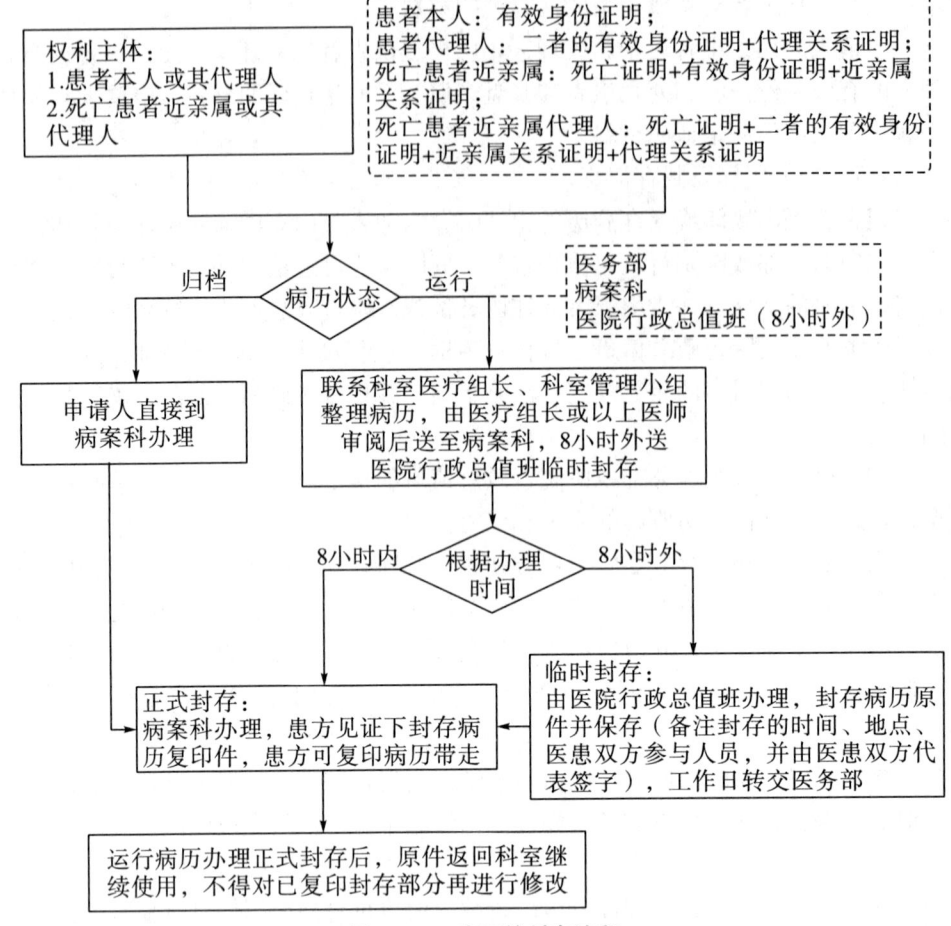

图4-11 病历的封存流程

权利主体：
1. 患者本人或其代理人
2. 死亡患者近亲属或其代理人

- 患者本人：有效身份证明；
- 患者代理人：二者的有效身份证明+代理关系证明；
- 死亡患者近亲属：死亡证明+有效身份证明+近亲属关系证明；
- 死亡患者近亲属代理人：死亡证明+二者的有效身份证明+近亲属关系证明+代理关系证明

病历状态：
- 归档：申请人直接到病案科办理
- 运行：联系科室医疗组长、科室管理小组整理病历，由医疗组长或以上医师审阅后送至病案科，8小时外送医院行政总值班临时封存（医务部、病案科、医院行政总值班（8小时外））

根据办理时间：
- 8小时内 正式封存：病案科办理，患方见证下封存病历复印件，患方可复印病历带走
- 8小时外 临时封存：由医院行政总值班办理，封存病历原件并保存（备注封存的时间、地点、医患双方参与人员，并由医患双方代表签字），工作日转交医务部

运行病历办理正式封存后，原件返回科室继续使用，不得对已复印封存部分再进行修改

7. 现场实物封存。

现场实物主要指患者体内异物，或者对疑似输液、输血、注射、用药等引起不良后果的物品。

1）对患者体内取出的植入物/异物，或疑似输液、输血、注射、用药等引起不良后果，患方要求封存现场实物的，医务人员应立即向医疗组长、科室管理小组报告，向医务部或医院行政总值班报告，并保护现场。

2）医务人员与患方共同对现场实物进行确认后封存，张贴封存条（表4-6），并由医患双方代表签字或盖章，进行防拆标记。

表 4-6　医疗争议封存条

患者基本信息：
姓名：　　　　性别：　　　登记号：
科室：　　　　身份证号码：

一、封存内容：
（一）病历
□（共计　　页，□运行病历　□归档病历　□原件　□复印件）
封存清单：
□住院病案首页　　　□急诊病历首页　　　□入院记录　　　□病程记录
□术前讨论记录　　　□手术同意书　　　　□麻醉同意书　　□麻醉术前访视记录
□手术安全核查记录　□手术清点记录　　　□麻醉记录　　　□手术记录
□麻醉术后访视记录　□术后病程记录　　　□出院记录　　　□死亡记录
□死亡病例讨论记录　□输血治疗知情同意书 □特殊检查（特殊治疗）同意书
□医患沟通表　　　　□会诊记录　　　　　□病危通知书　　□病理资料
□辅助检查报告单　　□医学影像检查资料　□体温单　　　　□医嘱单
□病重（病危）患者护理记录　　　　　　　□其他：
（二）输液器 □
名称：　　　　材质：　　　数量：
生产厂家：
（三）血液制品 □
血袋号：　　　血液品种：　　　提供单位：
（四）药品 □
商品名称：　　规格：　　　数量：
（五）体内取出的植入物/异物 □
手术取出：是□　否□　材质：　　　数量：
二、封存地点：
三、封存时间：　　年　月　日　时　分
四、医患双方代表签字
院方代表：　　　　　联系电话：
患方代表：　　　　　与患者关系：
身份证号码：　　　　联系电话：
五、封存期限：　　年　　月　　天

3）病房无法正常完成封存的，医务部或医院行政总值班人员接到报告后应立即赶赴现场指导、协助办理封存。

4）疑似输血引起不良后果，需要对血液进行封存保留的，医务部或医院行政总值班应当通知提供该血液的血站派员到场。

5）封存的现场实物需要冷藏的，由临床/医技科室冷藏保存。

6）封存的现场实物需要检验的，应当由医患双方共同委托具有检验资格的机构进行检验；双方无法共同委托的，由卫生行政主管部门指定。

7）现场实物封存后医疗纠纷已经解决，或者患方在现场实物封存满 3 年未再提出解决医疗纠纷要求的，临床/医技科室报医务部后可自行启封，并按医疗废物处理。

体内异物封存处置流程如图 4-12 所示。

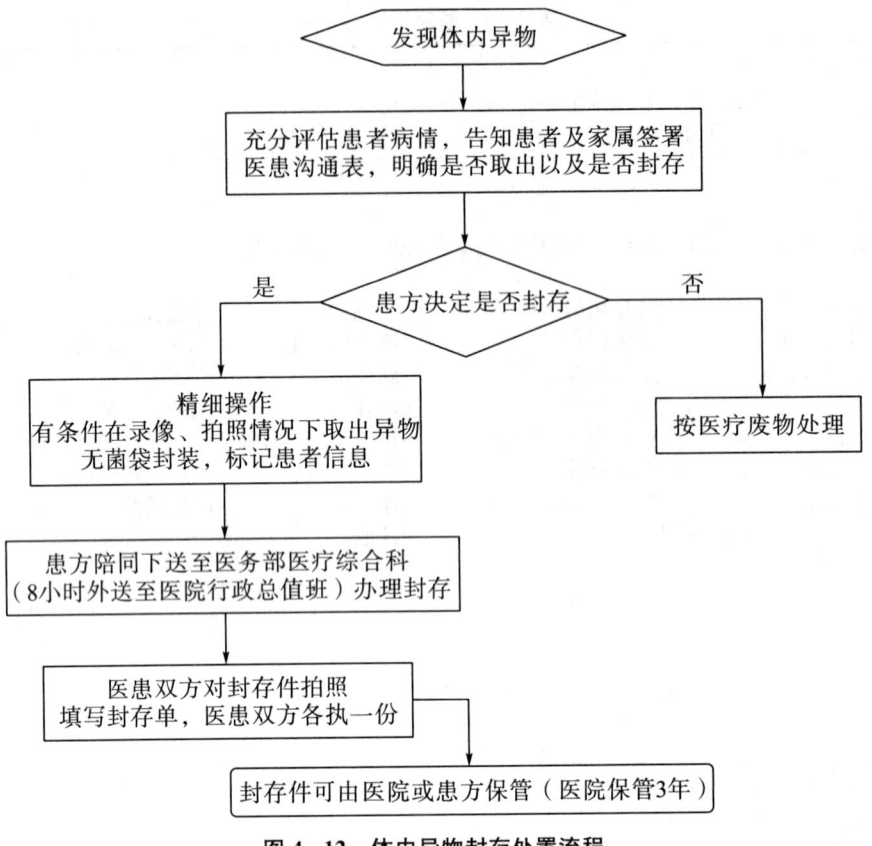

```
                    ┌─────────────┐
                    │ 发现体内异物 │
                    └──────┬──────┘
                           ↓
         ┌──────────────────────────────────────┐
         │ 充分评估患者病情，告知患者及家属签署   │
         │ 医患沟通表，明确是否取出以及是否封存   │
         └──────────────────┬───────────────────┘
                            ↓
          是      ┌─────────────────┐      否
      ┌─────────│ 患方决定是否封存 │─────────┐
      ↓          └─────────────────┘          ↓
┌──────────────────────────┐          ┌──────────────┐
│ 精细操作                  │          │ 按医疗废物处理 │
│ 有条件在录像、拍照情况下取出异物│          └──────────────┘
│ 无菌袋封装，标记患者信息   │
└──────┬───────────────────┘
       ↓
┌──────────────────────────┐
│ 患方陪同下送至医务部医疗综合科│
│（8小时外送至医院行政总值班）办理封存│
└──────┬───────────────────┘
       ↓
┌──────────────────────────┐
│ 医患双方对封存件拍照       │
│ 填写封存单，医患双方各执一份│
└──────┬───────────────────┘
       ↓
┌──────────────────────────────────┐
│ 封存件可由医院或患方保管（医院保管3年）│
└──────────────────────────────────┘
```

图 4-12 体内异物封存处置流程

二、提升投诉管理质量与效率

（一）现场接待与沟通

医疗纠纷投诉的现场接待与沟通是缓和医患矛盾的重要、有效的环节，有序的现场接待和良好的医患沟通至关重要，根据不同类型的医疗纠纷投诉对象，需采取不同的现场接待与沟通方式方法，这对医院管理及工作人员提出了更高要求。

1. 接待人员的基本要求。

1）具备良好的职业道德和工作责任心。

2）具备一定的医学、管理学、法学、心理学、伦理学、社会工作等学科知识，熟悉医疗机构规章制度及医疗纠纷投诉管理的相关法律法规。

3）社会适应能力较强，具有良好的社会人际交往能力、沟通能力和应变能力。

2. 现场接待与沟通的基本原则。

1）首诉负责制。患者及其家属等投诉人对医院服务或设施有任何不满，无论通过书信、邮件、电话还是来访等方式提出，首次接待的部门和工作人员都应以积极热情的态度接待，不得推诿。接待人员需认真倾听投诉内容，及时记录，并根据投诉的性质提供即时答复、解释或协调处理。对于复杂问题，应主动引导投诉人至相关部门进行深入处理。

2) 公平、公正、公开。接待人员应坚持公正立场，以客观事实为依据，不隐瞒、不逃避问题。对所有投诉人应持公平态度，无论其身份或投诉方式，都应给予同等的重视和真诚的沟通。同时，对被投诉人员也应公平对待，给予其解释的机会，以保持中立的判断，并帮助其从经验中学习改进。对于可能或已经造成患者损害的情况，应立即组织救治并进行有效沟通，减轻损害后果。

3) 合法、合理、合情。首先，应遵守国家法律、行政法规、部门规章规定，如严格按照《中华人民共和国民法典》《医疗纠纷预防和处理条例》《医疗机构投诉管理办法》的相关规定和要求办理。

其次，应该不违背公序良俗的原则，应当遵守公共秩序，符合善良风俗，不得违反国家的公共秩序和社会的一般道德。

最后，应当符合大多数民众的一般理解和预期。

3. 注意事项。

1) 把握时间、地点、人物、事件四要素。

（1）相关人员的基本信息。

患方：患者的姓名、性别、年龄、身份证号码、居住地、联系电话；来访人（投诉人）姓名、性别、年龄、身份证号码、居住地、联系电话、与患者关系。

院方：患者的主诊医师姓名、所在科室；被投诉人的姓名、所在科室、所属人员类别（医师、护士、药师、技师、工人）等。

（2）患者的详细诊疗经过。结合患者的病历资料，了解并记录患者的主诉、现病史、既往史、门（急）诊或入院诊断、重要检查的阳性结果、关键治疗（手术、特殊检查、特殊治疗）的名称及项目、治疗效果及特殊异常情况。

（3）准确记录事发时间节点、事发地点。

（4）耐心倾听，充分了解患方的诉求。

2) 建立医患互信关系，同理心与共情贯穿始终。在社会科学中，信任被视为一种依赖关系，而在心理学中，信任是一种基于对他人话语、承诺和声明可信赖性的整体期望的稳定信念，它维系着社会共享价值和稳定。

（1）同理心：同理心是一种沟通交流方式，它要求我们站在当事人的角度和位置上，客观地理解他们的内心感受，并将这种理解传达给对方。同理心，也称为共感或移情，意味着将心比心，实现相互理解。

（2）共情：也称为神入、同感、投情等，指体验别人内心世界的能力。现场接待与沟通中的共情包含三个层次的含义：①深入体验来访人的情感和思维，通过他们的言行了解其内心世界；②结合知识和经验，理解来访人的体验与他们的经历和人格之间的联系，从而更深刻地把握问题的本质；③运用专业知识和技巧，有效地将自己的共情传达给来访人，以影响和获得他们的反馈。

同理心与共情的运用使接待人员能够设身处地地理解来访人，从而更准确地掌握情况。来访人感到被理解和接纳，这将带来愉悦和满足感，对医患关系产生积极影响。这促进了来访人的自我表达和自我探索，有助于医患双方实现更深层次的交流，建立起互信关系。

表达同理心与共情时，应根据个体差异和具体情况灵活调整，把握时机，适度表达共情以实现最佳效果。接待人员应善于运用肢体语言，注意姿势、目光、声音和语调等非语言沟通方式，同时考虑到来访人的性别、年龄、文化背景等特征，以确保沟通的有效性和适宜性。

3）现场接待及沟通的禁忌。

（1）说话含糊其词。在接待来访及医疗投诉过程中，应准确、清晰表达意见，避免产生语言上的歧义。

（2）过多使用专业术语。医患双方往往因为教育背景、生活环境、工作性质的差异，在沟通交流时会存在信息不对称，尽量使用通俗易懂的语言和词汇，便于患方更容易理解。

（3）说教式的沟通。医患交流和沟通，应当坚持平等、自愿、友好的原则，切忌说教式、压迫式的沟通，避免产生不良情绪。

（4）态度欠佳。往往来访或医疗投诉时，患方有一定的不满或怨气，在交流中需要得到安慰或者帮助，如果接待人员在沟通中态度不友好，可能会激怒对方，导致矛盾升级。

4. 现场接待与沟通中的四个维度。

1）以医学科学为前提。

首先，应该立足于医学科学本身的局限性。尽管医学科学已经取得了巨大的进步，但仍然存在着许多未知的领域，人们对于疾病的认知是有限的。

其次，应该正确理解医疗风险的客观存在性。医疗风险在患者就医过程中无处不在，它贯穿于诊断、治疗和康复的全过程各个环节之中。

2）以法律尺度为依据。

健康权是公民最基本的权益。健康权利包括健康教育权、公平获得基本医疗卫生服务权、获取健康信息权、获得紧急医疗救助权、参加医疗保险权、医疗服务知情同意权、特殊群体的健康保障权、参与健康决策权、健康损害赔偿权等权利。

医疗机构及其医务人员开展医疗活动，均应该遵守国家法律、行政法规、部门规章、行业规范，所有的医疗行为以合法性为底线，必须符合医疗原则和诊疗规范。

当患者的健康权利受到侵害时，他们有权依法获得救济。患者的权利主张，包括医疗投诉和纠纷处理，应在法律允许的框架内进行。若患者或其代表的行为超出了法律允许的范围，可能会面临法律的制裁。

3）以人文情感为纽带。

人是社会的产物，这一点已得到了人类学、考古学和社会发展史的证实。从古猿进化而来的人类，其劳动、语言和思维的形成都离不开社会环境的塑造。

人的生产活动和社会生活都具有深刻的社会性。为了生存和发展，人们参与物质资料的生产，这一过程中形成了多样的社会关系，尤其是生产关系。这些关系定义了人的社会属性，表明人的生产活动是社会性的，人在社会中的位置和角色都是由这些社会关系所决定的。

医患关系作为人际关系的一种，同样遵循人际交往的基本原则：平等、尊重、理解和包容。人际关系的发展通常经历以下几个阶段。

（1）定向阶段：这是交往的起始点，包括对交往对象的注意、选择和初步的交流。

（2）探索阶段：交往双方开始寻找共同的兴趣、爱好或话题，这些共同点有助于建立情感联系。随着交往的深入，双方发现的共同点越多，关系就越可能持续发展。

（3）情感交流阶段：在这一阶段，双方已经建立了基本的信任和感情。交往的深度和广度都在增加，双方能够真诚地为对方着想，既赞美对方的优点，也敢于指出对方的不足。

（4）稳定交流阶段：此时，双方能够接受并包容对方的不完美，在心理上形成共鸣。他们对彼此有了全面而深刻的认识，允许对方进入自己的私密领域，建立起高度的信任感和安全感。

4）以化解矛盾为目的。近年来，受各种因素影响，全国医疗投诉、纠纷数量呈上升趋势，形式多种多样。在危机关系情形下，特别需要注重沟通接待策略。

（1）缓和情绪。在医疗纠纷的沟通中，识别和理解患者的情绪至关重要。接待人员应及时评估患者是否遭受了明确的损害后果，如死亡、伤残或经济损失。在处理危机时，首要任务是管理情绪而非立即解决问题。接待人员应展现人文关怀，表达理解和同情，以促进情绪的理性平和，为有效沟通创造条件。例如："我能感受到你现在的（情绪词汇），因为（具体原因），这是完全可以理解的。"

（2）恢复利益平衡。危机往往源于利益平衡的破坏。在沟通中，接待人员应鼓励患方表达他们的诉求和期望，并在积极的沟通氛围中提出医方的观点。同时，评估患者的诊疗需求，探讨是否有机会通过医疗服务来满足患者的需求。例如："我明白你希望（正面结果），同时避免（负面结果）。让我们一起看看如何实现这个目标。"

（3）达成共识。解决关系危机的关键在于通过有效沟通寻找利益的平衡点。接待人员需要换位思考，深入理解患者的需求，并结合实际情况，评估是否能满足这些需求。在沟通中，明确表达自己的观点和立场，承认任何可能的过错，并寻求双方利益的平衡，以形成解决问题的共识。例如："我同意你的看法。我们来讨论一下如何共同解决这个问题。我会（医方行动），你可以考虑（患者行动），你觉得这样可行吗？"

（4）协商行动。通过友好的沟通，明确双方需要采取的具体行动，并与患者确认，以增强患者的信心。例如："如果这样安排没有问题，那我们就按照这个计划行动。我会确保（医方承诺），同时请你（患者承诺）。我们共同努力，争取最好的结果。"

5. 现场接待与沟通中特殊情形的处理。

1）接待人员发现患方有自杀、自残和其他过激行为，或者侮辱、殴打、威胁接待人员的行为，应当及时采取控制和防范措施，报告安全保卫部，同时向公安机关报警，并向当地卫生健康主管部门报告；对接待过程中发现的可能激化矛盾，引起治安案件、刑事案件的投诉，应当及时向当地公安机关报告，依法处理。

2）属于下列情形之一的投诉，医疗纠纷及投诉管理部门可以不予处理，但应当向患者说明情况，告知相关处理规定：①患者已就投诉事项向人民法院起诉的或者向第三方申请调解；②患者已就投诉事项向卫生健康主管部门或者信访部门反映并已作出处理；③没有明确的投诉对象和具体事实；④投诉内容已经涉及治安案件、刑事案件；⑤其他不属于投诉管理部门职权范围的投诉。

（二）内部调查与风险评估

1. 取证。

全面掌握并核实患方反映的问题，以便进行医患沟通和消除患方疑惑，同时也有利于医疗机构判断投诉及纠纷的处理方向，及时有效地化解医疗纠纷，维护医患双方的合法权益。

1）收集患方投诉资料及证据。为了保障患方反映问题回复的真实性、有效性，医院在受理投诉时除了高效、便捷地处理投诉及医疗纠纷事宜，对于难以立即回复的问题，推荐启动院内书面投诉程序，使医疗投诉及纠纷管理有序开展。请投诉人填写医疗投诉申请表（表4-7）。

表4-7 医疗投诉申请表

日期：　年　月　日

涉及科室		发生日期		涉及人员姓名		医师□　护士□　技/药师□　其他□
患者姓名		登记号		仍在院治疗		是□　否□
与患者关系		电话		住址		
涉及问题	诊疗技术□　服务态度□　医患沟通□　医疗费用□　管理/流程□					
涉及环节	住院□　门诊□　急诊□　检查□　手术□　输液□　换药□					
诊疗经过						
质疑内容						
具体诉求						
建议						

患方签字（按手印）：
年　月　日

2）身份证件及委托手续。

（1）投诉人是患者本人：需提供其有效身份证明复印件（原件备用核对）。

（2）投诉人为患者代理人：需提供患者及其代理人的有效身份证明复印件（原件备用核对）、投诉人与患者代理关系证明材料。

（3）投诉人为死亡患者近亲属（第一顺序继承人包括配偶、父母、子女，第二顺序继承人包括兄弟姐妹、祖父母、外祖父母，孙子女、外孙子女）：需提供患者死亡证明书相关文书、其近亲属的有效身份证明复印件（原件备用核对）、投诉人与死亡患者身份关系证明材料。

（4）投诉人为死亡患者近亲属代理人：需提供患者死亡证明相关文书、死亡患者与其近亲属身份关系证明材料、死亡患者近亲属及其代理人的有效身份证明（原件备用核对）、投诉人与死亡患者近亲属代理关系证明材料。

3）患者的病历资料：院内、院外就诊的病历、检查检验报告等，本院住院患者（因住院病历由医疗机构保管，院方可以自行调取）或本院已建立门诊电子病历的除外。

4）其他证据：证人证言、视频音频等。

医疗投诉及纠纷管理人员认真审核患方的投诉主体是否适合，投诉材料是否真实、完整，并认真阅读书面投诉材料，依程序将复印件转至相应的科室及职能部门，根据投诉管理需要，注明书面反馈要求（患者的诊疗经过、当事人陈述、患方质疑内容的答复、辅助支撑材料、科室管理小组对该医疗投诉的处理意见）及时限等。

2. 内部讨论与风险评估。

1）一般性医疗纠纷及投诉的讨论与评估：根据投诉的内容及环节，组织不同的人员参加内部讨论及评估。

（1）参与人员：经办的工作人员、被投诉科室负责医疗的科室领导（若为被投诉者本人，则由科室主任参加）、医疗组长、当事医务人员、主管职能部门负责人。

（2）评估内容。

①患者的损害后果：死亡、伤残等级、心理伤害、经济损失等。

②非死亡患者的后续治疗：从医疗的角度，客观分析患者是否需要进一步诊治，具体的医疗方案及建议。

③诊疗规范性：涉及诊疗的主体（医疗机构及医务人员）是否具有合法的资质；诊疗技术是否符合国家法律、行政法规、行业规范；病历书写、打印、签字、复印、封存、保管是否符合管理规范；知情告知及医患沟通是否充分、翔实、有效。

（3）讨论内容：回答患方质疑内容（事实、证据、理由）、确定处理方向（医患沟通及协商、医疗事故技术鉴定、人民调解、诉讼）。

医疗纠纷及投诉讨论与评估表见表4-8。

表 4-8　医疗纠纷及投诉讨论与评估表

姓名：	登记号：		性别：男□　女□
年龄：	身份证号码：		家庭住址：
损害后果			
有无伤残：有□　伤残等级（　　级）　　无□ 死亡地点：本院□　外院□　其他□ 尸体解剖：是□　尸检机构：　　　　　否□ 是否参观尸检过程：是□　　否□			
涉及科室：			事发时间：
涉及医务人员（姓名＋身份/职务）：			
直系亲属情况（年龄、亲属关系、现状）：			
患方质疑内容及诉求：			
讨论要点梳理			
主体资质	医疗机构的执业许可范围、临床新技术的伦理审查、医务人员的执业资格、医务人员的执业注册、医务人员的技术授权（手术级别、精麻药品、抗菌药物等）		
医疗文书	病历完整性：体温单、医嘱单、入院记录、病程记录、术前讨论记录、手术同意书、麻醉同意书、麻醉术前访视记录、手术安全核查记录、手术清点记录、麻醉记录、手术记录、麻醉术后访视记录、术后病程记录、病重（病危）患者护理记录、出院记录、死亡记录、输血治疗知情同意书、特殊检查（特殊治疗）同意书、会诊记录、病危（重）通知书、病理资料、辅助检查报告单、医学影像检查资料； 病历真实性：书写时效、签名、打印、保管、复印、封存		
诊疗技术	符合法律法规、行业规范、诊疗指南、使用说明书，严格按照十八项核心制度执行		
知情同意	主体、形式、内涵、存在的问题		

2）涉及患者死亡或伤残的医疗纠纷及投诉的讨论与评估。

若涉及患者死亡或伤残，除上述讨论与评估外，还应组织医疗机构内部法务工作人员或法律顾问依据《中华人民共和国民法典》《医疗事故处理条例》《医疗纠纷预防和处理条例》《最高人民法院关于审理医疗损害责任纠纷案件适用法律若干问题的解释》《最高人民法院关于审理人身损害赔偿案件适用法律若干问题的解释》等对诊疗过程进行法律风险评估。

医疗损害法律风险评估表见表 4-9。

表 4-9　医疗损害法律风险评估表

刑事责任	风险程度：□高　□中　□低　□无
行政责任	风险程度：□高　□中　□低　□无
民事责任	可能承担的责任比例： □无　□轻微　□次要　□同等　□主要　□全部
	赔偿名目： 医疗费、误工费、护理费、交通费、住宿费、住院期间伙食补助费、营养费、残疾赔偿金、残疾辅助器具费、丧葬费、被扶养人生活费、死亡赔偿金、精神损害抚慰金
	赔偿总额：
后续处理方向： □医患沟通　□书面回复　□协商赔偿　□给予医疗救助　□司法程序	

（三）档案管理

医疗纠纷档案管理作为医院档案管理的一部分，在医疗纠纷处理中发挥着重要作用，随着医疗纠纷事件的增多，产生的医疗纠纷档案也随之增加，成为医院管理的重点和难点问题。

1. 医疗纠纷及投诉管理部门负责建立健全投诉档案，立卷归档，留档备查。投诉档案应当包括：①患者基本信息；②投诉事项及相关证明材料；③调查、处理及反馈情况；④其他与投诉事项有关的材料。

2. 针对已结案的医疗纠纷个案，将其书面投诉或信访材料、内部讨论记录、会议纪要、法律评估意见、回复意见、鉴定报告、起诉书、判决书及处理意见等全部材料整理编号，每年度按照要求归档到档案科，后续查（借）阅或者销毁纳入全院统一管理。

第三节　医疗纠纷的多元化解机制

《医疗纠纷预防和处理条例》于 2018 年 10 月 1 日实施，规定了医疗纠纷的处理途径，使医疗纠纷化解机制更加多元化。

一、人民调解

（一）人民调解的概念

人民调解指在医疗纠纷人民调解委员会的主持下，依照法律、政策及社会主义道德规范，对纠纷当事人进行说服规劝，促其彼此互谅互让，在自主自愿情况下，达成协议，消除纷争的活动。

（二）医疗纠纷人民调解委员会与人民调解员

人民调解可以向当地医疗纠纷人民调解委员会提出申请，若没有医疗纠纷人民调解委员会，在遵守《中华人民共和国人民调解法》的规定，并符合本地区实际需要的前提下，也可以向当地司法局设立的调解中心申请设立医疗纠纷人民调解委员会，并自设立之日起30个工作日内向所在地县级以上地方人民政府司法行政部门备案。

医疗纠纷人民调解委员会应当根据具体情况，聘任一定数量的具有医学、法学等专业知识且热心调解工作的人员担任专（兼）职医疗纠纷人民调解员。人民调解员在调解工作中要积极发挥主观能动性，利用其专业知识、工作背景、社会地位等优势积极为医患双方搭建沟通平台，对不了解涉及医疗的相关医学知识、法律法规的双方要及时沟通讲解，当好医患双方的传话筒、沟通桥。

（三）申请人民调解

1. 申请医疗纠纷人民调解的，由医患双方共同向当地医疗纠纷人民调解委员会提出申请。一方申请调解的，医疗纠纷人民调解委员会在征得另一方同意后进行调解，同时，医疗纠纷人民调解委员会获悉医疗机构内发生重大医疗纠纷，可以主动开展工作，引导医患双方申请调解。

2. 对于要进行医疗损害鉴定以明确责任的，由医患双方共同委托医学会或者司法鉴定机构进行鉴定，也可以经医患双方同意，由医疗纠纷人民调解委员会委托鉴定。

3. 涉及医患双方医疗纠纷矛盾巨大、产生金额高、后果特别严重的医患纠纷，医疗纠纷人民调解委员会除了和医患双方沟通，为了避免矛盾的进一步激化，应该及时联动属地政府、卫生行政部门、公安、维稳、综合治理等部门，多部门共同介入解决，避免医疗纠纷转化为社会纠纷。

4. 医疗纠纷人民调解委员会应当自受理之日起30个工作日内完成调解。需要鉴定的，鉴定时间不计入调解期限。因特殊情况需要延长调解期限的，医疗纠纷人民调解委员会和医患双方可以约定延长调解期限，超过调解期限未达成调解协议的，视为调解不成。

5. 若当事人已经向人民法院提起诉讼并且已被受理，或者已经申请卫生健康主管部门调解并且已被受理的，医疗纠纷人民调解委员会不予受理；已经受理的，终止调解。

二、行政调解

（一）行政调解的概念

行政调解，通常称为政府调解，指由我国行政机关主持，通过说服教育的方式，让民事纠纷或轻微刑事案件的双方当事人互相谅解，在平等协商的基础上自愿达成协议的调解制度。行政调解不仅可以调解公民之间的纠纷,还可以调解公民与法人之间和法人与法人之间的权利义务关系的争议。

相对于人民调解,行政调解是公权力主持下的调解,比人民调解威慑力大,比司法调解便捷,强调了政府职能部门的参与。

(二) 申请行政调解

1. 涉及医疗纠纷的行政调解,由医患双方向医疗纠纷发生地县级人民政府卫生健康主管部门提出申请。卫生健康主管部门应当自收到申请之日起 5 个工作日内作出是否受理的决定,并自受理之日起 30 个工作日内完成调解。需要鉴定的,鉴定时间不计入调解期限。超过调解期限未达成调解协议的,视为调解不成。

2. 卫生健康主管部门在调解过程中应做到深入调查研究,倾听当事人的意见,弄清案情,以和蔼、耐心的态度讲理讲法,动之以情、晓之以理,坚持说服教育,帮助双方合理、合法、依规地解决医疗纠纷。医患双方经卫生健康主管部门调解达成一致的,应当签署调解协议书;医患双方当事人协商、调解不成的,可以依法向人民法院提起诉讼。

3. 当事人已经向人民法院提起诉讼并且已被受理,或者已经申请医疗纠纷人民调解委员会调解并且已被受理的,卫生健康主管部门不予受理;已经受理的,终止调解。

三、医疗纠纷行政处理(医疗事故技术鉴定)

(一) 医疗事故与医疗事故技术鉴定的概念

医疗事故指医疗机构及其医务人员在医疗活动中,违反医疗卫生管理法律、行政法规、部门规章和诊疗规范、常规,过失造成患者人身损害的事故。

医疗事故技术鉴定指医学会接受行政机构、司法机关或者当事人的委托,从专家库中随机抽取医学专家成立专家组,对诊疗行为给患者造成的损害是否构成事故、构成事故的等级,依照一定程序做出的科学、客观的评判。

(二) 医疗事故技术鉴定主体

医疗事故技术鉴定由医学会组织专家鉴定人进行。医学会是中国医学科学技术工作者自愿组成并依法登记成立的学术性、公益性、非营利性法人社团。医学会按照行政级别由高至低划分为中华医学会,省、自治区、直辖市地方医学会,设区的市级地方医学会和省、自治区、直辖市直接管辖的县(市)地方医学会,但是相互之间并无隶属关系。根据《医疗事故处理条例》第二十一条规定,设区的市级地方医学会和省、自治区、直辖市直接管辖的县(市)地方医学会负责组织首次医疗事故技术鉴定工作。省、自治区、直辖市地方医学会负责组织再次鉴定工作。《医疗事故处理条例》第二十二条规定,当事人对首次医疗事故技术鉴定结论不服的,可以自收到首次鉴定结论之日起 15 日内向医疗机构所在地卫生行政部门提出再次鉴定的申请。

医学会需建立专家库，专家库由具备一定条件的医疗卫生专业人员组成，主要为各医疗机构的执业医师。

（三）医疗事故技术鉴定流程

在民事诉讼程序中，经医患双方协商一致可以共同委托，或者人民法院根据案情需要认为有必要进行鉴定的，可以依职权委托医学会鉴定，以此来启动医疗事故技术鉴定程序。医学会接受委托后，根据委托鉴定事项涉及的医学专科组织医患双方从专家库中随机抽取医学专家，组成以所涉医学专科专家为主的单数制专家鉴定组。鉴定事项涉及死因、伤残等级鉴定时，还应当从专家库中随机抽取法医参加鉴定。专家鉴定组在组织进行鉴定的过程中，应接收并审查医患双方按照《医疗事故处理条例》规定提交的固定形式的书面材料，包括患方不能轻易举示的医方的病程记录、死亡病例讨论记录、疑难病例讨论记录等，听取受害患方的陈述意见和医务人员的答辩意见，必要时还可以进行调查取证。

专家鉴定组通过上述调查研究工作，对患者入院诊断的病情、损害的事实、医疗机构及医务人员接诊救治病患的全过程等已经发生的医疗行为给予事实认定，在此基础上，依据医疗卫生管理法及相关行业法规，利用自身的专业知识和技术，结合当时当地的医疗技术发展水平，进行专家合议，合议实行少数服从多数制，并依据多数专家鉴定人的意见做出鉴定结论，制作鉴定结论书，加盖医疗事故技术鉴定专用章。除此之外，《医疗事故处理条例》对专家鉴定人的回避制度，违规处罚制度也做出了具体规定。

（四）医疗事故技术鉴定内容

医学会出具的医疗事故技术鉴定书应说明当事人的基本情况、申请内容、鉴定的过程、做出鉴定结论所依据的书面材料，医疗行为是否违反医疗卫生管理法律、行政法规、部门规章和诊疗护理规范、常规，医疗过失行为与人身损害后果之间是否存在因果关系，医疗过失行为在医疗事故损害后果中的责任程度，医疗事故等级，护理学建议等。

根据患者损害的严重程度，医疗事故分为四个等级：造成患者死亡、重度残疾的，构成一级医疗事故；造成患者中度残疾、器官组织损伤导致严重功能障碍的，构成二级医疗事故；造成患者轻度残疾、器官组织损伤导致一般功能障碍的，构成三级医疗事故；造成患者明显人身损害的其他后果的，构成四级医疗事故。这样的规定，为专家鉴定人进行鉴定提供了统一的参照标准，缩减了专家鉴定人主观臆断的空间。

（五）医疗事故技术鉴定模式的优势

1. 鉴定人具备鉴定资质。医学会建立的专家库由具备下列条件的医疗卫生专业技术人员组成：①有良好的业务素质和执业道德；②受聘于医疗机构或者医学教学、科研机构并担任相应专业高级技术职务3年以上。医学专家经过医学院校的培养和系统知识的学习，经过3年以上的实际临床工作积累经验，能够掌握医疗行为实际操作流程，了解对应专业当时的医疗水平，综合分析患者的病情和个体差异，具备评判他人医疗行为的专业能力，做出的鉴定结论更为准确科学，令人信服。

2. 鉴定程序严谨规范。专家鉴定人在做出鉴定结论之前要展开全面而具体的调查核实工作，不仅要审查书面鉴定材料，还要听取医患双方陈述和答辩意见，必要时还可以行使调查取证权，这充分保障了医患双方的控辩权利，有利于完整地重建已经发生的医疗行为。《医疗事故处理条例》规定的回避制度，减少了专家鉴定人与医方及医务人员存在利害关系，可能影响鉴定结论偏向性的情形，一定程度上规制了专家鉴定人的行为。参与鉴定的专家鉴定人在查明医疗事故发生经过的基础上进行合议，按照少数服从多数的原则做出鉴定结论。

3. 鉴定结论具有科学性。医学会的专家库，根据医学专业分科精细的特点，将医疗事故技术鉴定分科多达70余种，分别收录不同专业的医学专家，以满足各种类型的医疗事故鉴定的需求。医学会组织成立专家鉴定组时，根据医疗事故涉及的主要学科，随机抽取主要学科的专家不得少于鉴定组人数的1/2，避免了不同医学分科之间存在的医学知识和临床经验受局限的问题。在进行医疗事故技术鉴定过程中，医学专家还不得超越学科范畴，涉及死因、伤残等级等属于法医临床学鉴定内容的，应有法医参与组成专家鉴定组。这样的分工保证了专家鉴定人的高度专业性，进一步保证了鉴定结论的科学性。

（六）医疗事故技术鉴定模式的不足

1. 鉴定人不出庭接受质询。医疗事故技术鉴定结论虽由专家鉴定组做出，但是加盖的是医学会的鉴定专用章，参与鉴定的专家并不在鉴定结论上签字盖章，也不出庭接受质询。而专业性较强的医疗事故技术鉴定结论，难免会存在医患双方或案件承办法官质疑的地方，专家鉴定人不能出庭接受质询，不能通过说明和论证的方式消除医患双方对鉴定结论的质疑，也不能达到辅助承办法官查明事实、解决争议焦点的鉴定初衷。

2. 中立性受到质疑。鉴定结论的中立性是保证鉴定结论公正的前提。医学会的专家鉴定人主要是来自当地的医疗机构的执业医师，往往具有医师和专家鉴定人的双重身份，相互之间难免会存在师生、同学和朋友关系。医疗事故技术鉴定中，医学会并不中立的社会地位，是绝大多数患者质疑鉴定结论的主要原因，即使患方没有明确的证据证明鉴定结论有失公正，但是一旦鉴定结论对己不利，便常常归咎于行业偏向性，而不是去理性、客观地研判鉴定结论的真实性和科学性，更有甚者以此为由提起再次鉴定或者自行委托司法鉴定，不仅延长了诉讼时间，还造成司法资源的极度浪费。

3. 集体负责制落实难。做出医疗事故技术鉴定结论的专家鉴定人在鉴定结论书上不署名，实行集体负责制，由医学会对鉴定意见负责。专家鉴定人做出鉴定意见后不用出庭接受质询，出现问题也不用个人负责，不利于培养专家鉴定人的责任意识和风险意识。

四、诉讼及医疗损害过错鉴定

(一) 诉讼的概念

诉讼指国家审判机关即人民法院,依照法律规定,在当事人和其他诉讼参与人的参加下,依法解决讼争的活动。民间俗称"打官司"。诉,指告诉、申诉、控告意思和行为。讼,是法律行为,指要由人民法院裁决的法律行为。诉讼程序是在诉讼和司法过程中必须遵循的法定顺序、方式和步骤。诉讼的功能不仅限于对过去发生之事的发现,更要通过诉讼的过程建立起过错与责任、犯罪与刑罚之间的联系,从而向公民传递一种应当如何行动的信息。

(二) 医疗纠纷诉讼时效

医疗纠纷诉讼时限为 3 年,诉讼时效期间自权利人知道或者应当知道权利受到损害以及义务人之日起计算。自权利受到损害之日起超过 20 年的,人民法院不予保护。有特殊情况的,人民法院可以根据权利人的申请决定延长。

(三) 医疗纠纷的归责原则

1. 一般适用过错责任原则。医疗机构或者其医务人员只有在诊疗活动中有过错的,才对在该医疗机构就医的患者所受损害承担医疗损害的赔偿责任。

构成医疗损害责任的要件:①患者与医疗机构有医疗服务合同关系,患者是在该医疗机构就医的自然人;②患者在诊疗活动中受到人身损害;③患者的人身损害与医疗机构或者其医务人员的诊疗活动有因果关系;④医疗机构或者其医务人员在诊疗活动中有过失。

承担责任的责任形态是替代责任,即具备上述四个要件的,构成医疗损害责任,责任主体是医疗机构而不是医务人员。

医疗机构承担赔偿责任之后,依照《中华人民共和国民法典》第一千一百九十一条关于用人单位责任的规定,可以向有重大过失的医务人员进行追偿。

2. 特殊情形下适用过错推定的责任原则。患者在诊疗活动中受到损害,有下列情形之一的,推定医疗机构有过错:①违反法律、行政法规、规章以及其他有关诊疗规范的规定;②隐匿或者拒绝提供与纠纷有关的病历资料;③遗失、伪造、篡改或者违法销毁病历资料。

3. 法律特别规定适用无过错责任原则。因药品、消毒产品、医疗器械的缺陷,或者输入不合格的血液造成患者损害的,患者可以向药品上市许可持有人、生产者、血液提供机构请求赔偿,也可以向医疗机构请求赔偿。患者向医疗机构请求赔偿的,医疗机构赔偿后,有权向负有责任的药品上市许可持有人、生产者、血液提供机构追偿。

（四）医疗纠纷诉讼程序

1. 起诉：由当事人向有管辖权的法院递交起诉书，缴纳起诉费，等待法院审查是否符合受理条件。
2. 受理：法院审核起诉材料，在 7 日内决定是否受理。
3. 通知应诉：法院经过审核，认为该案属于其管辖范围，就会通知被告应诉。
4. 开庭审理：受理后，审判人员会安排具体开庭时间。开庭后，原告、被告双方到庭，依次进行法庭调查、法庭辩论、法庭调解、陈述最后意见等。
5. 委托鉴定：如果在诉讼中需要对医方是否存在医疗过错或对伤残情况进行鉴定，申请人向法院递交鉴定申请书，申请法院委托相关的机构进行鉴定，然后法院向相关司法鉴定机构送交委托鉴定函和需要的相关资料，等待司法鉴定机构出具的结论。
6. 判决：法院在调查案件事实的基础上对各项证据进行认定，适用相关法律，做出裁判文书。
7. 裁判文书的送达、上诉：判决书送达双方当事人之后，任何一方不服，15 日内都可以提起上诉，上诉至上级人民法院。如果双方在上诉期内均未提起上诉，则一审判决书生效。
8. 二审：上诉后，二审法院将组织开庭审理，并在事实清楚的前提下依法判决，结果可能是维持原判、依法改判或者是发回重审，二审判决是终局判决。

（五）医疗损害过错鉴定

1. 医疗损害过错鉴定的概念。医疗损害过错鉴定指在医疗损害责任纠纷诉讼过程中，法定司法鉴定机构接受人民法院或者当事人的委托，运用专业知识和技术，评鉴医疗机构及其医务人员的诊疗行为是否存在过失行为，过失与损害结果之间是否存在因果关系，过失行为的参与系数、损害结果及伤残等级的一种活动。
2. 医疗损害过错鉴定的性质。医疗损害过错鉴定发生在人民法院审理医疗损害责任纠纷的过程中，是诉讼程序启动后，依据当事人的申请或者人民法院依职权进行的，法官有权对鉴定意见进行司法审查，进而决定鉴定意见是否作为认定案件事实的依据，具有司法鉴定的性质。
3. 医疗损害过错鉴定主体。司法鉴定由依法登记成立的司法鉴定机构进行。我国除公安机关和检察院内部设立的司法鉴定机构外，面向社会的司法鉴定机构依据申请成立的主体不同主要有四大类，分别是由高等院校、国家科研机构等事业单位申请成立的司法鉴定机构，医疗机构作为事业法人申请成立的司法鉴定机构，公司、企业法人或者其他营利性组织申请成立的鉴定机构，个人或合伙成立的司法鉴定机构。其中，以个人或合伙成立的司法鉴定机构为主。司法鉴定机构的业务范围主要有法医类鉴定、物证类鉴定、声像资料鉴定等。医疗损害过错的司法鉴定应由依法登记成立的具有法医类鉴定资质的司法鉴定机构进行，且应由具备法医临床鉴定资质的鉴定人进行。
4. 医疗损害过错鉴定程序。依据《中华人民共和国民事诉讼法》《全国人民代表大会常务委员会关于司法鉴定管理问题的决定》及《司法鉴定程序通则》的规定，当事人就查明事实的专门性问题可以向人民法院申请鉴定，协商选择鉴定机构，人民法院也可依职权申请或指定鉴定机构进行鉴定。司法鉴定机构接受委托后，应指定或者由申请人选择两名具有法医类鉴定资质的鉴定人进行鉴定，疑难、复杂的可以选择多人。鉴定人依据委托人提供的材料进行鉴定，实时记录鉴定过程，遇有特别复杂、疑难、特殊技术问题的，可以向本机构以外的医学领域的专家进行咨询，最后由鉴定人做出鉴定意见并制作司法鉴定文书。鉴定意见书加盖司法鉴定机构的司法鉴定专用章，并由鉴定人签名，不同意见应予注明。鉴定人对司法鉴定意见书个人负责，并有出庭作证的义务。

5. 医疗损害过错鉴定内容。《司法鉴定程序通则》并未对司法鉴定意见书的内容做出明确规定，主要依据鉴定委托书的委托内容做出。各个司法鉴定机构做出的医疗损害过错司法鉴定文书格式并不统一，在鉴定内容质量上也存在很多问题。许多需要鉴定机构做出明确判定的委托事项，司法鉴定机构经常做出模糊的鉴定意见，反而给诉讼带来不必要的困惑。

6. 医疗损害过错鉴定模式的优势。

1) 鉴定人个人负责制。医疗过错的司法鉴定实行鉴定人个人负责制，司法鉴定人在做出鉴定意见文书时，必须在鉴定文书上签名或盖章，对自己做出的鉴定意见负责，并有出庭作证的义务。实行司法鉴定人个人负责制，有利于强化鉴定人的责任意识和职业风险意识，使司法鉴定人自觉形成内心约束，自觉遵守法律法规和行业规范，保证司法鉴定意见的客观性和公正性。鉴定意见书是否被法庭所采信，还需经过庭审质证，经过法庭认证，因此司法鉴定人更像是一位与案情无关的专家证人。一旦发生司法鉴定人违反操作规范出具与事实不符的司法鉴定意见或司法鉴定意见出现错误时，便于追究相应的法律责任。

2) 司法鉴定人可以出庭作证。依据《中华人民共和国民事诉讼法》第八十一条的规定，当事人对鉴定意见有异议或者人民法院认为鉴定人有必要出庭的，鉴定人应当出庭作证。医疗损害责任纠纷的专门问题一般具有医学科学性，兼具临床实践的复杂性，加之病患自身个体差异，鉴定人的学识和主观认识差异，同类问题出现不同鉴定结果的现象很常见。在当事人对鉴定结论产生质疑或者法官处理纠纷确有需要时，司法鉴定人出庭就鉴定意见做出的过程、理由、依据加以解释说明，接受医患双方及法庭的问询，为医患双方答疑解惑，帮助法官解决案件争议的医学专业性难点，有利于双方当事人肯定鉴定意见，停止纠纷。

3) 司法鉴定机构的中立性得到普遍认可。我国对司法鉴定机构的成立实行行业准入机制，经司法行政主管部门批准依法登记成立的司法鉴定机构，接受司法行政机关和行业主管部门的共同管理，独立经营，自负盈亏。司法鉴定机构与卫生行政机关和医疗机构没有利害关系，能够完全从中立的角度对接受的委托内容进行评鉴，中立性更能够被社会各界所接受，尤其是医疗损害责任纠纷的受害方，让与医疗机构没有关系的司法鉴定机构进行鉴定，更易被患方理性接受，有助于减少此类纠纷的重复鉴定、多次鉴定等问题。

7. 医疗损害过错鉴定模式的不足。

1) 司法鉴定人缺乏鉴定资质。具有与法医学司法鉴定业务相关的专业技术职称或者执业资格或者具有本科学历从事相关工作 5 年，或者从事相关工作 10 年的人均可申请登记成为法医类司法鉴定人。法医类司法鉴定人不一定具备医学专业知识，甚至可能没有临床工作经验，让没有丰富医学理论知识和临床工作经验的法医司法鉴定人去重建已经完成的医疗行为发生的过程并做出技术性评价，显然超出了法医学专业知识范畴。尽管《司法鉴定程序通则》规定，遇有特别复杂、疑难、特殊技术问题的，可以向本机构以外的相关专业领域的专家进行咨询，但是最后做出司法鉴定意见的仍然是司法鉴定人，相关领域的专家并不对司法鉴定意见负责。

2) 司法鉴定程序不规范。司法鉴定人单方收取委托人的鉴定材料，不负责审核材料的真实性，只是对医患双方进行询问，不开展医患双方的论辩，没有调查取证权，不利于全面收集材料。总之，司法鉴定人在鉴定的过程中，违规操作的空间大，相较医疗事故鉴定程序中的专家鉴定人合议制度，少数服从多数制度，医疗过错司法鉴定的程序规范过于单一，不利于保证鉴定意见的中立性、科学性和公正性。

3) 司法鉴定人的民事法律责任缺失。司法鉴定意见作为一种证据形式，带有司法鉴定人的主观意识色彩，受司法鉴定人专业知识水平、实践工作经验和职业道德水平的影响，司法鉴定意见可能存在错误。当前我国除在刑事和行政立法中规定了司法鉴定人的法律责任外，司法鉴定人的民事责任在立法上几近空白。司法部出台的《司法鉴定人登记管理办法》中规定了，司法鉴定人在执业活动中，因故意或者重大过失行为给当事人造成损失的，由鉴定机构依法承担赔偿责任，但是赔偿的程序、条件及范围均未做出规定。而医学专业性较强的鉴定意见往往会成为法院认定案件事实、进行裁判的关键证据，一旦司法鉴定意见存在错误，可能直接导致错误的裁判结果，给当事人造成的损失也难以通过法律途径弥补，影响司法审判的公正性和权威性。

(六) 医疗损害过错鉴定与医疗事故技术鉴定的区别

1. 性质不同。医疗事故技术鉴定是行政鉴定，医疗损害过错鉴定属于司法鉴定。
2. 委托方式不同。医疗事故技术鉴定可以由卫生健康主管部门做出决定，也可以由双方当事人共同委托。医疗损害过错鉴定由司法机关或当事人委托。
3. 鉴定主体的范围不同。医疗事故技术鉴定只能由医学会组织医疗事故技术专家鉴定组进行。医疗损害过错鉴定则可由司法机关交由法定的鉴定机构进行。
4. 鉴定主体的责任方式不同。医疗事故技术鉴定由医学会出具鉴定书，专家组成员无需在鉴定书上签名盖章；医疗损害过错鉴定的鉴定人需在鉴定书上签字或盖章，实行个人负责制。
5. 目的不同。医疗事故技术鉴定是为卫生健康主管部门在处理医疗事故时遇到的专门性问题提供的一种技术服务。其专门性问题包括：判断医疗行为是否违反医疗卫生管理法律、行政法规、部门规章和诊疗护理规范、常规；医疗过失行为与人身损害后果之间是否存在因果关系；医疗过失行为在医疗事故损害后果中的责任程序；医疗事故等级；对医疗事故患者的医疗护理医学建议。医疗损害过错鉴定是为医疗损害赔偿民事诉讼中遇到的专门性问题提供的一项技术服务。其专门性问题包括：是否存在损害事实；医疗行为是否存在过错；损害事实与医疗过错行为之间是否存在因果关系。

（七）临床专家在医疗损害过错鉴定中的作用

1. 提供医学专业意见。在医疗损害过错鉴定中，法医类司法鉴定人不可能对临床各科的情况均清楚，同时由于法医长期未从事临床工作，随着医学事业的不断发展，法医可能不熟悉对某种疾病的具体处理措施。而临床专家对某类疾病的诊疗过程及处理应相当熟悉，判断医疗方对某种疾病诊疗过程是否存在过错或不规范，均需要参考临床专家做出意见。可见，临床专家参与医疗损害过错鉴定的讨论非常重要，临床专家的意见在医疗损害过错鉴定中往往起着决定性的作用。

2. 协助证据准备。书面陈述或答辩、患者的门（急）诊病历、住院患者的病程记录、死亡病例讨论记录、疑难病例讨论记录、会诊意见、上级医师查房记录等资料原件；住院患者的入院记录、体温单、医嘱单、化验单（检验报告）、医学影像资料、特殊检查同意书、手术及麻醉记录等病历资料。

3. 参加司法鉴定听证程序。听证参与人包括医患双方当事人，一般每方有3人参加，少于3人，有可能不能充分表达自己的意见，多于3人不利于维持会场秩序。患方参与人可以由患者、患者近亲属和代理人组成，医方参与人可以由医方业务领导（业务院长、医务处或科室负责人）、熟悉诊疗过程的医务人员和代理人组成。参加听证会的双方参与人中最好各有一名具备法律知识的代理人（如律师）或者专业医师，这样更有利于从法律专业领域和医学技术层面上进行沟通、交换意见。

五、法律法规规定的其他方式

作为常规医疗纠纷解决途径的重要补充，卫生健康委员会投诉平台、网上投诉受理平台、省政务热线、省卫生热线等在倾听群众的心声、解决群众的诉求方面发挥重要作用。各地居民均可通过上述方式，投诉举报突发公共卫生事件、医疗卫生服务、卫生行风、非法行医等方面的问题，相关平台/机构通过派发工单的方式将诉求反馈给医疗机构处理，且将处理结果的满意度纳入考核标准，更好地服务群众并接受群众监督。

1. 投诉人需注意以下事项。

1）投诉人提出投诉事项，应当客观真实，对其所提供材料内容的真实性负责，不得捏造、歪曲事实，不得诬告、陷害他人。

2）投诉事项已经受理或者正在办理的，投诉人在规定期限内向受理机关、办理机关、单位的上级机关、单位又提出同一投诉事项的，上级机关、单位不予受理。

3）投诉人在投诉过程中应当遵守法律法规，不得损害国家、社会、集体的利益和其他公民的合法权利，自觉维护社会公共秩序和信访秩序。

2. 不受理以下投诉事项。

1）网上投诉事项已经受理或者正在办理的，投诉人在规定期限内（一般为60日）又提出同一投诉事项的。

2）已有处理（复查）意见且正在复查（复核）期限内，投诉人再次提出相同投诉事项的。

3）对已有复核意见，投诉人仍然以同一事实和理由提出投诉请求的。

4）不受理匿名及事实不清、责任主体不明的投诉事项。

3. 医疗机构处理投诉。

1）医院院长办公室接到各投诉平台/机构转办的投诉件后，根据投诉类型将投诉件转至相关职能部门具体处理。

2）涉及医疗纠纷的投诉件由投诉处理部门承办，投诉处理部门接到投诉件后转当事科室，请科室调查、核实并针对患方疑问及诉求给出意见。

3）投诉处理部门根据投诉具体内容及科室回复意见，结合实际调查情况决定是否组织院内讨论。

4）根据院内讨论结果，通过当面沟通或者电话沟通正式回复投诉人，并将处理结果以书面形式在规定时间内上报给投诉平台/机构。

第四节　医疗纠纷的防范

一、建立分层、分类医疗安全教育与培训体系

医务人员在提供医疗服务的同时，不可避免地承担着一定的医疗风险。医学院校在医学生培养阶段越来越重视执业风险和医疗安全教育，这使得大多数医学生对医疗工作中的相关风险有了清晰的认识。然而，研究显示，临床工作经验与医疗差错事件的发生率存在明显的相关性。尽管新上岗的青年医师已经系统地学习了专业知识，但在实际诊疗过程中，他们可能仍会面临一些挑战，如经验不足、风险意识不强、医患沟通技巧有待提高等。因此，加强医务人员的医疗安全教育，提高他们的风险防范意识和能力，是确保医疗工作有序进行的关键。

（一）培训对象

1. 各级医师：住院医师、住院总医师、新进医师、新上门诊医师、新上任医疗组长、新上任科室管理小组成员等。

2. 护理人员：护士、护理组长、病房护士长、新上任科护士长等。

3. 技术人员：放射技师、超声技师、检验技师、病理技师等。

4. 药学人员：临床药师、药剂师、药学技术人员等。

5. 各类实习人员、进修人员、工勤人员等，教学性质的医院还应包括医学生。

（二）培训内容

主要包括医务人员依法执业、医疗文书、医疗技术、临床用血、放射诊疗、传染病防治、母婴保健与生育技术服务、职业卫生、精神卫生、医疗质量安全核心制度、医患

沟通、医疗纠纷预防与处置等内容。

（三）培训形式

1. 院内组织培训或委托给企业、管理机构代为培训。培训方式有理论培训（授课），标准化患者（standard patient，SP）模拟教学，实践培训（新入职或新上岗人员到医院的职能部门轮转实践），卫生监督执法培训（配合协助参与执法调查），参加医疗纠纷争议案件的鉴定、诉讼或者人民调解程序，参与医疗纠纷及投诉接待，学习了解医疗安全管理的相关要求，提升医疗风险防范能力。

2. 医务部、护理部、临床药学部、医院感染管理部等职能部门联合创办院内《医疗质量安全通讯》《患者安全教育手册》《医疗安全实务手册》等内刊资料，以及录制的各类教学视频，供全院职工参考学习。

（四）培训的目的

医疗安全教育的培训的目的是提高医务人员临床服务能力、医患沟通技巧、不良事件处置能力、医疗风险防范意识等，减少甚至避免医疗纠纷，提高医疗质量，保障患者安全。

二、暴力伤医及医疗纠纷高风险患者预警管理

防范医疗纠纷、维护正常医疗秩序、构建和谐医患关系是社会治理的重要内容。近年来，相关法律法规的不断完善，为保护医务人员人身安全、营造良好的诊疗环境、打击涉医违法犯罪行为提供了法律保障和政策支持。医疗机构可结合自身实际制订科学的医疗纠纷、暴力伤医等高风险人群识别机制及防控举措。

（一）管理对象

有暴力倾向的、扬言伤医的、无理取闹的、醉酒吸毒的、无故扰乱秩序的、随意在医院及其周边滋事的、有自杀自伤风险的、既往发生医疗纠纷的、恶意欠费的患者或患者家属等。

（二）暴力伤医及医疗纠纷高风险患者智能化预警

医院严格落实实名制诊疗，建立高风险患者数据库。开发患者就诊信息自动监测系统，遇到高风险人员挂号就诊时，系统会自动监测并短信提醒医务部相关工作人员，再由医务部评估情况及做出应对，及时提醒医务人员，必要时安排安保人员陪诊。

情况复杂时报告公安机关，对当事人进行法制宣教、警示行为后果等。同时联动属地社会治安综合治理中心、卫生健康行政部门等有关部门会同患者所在单位、社区、家庭开展帮扶救助、心理疏导、法治宣传，落实稳控措施，严防极端事件发生。

三、完善医疗风险分担机制

随着现代社会的快速发展，医疗损害可能导致的经济损失往往超出个人的承受范围。因此，必须借助国家、社会和团体的力量，共同构建一个风险共担机制。这样的机制能够在个人遭受损害时提供必要的救助，有效保障人民的安全和权益。通过引入第三方风险救助体系，我们可以建立一个多维度、多层次、综合性的医疗损害风险分担框架。这不仅能够增强患者面对风险的抵御能力，提高他们承担损害后果的能力，而且还能减轻医务人员的执业压力，为他们创造一个更加和谐的工作环境。这为促进医患关系的和谐发展提供了宝贵的机会。

（一）院内专项医疗风险基金管理

1. 医疗风险基金（medical risk fund）的概念。医疗风险基金是医疗机构在财务预算中预先规划并设立的专项基金。该基金从医疗支出中划拨，专门用于支付执业人员医疗责任保险费用或应对医疗纠纷赔偿的需要。

2. 具体运作模式。医疗风险基金的提取比例为医院当年医疗业务收入的 0.2%。基金的积累建立在风险基金储蓄池的基础上，年度结余将自动转入下一年度的提取额度。医院财务部门负责设立专用账户，并指定专人进行管理。

基金的使用需经过严格授权，确保有规范的支取流程。主要用途包括但不限于医疗纠纷案件的赔偿、诉讼费用、医疗事故技术鉴定费用、司法鉴定费用、死亡患者尸体解剖检验费用，以及医疗纠纷案件处理中相关专家的劳务费用。

医疗风险基金的建立旨在使医院在面对外部风险时，能够保持收支分明的原则。在对外支付时，基金的使用不与相关责任科室或个人直接关联，确保了风险管理的独立性和公正性。

（二）医疗责任保险机制

1. 医疗责任保险的概念。医疗责任保险是一种保险产品，旨在为医疗机构和医务人员提供保障。在保险合同有效期内，如果因医疗行为导致患者损害，需要进行经济赔偿或支付法律费用，保险公司将根据合同条款承担相应的赔偿责任。

2. 责任认定及分担。医疗责任保险的运作基于权利与义务对等的原则。保险公司向投保人收取保险费，并在发生医疗事故时，对被保险人应支付的赔偿金进行赔付。这种保险既可以由医务人员个人投保，也可以由医院统一投保。保险公司负责承担医疗机构及其医务人员在合法执业过程中，因疏忽导致的医疗事故所产生的经济赔偿责任。这包括但不限于因医疗过失造成的患者损害，依法应由医院或医务人员（即被保险人）承担的赔偿。

（三）医疗意外保险机制

1. 医疗意外保险的概念。医疗意外保险是一种人身意外保险，覆盖患者在诊疗过程中因医疗意外导致的死亡、残疾或并发症等不良后果。在保险期间内，保险公司根据合同约定向患者支付相应的保险金。这种保险迅速发展，成为解决手术及有创操作中的意外和不可抗力因素导致的人身损害纠纷的重要工具。

2. 责任认定及分担。当医疗意外发生时，保险公司将对患者及其家属的人身损失和财产损失给予赔付，这在一定程度上减轻了患者的经济负担和精神压力。同时，这也有助于缓解医疗机构与患者之间的矛盾。

3. 推行模式。

1) 保险公司独立经营：保险公司在医院内租赁办公场地，并支付相应的租赁费用。在医院的关键区域如病房、门诊、患者服务中心、手术室等处张贴医疗意外险的相关资料和保险公司的联系方式。保险公司派遣具有医学、法学背景或医患沟通经验丰富的医务社工或专职人员，提供驻点服务，依法开展医疗风险教育，宣传医疗意外保险的重要性。医院在术前沟通中，通过知情同意书告知患者可以自愿参保，以分摊手术风险。若患者发生保险事故，驻点服务人员将协助患者整理索赔资料，并根据保险法和赔偿协议进行赔付。

2) 第三方见证术前沟通：保险公司委托第三方见证术前医患沟通，由第三方向患者介绍手术意外险，患者可根据个人需求自行购买。发生保险事故后，按照既定流程进行理赔。

四、鼓励患者参与医疗安全

（一）患者健康教育

近年来，我国医疗技术水平持续提升。患者的认识水平和心理状态对疾病恢复同样至关重要。传统的健康教育多依赖于口头传达，可能忽视了患者对信息的接收和理解。例如，四川大学华西医院通过"华西辟谣小分队""华西健康大讲堂"和"各类型义诊"等多样化平台，采用视频、图片等多媒体手段，有效提升患者对医学知识的理解，增强了患者对诊疗过程的配合度，促进了医患关系的和谐发展。

（二）鼓励患者参与医疗安全管理

2004年，WHO提出以患者为中心的医疗服务理念，强调患者在医疗安全中的中心地位。患者参与医疗过程有助于减少医疗过失行为，保障自身安全。2005年，WHO在"患者安全国际联盟"欧盟峰会上提出"患者参与患者安全"的行动计划。2009年，WHO进一步将患者参与纳入全球患者安全的优先研究领域。随着我国医疗卫生事业的快速发展，患者安全问题日益受到重视。在国家卫生健康行政部门和行业协会的政策推动下，医疗机构在患者安全建设方面取得了稳步进展。

1. 鼓励患者参与正确识别患者身份：鼓励患者或家属参与身份核对，提醒医务人员在诊疗前进行核对，并在诊疗过程中接受患者监督。

2. 鼓励患者参与有效沟通：各项诊疗前，医务人员告知患者诊疗目的、诊疗内容、可能存在的相关风险及替代医疗方案等，获取患方知情同意及配合。鼓励患者述说需求/疑惑、鼓励患者提醒责任医务人员及时完成诊疗操作、鼓励患者发现操作存在缺陷或不足时及时给予提醒、鼓励患者在清醒状态下共同参与手术安全核查、鼓励术者在术前与患者共同确认基本信息/检查资料/物品准备/术前准备是否齐全、鼓励患者参与医院的服务管理等，定期征求患者意见与建议。

3. 鼓励患者参与意外伤害的安全预防措施：要求患者或家属提供准确病史信息，配合医务人员评估跌倒/坠床、栓塞、误吸等安全风险，确定防范措施，邀请患者参与意外伤害不良事件的监督及报告，邀请患者或家属参与分析意外伤害事件发生的原因并制订改进措施。

4. 鼓励患者参与用药安全措施：邀请患者填写药物使用知情同意书、请患者准确提供过敏史/用药史、建立护患双方查对药品的规范、鼓励患者领取药品时主动核查信息、鼓励患者/陪护记录用药日志、对出院患者进行用药教育/定期随访、利用网络渠道推送用药安全内容等。

5. 鼓励患者参与医院感染防控工作：医务人员向患者或家属告知手术/留置导管相关感染的情况、鼓励患者参与隔离措施的落实（如限制活动、佩戴口罩等）、鼓励患者或家属提醒医务人员手卫生、医务人员手卫生满意度纳入患者满意度调查、要求患者遵医嘱使用抗菌药物、鼓励患者使用抗菌药物时主动咨询医师并记录抗菌药物使用情况等。

通过这些措施，患者能更好地了解自己的病情，促进医患沟通，提高患者对诊疗过程的参与度和依从性，建立信任和谐的医患关系。

五、值班情况下的医疗安全保障

值班情况下存在人力资源短缺、医疗流程不顺畅等多种因素，医疗风险极高，是医疗安全的薄弱环节，患者安全受到极大挑战，关注值班情况下的医疗质量与安全至关重要。

（一）院内行政总值班管理

根据医院的工作运行机制，值班情况下会安排行政、后勤相关的工作人员进行行政总值班，由于各个值班人员的工作岗位不同，某些专业问题的处置能力有限，为了更好地提升医疗安全水平，需进一步强化该环节的管理工作。

1. 提高值班人员的综合素质。

1）三线排班机制：一线班由具有 2 年以上工作经验的人员担任，二线班由行政、机关、后勤部门科级及以上干部担任，三线班由院领导担任。

2）基本工作要求：值班人员在岗、综合协调处理、及时报告反馈、规范值班记录。

3）一般医疗质量安全管理工作：院内及院际会诊协调、患者转科协调、120 急救协调、医疗质量安全核心制度的执行监督等。

4）特殊患者的协调处理：①见义勇为光荣负伤者及被救助患者，除科室全力救治，还需报医院安全保卫部、值班院领导、卫生行政主管部门、民政部门等,协助处理并做好记录。②涉及刑事、治安案件的急诊患者,报医院安全保卫部、值班院领导、公安机关等,协助处理并做好记录。③港、澳、台及外籍患者,报医务部、国际合作办公室,协助处理并做好记录。

5)突发公共卫生事件及灾害应急事故救援的协调处置:①详尽记录医疗救灾的通知单位、通知时间、通知者姓名;②迅速了解被救灾区域及灾情评估情况,落实对接联系人与联系方式;③立即报值班院领导、应急管理办公室、医务部;④通知车队、急诊科、设备物资部、应急救援人员库相关人员。按照医院统一安排、协调处置。

6)突发医疗纠纷协调处置:按医院相关要求,协调当事科室有关负责人、医务部、安全保卫部,必要时请公安机关到达现场调查、了解情况,做好接待、沟通、解释工作,并做好记录。涉及医疗纠纷运行病历的复印、封存,疑似输液、输血、注射、用药等物品的封存,详见本章第二节。

7)死亡患者的遗体处置:①传染病患者的尸体必须及时按规定火化;②其他疾病死亡患者的尸体应立即移放太平间,或由殡仪专用车送殡仪馆;③家属对患者死因有异议时,建议其进行尸体解剖,并签署《尸体解剖告知书》,由家属签字同意并选择尸体解剖机构,安排病理科医师参观尸检过程;④存在医疗纠纷的患者死亡后,若家属拒绝按要求处理尸体,应劝诫家属将尸体移放太平间或进行尸检,必要时通知安全保卫部、公安机关协助处理,督促当事科室做好病历管理,接待患者家属并引导患方合法维权。

2. 职能部门对医院行政总值班记录的追踪处置。

8小时值班完成以后,所有医院行政总值班处置实务均详细记录。医务部上班后,第一时间与医院行政总值班人员进行沟通接洽,查看总值班记录内容,对涉及医疗质量安全的事件进一步追踪处置,并建立专门档案,必要时向院领导汇报。值班期间医疗安全事件处置情况报表见表4-10。

表4-10 值班期间医疗安全事件处置情况报表

报表时间: 年 月 日

患者姓名		性别		年龄		登记号	
来访、电访人姓名		与患者关系		联系电话			
涉及科室和人员:							
患者诊疗经过							
来访、电访主要内容							
调查核实情况							
处置结果							
处置人员签名							

(二)行政夜查房

由院长办公室牵头,院领导组织医务部、护理部、医院感染管理部等职能部门参与，不定期对临床科室进行行政夜查房，了解值班情况下病房医疗安全运行情况，主要对依法执业、值班人员在岗情况、医疗质量安全核心制度执行情况等进行督导，对发现的问题进行通报和整改，对发现的亮点进行全院推广。院领导行政夜查房督导表详见表4-11。

表4-11 院领导行政夜查房督导表

查房时间： 年 月 日							
检查项目		科室名称					
^	^	医师姓名及胸牌号	在岗情况	医师姓名及胸牌号	在岗情况	医师姓名及胸牌号	在岗情况
值班医师在岗情况	一线值班医师						
^	住院总医师						
^	二线值班医师						
核心制度落实	交接班记录情况						
^	疑难病例讨论记录情况						
^	死亡病例讨论记录情况						
抽查运行病历	病区、床号、登记号						
^	存在问题						
危急值处理情况							
预留急诊患者床位情况							
住院总医师对危重患者、当天手术患者的熟悉情况							
住院总医师夜间带领值班一线医师、实习生查房及床旁教学情况（询问一线医师、实习生）							
科室反映迫切需要解决的问题							
参与查房人员签名：							

（三）重点节假日医疗安全巡查

重点节假日前，医务部组织部门人员、各临床/医技科室质量控制人员共同参与，进行全员交叉检查，梳理存在的医疗质量安全隐患，将检查意见/问题汇总，及时反馈临床科室、积极整改。医疗质量安全交叉检查督导表详见表4-12。

表 4−12　医疗质量安全交叉检查督导表

检查时间：　年　月　日

项目	检查重点	检查方法	检查内容	检查情况
一、依法执业及人员资质	依法执业	检查执业医师档案	科室建立执业医师档案（电子版或纸质版）	
		检查本月医师排班表，抽查3名一线值班医师	1. 科室可提供其执业医师信息（执业证号、执业地点、执业范围）	
			2. 值班人员有执照	
		检查从放人员档案管理	1. 科室建立从放人员档案	
			2. 档案中包括培训证明、健康体检、剂量监测	
二、核心制度落实情况抽查	疑难病例讨论	抽查疑难讨论记录本	1. 每月至少4例次讨论（遇国家法定节日，可减少次数）	
			2. 参加人员亲笔签名	
			3. 患者信息项目填写完整	
			4. 记录汇报病情与诊疗计划	
			5. 讨论内容有诊疗建议与总结	
二、核心制度落实情况抽查	死亡病例讨论	对照死亡患者名单检查，抽查死亡讨论记录本	1. 讨论时间为患者死亡后7天内	
			2. 参加人员亲笔签名	
			3. 患者信息项目填写完整	
			4. 对死亡诊断/原因进行分析讨论	
			5. 有发言人具体意见	
			6. 有总结意见	
	危急值管理	危急值记录本检查	危急值记录本记录完整、规范	
		危急值记录	登记号：　　　姓名： 医疗组长： 1. 以护士站登记危急值信息时间为基准，24小时内有相应危急值记录	
			2. 危急值记录里有相应处置措施，对应医嘱单有相应医嘱	
三、医疗技术及授权管理	高风险技术授权	查看高风险授权技术档案	1. 科室有高风险技术目录	
			2. 科室有授权名单	
			3. 科室有授权评估标准	

续表

项目	检查重点	检查方法	检查内容	检查情况
四、病历质量管理	运行病历自查情况	检查科室运行病历自查记录本	1. 每月至少检查病历40份	
			2. 科室运行病历检查人员： □住院医师 □主治医师 □医疗组长 □科室主任	
			3. 运行病历自查发现的问题整改情况	
	病历质量控制员工作开展情况	调研	1. 归档病历检查有记录	
			2. 定期总结归档病历检查中发现的问题	
			3. 针对问题有改进措施	
	运行病历质量	使用抗菌药物病历	登记号： 姓名： 医疗组长：	
			1. 抗菌药物使用合理（药剂科）	
			2. 使用抗菌药物病程有记录（药剂科）	
		使用高值耗材病历	登记号： 姓名： 医疗组长：	
			1. 使用高值耗材，有高值耗材告知书	
			2. 知情告知书患者基本信息完整、患方（患者或授权委托人）签名、医方签名	
		住院超长患者病历	登记号： 姓名： 医疗组长：	
			1. 入院记录在24小时内书写完成并打印签字	
			2. 知情告知书患者基本信息完整、患方（患者或授权委托人）签名、医方签名	
五、"三基"培训管理	科室培训	查看科内培训记录	1. 科室有培训计划	
			2. 培训计划完成的情况（完成率： %） 备注：完成率=已完成项目/计划项目	
			3. 培训计划平均参与人数：	
			4. 培训计划覆盖率： % 备注：覆盖率=实际参加人数/应该参加人数	

续表

项目	检查重点	检查方法	检查内容	检查情况
六、围手术期管理	手术病历质量	病历	登记号：　　姓名：　　医疗组长：	
			1. 手术记录在术后24小时内完成并有主刀医师签名	
			2. 择期三、四级手术有术前小结及手术计划核准书	
			3. 手术风险评估表填写完整，手术医师签名	
			4. 手术安全核查表填写完整，手术医师、手术室护士签名	
			5. 手术同意书患者基本信息完整、患方（患者本人或授权委托人）签名、医方签名	
			6. 手术谈话医师应是注册在本院的医师	
			7. 手术有替代方案告知	
			8. 术中更改术式，有告知	
七、不良事件报告及纠纷防范	非计划再次手术讨论	对照非计划再次手术名单，查看非计划再次手术讨论记录	1. 每例非计划再次手术必须由科主任或主管医疗的科领导主持讨论	
			2. 分析原因，总结经验，有整改措施	
	不良事件报告	查看不良事件相关文件	1. 有主动报告不良事件的登记、整改记录	
			2. 对有差错的不良事件进行RCA、记录、改进	
		询问医务人员	抽查医务人员各2名，知晓不良事件报告流程	
	医疗纠纷分析、改进	查看医疗纠纷登记本	1. 医疗纠纷登记本按照要求记录	
		对照纠纷名单，查看纠纷案件档案	2. 有纠纷个案的档案和讨论记录	
		对照结案名单，查看记录	3. 对医疗纠纷处理后，有RCA和讨论记录，并改进	

续表

项目	检查重点	检查方法	检查内容	检查情况
八、临床路径管理	临床路径管理	文书记录	1. 科室有路径管理员 姓名：　　胸牌号：　　电话：	
			2. 路径管理员对科室轮转医师有操作培训记录	
			3. 有临床路径数据统计或分析改进材料	
九、科室医疗质量管理小组活动	科室医疗质量管理小组活动	检查《科室医疗质量管理小组活动记录本》	1. 每季度召开医疗质量管理小组活动	
			2. 参与人员情况： □科室主任　□护士长 □部分医疗组长　□住院总医师	
			3. 对本科室的医疗质量、安全指标进行分析，并提出改进措施	
专题调研	科室在质量安全管理工作中的亮点：			
被检查人员签名：			检查人员签名：	

六、协同行业监管，规范诊疗行为

（一）省级"医疗三监管"规范诊疗行为

四川省卫生健康委员会主导的"医疗三监管"平台，旨在提升卫生行政部门和医院管理层的监管能力，实现医院的精细化管理。该平台不仅依托医院信息系统进行数据采集与分析，还整合了统计直报、医保、全民健康信息、药品采购和大数据平台等资源。通过运用统计学、大数据技术以及疾病风险评估模型，构建了一个集监控、分析与管理功能于一体的综合性、智能化、信息化监管体系。

该平台对医疗机构进行综合监管，对医务人员实施持续监管，并动态实时监控医疗行为。针对监管中发现的问题，依据规定进行严肃处理，规范医务人员的诊疗行为，确保患者权益得到有效保障。

（二）卫生监督执法促进医疗质量提升

四川省卫生健康综合行政执法总队负责执行卫生健康监督计划，依法开展预防性和常规性监督工作。该总队还负责对卫生健康行政处罚案件进行调查取证、提出处罚建议、执行处罚决定，并参与公共卫生事件、重大疫情和突发事件的调查处理。

为了推进医疗卫生治理体系和治理能力的现代化，总队转变监管理念，创新监管方式，致力于打造"四川智慧卫监"这一新型综合监管模式。坚持依法监管，实现监管流程的法治化、标准化、规范化和信息化融合，拓展在线监管领域，探索"互联网＋监管"模式，推动卫生健康监督执法工作的高质量发展。

医疗质量监管是卫生健康监督执法中的一个关键领域。目前，卫生执法部门已全面覆盖医疗质量监管的多个方面，增强了医疗机构依法执业的意识，推动了医疗质量管理制度的完善。通过实施强制性的外部监督，及时发现并消除问题隐患，查处违法行为，惩戒违规单位和个人，促进了医疗质量的持续提升，确保了患者的安全。

【关键词】

医疗质量安全不良事件、医疗纠纷化解机制、三级投诉管理体系、投诉管理制度、医疗质量持续改进。

【思考题】

1. 简述医疗质量安全不良事件的定义。
2. 简述医疗质量安全不良事件的分级及报告时限。
3. 简述三级投诉管理体系。
4. 简述医疗投诉及纠纷沟通中的四个维度。
5. 简述医疗纠纷解决途径。

主要参考文献

全国人民代表大会. 中华人民共和国宪法［Z］. 2018.
中华人民共和国全国人民代表大会. 中华人民共和国民法典［Z］. 2020.
国务院. 医疗机构管理条例［Z］. 2020.
国务院. 医疗纠纷预防和处理条例［Z］. 2018.
全国人民代表大会. 中华人民共和国医师法［Z］. 2021.
卫生部. 医疗质量安全事件报告暂行规定［Z］. 2011.
国家卫生健康委员会. 2021年国家医疗质量安全改进目标的通知［Z］. 2021.
国家卫生健康委员会. 2022年国家医疗质量安全改进目标的通知［Z］. 2022.
国家卫生健康委员会. 2023年国家医疗质量安全改进目标的通知［Z］. 2023.
国家卫生健康委员会. 2024年国家医疗质量安全改进目标的通知［Z］. 2024.
于平平，郝佳彤，王萍. 关于我国医疗不良事件信息披露问题的探讨［J］. 医学与法学，2019，11（5）：37-40.
彭小春，张敏，符明龙，等. 基于系统追踪法的医疗安全不良事件规范化管理实践［J］. 护理学杂志，2019，34（11）：59-61.
李佳霖. 医疗安全不良事件管理系统的设计和实现［D］. 南宁：广西大学，2018.
沈鑫，常建华，李晓晴，等. 术后患者转运交接不良事件根因分析与改进［J］. 中国卫生质量管理，2020，27（2）：60-63.
郭树彬. 急诊合理应用抗生素问题的探讨［J］. 世界危急重症医学杂志，2006，3（5）：1512-1515.
姚丽丽，李跃荣，赵庆华，等. 1例用药近似错误事件的根因分析［J］. 中国卫生质量管理，2020，21（1）：86-89.
吕晓凡，史婷奇，郑雅宁，等. 给药错误事件根因类型信息指标的确定与电子上报系统设计［J］. 护理学杂志，2019，34（2）：13-17.

杨潇，杨秀芳，李涛，等. 华西"阳光医院"模式用于新冠肺炎重症患者心理援助 1 例［J］. 现代临床医学，2021，47（6）：424－429.

蒋莉君，杨潇，邱昌建，等. 华西"阳光医院"实践应用于新型冠状病毒肺炎疫情下武汉方舱医院一线医务人员心理援助一例［J］. 中华精神科杂志，2020，53（3）：213－215.

贾二歌，周嫣. 患者参与患者安全的国内研究现状［J］. 解放军护理杂志，2017，34（5）：54－61.

康简，李跃荣，杨润，等. 患者安全教育模式在医院管理中的应用［J］. 现代医药卫生，2018，34（16）：2593－2596.

NEAL C R，CROOK H，BELL E，et al. Three-dimensional reconstruction of glomeruli by electron microscopy reveals a distinct restrictive urinary subpodocyte space［J］. Journal of the American Society of Nephrology，2005，16（5）：1223－1235.

梁铭会，马丽平. 关于我国医疗质量监管体系的探讨［J］. 中国医院管理，2010，30（10）：8－10.

孔志学. 医疗纠纷与法律处理［M］. 2 版. 北京：科学出版社，2014.

（冉隆耀　唐洁）

第五章 医患沟通管理与实践

在诊疗活动中，患方越来越重视知情同意权的获得与否，相对应的是医方负有告知义务。因医方违反告知义务引发的医疗纠纷时有发生，如何履行告知义务是医疗机构面临的难题，也是诊疗活动中医方应当加以关注的重点。

随着信息技术的发展和法治建设的不断进步，相关法律法规也在不断地更新和完善。2010年正式施行的《中华人民共和国侵权责任法》首次全面系统地规定了知情同意的相关方面，包括需要说明的内容、不宜说明的情形、违反义务的后果和赔偿及告知义务的豁免。2018年正式施行的《医疗纠纷预防和处理条例》和2019年正式施行的《中华人民共和国医疗卫生与健康促进法》中也有相应的规定。

2021年1月1日施行的《中华人民共和国民法典》延续了《中华人民共和国侵权责任法》中相应条款的框架，并进行了三处重要修改：将"说明"改为"具体说明"、将"不宜向患者说明"改为"不能或者不宜向患者说明"、将"书面同意"改为"明确同意"。这些修改使得告知形式更加灵活多样，同时也对医务人员在适当把握告知义务方面提出了更高的要求。良好的医患沟通（doctor-patient communication）是医方履行告知义务、尊重患者知情权的基础。

第一节 医患沟通的概念与原则

一、医患沟通的相关概念

医：存在两层含义，狭义上指在医疗机构中从事诊疗活动的医务人员，广义上涵盖了包括卫生行政管理部门、医疗服务机构、医学教育机构在内的所有与医学服务相关的人员。

患：与"医"的含义相对应，"患"也包含两层含义。狭义上，它指接受医疗服务的患者及其家属或相关人员。广义上，"患"指除医疗从业人员外的社会全体成员。当前，我国医药卫生领域的主要矛盾在于医疗资源的不充分、不平衡发展与人民对高质量、高效率卫生健康服务日益增长的需求之间的矛盾。广义上"患"的含义，有助于我们更清晰地理解医患关系，进而深入认识到医患矛盾的本质。

沟通：在现代语境中，沟通主要指人与人之间、人与群体之间思想与感情的交流和反馈过程，目的是达成共识和情感的和谐。沟通过程涉及人际间信息的交换，旨在实现共识和促进合作。信息交流的形式通常包括口头交流、书面交流、图像交流、肢体语言交流以及环境语言交流。

医患沟通：特指医方与患方之间进行的信息沟通和交流，其目的是确保就诊相关信息得到充分传递，使患方能够理解并认可诊疗决策和方案，从而保障就医依从性并提升诊疗效果。医患沟通不仅发生在医疗机构中，随着互联网医疗的兴起，也广泛存在于线上问诊、虚拟医院等环境中，贯穿患者诊疗的全过程。

医患沟通架起了医疗生物科学技术与社会人文实践之间的桥梁，是一个重要的交叉研究领域。有效的医患沟通对于诊疗活动的顺利进行、医学科学技术的良性发展、医学人文的进步，以及社会综合体系文明化的推进都具有重要作用。

二、医患沟通的基本原则

1. 以人的健康为本：医患沟通应以人的身心健康为核心，满足现代社会对医疗服务深层次的要求。强调人文关怀，促进患者身心健康和谐，以提高患者满意度。

2. 维护患方权益：医患沟通在保护患者权益方面发挥着不可替代的作用。通过有效沟通，确保患者享有平等的医疗权、知情同意权、隐私权等，医务人员应将维护患者权益作为职业操守。

3. 注重诚信行医：诚信是医患关系建立的基础，医务人员应通过诚实守信的言行赢得患者信任。增强患者依从性，建立稳固的医患信任关系。

4. 尊重医学科学：医患沟通应基于医学科学的客观性和真实性，反映诊断、治疗、风险及预后。医务人员应平衡医学科学与人文关怀，确保信息传递的理性和准确性。

5. 有效表达信息：医务人员应有效利用口头语言、肢体语言、书面语言和环境语言与患者沟通。注重肢体语言和口头语言的影响力，艺术性地展现信息，促进医患达成共识。

6. 密切医患合作：诊疗过程需要医患全程合作，医患沟通更需要合作。
1) 医方要主动沟通，才能保持畅通的信息渠道，这是医患沟通的前提。
2) 医务人员要耐心倾听患者，充分告知患方相关的医疗信息，在让患方参与医疗决策的过程中，给予医学专业的指导。
3) 患方自愿是医方医疗行为的必备条件（特殊患者除外）。

第二节　医患沟通中的医事法

医疗活动必须遵循相关法律法规和规范框架。医事法是一类专门规范医疗行为的法律，是用于调解因医学活动而产生的各种社会关系的法律规范的总称，具有国家意志性和国家强制性、确定性和可预测性。医务人员和患者之间的有效沟通必须合法进行。医事法对医务人员在规划和实施医患沟通时应遵循的规范和要求进行了明确规定。这些规定对于保障医患沟通的合法性至关重要，要求每位医务人员在实践中予以严格遵循和关注。

相关研究显示，我国现阶段医疗纠纷起因中，医患之间未进行有效沟通相关因素占80%左右。通过分析2020年、2021年、2022年司法裁判文书网中与医疗损害相关的二审判决书发现，医疗机构对告知义务的履行意识有所提高，更加注重告知义务的全面履行，随着《中华人民共和国民法典》《中华人民共和国医师法》等法律的出台，对医方告知义务有了进一步的要求，目前告知的方式也呈现出多样的趋势。

一、医患沟通中的医事法律关系

医患沟通中的医事法律关系主要体现在医疗服务或诊疗行为的过程中，行为主体根据医事法律规范和要求所形成的权利和义务关系。这种关系期间明确规定了医患双方各自的权利和义务。同时，如果个人或机构违反了这些义务，他们将承担相应的法律责任。

二、医患沟通中的医事法律责任

依据医患沟通行为造成患方损害后果的不同，违反医事法律法规相关规范、法律责任性质及承担法律责任的方式不同，可将医患沟通中的医事法律责任分为民事责任、行政责任、刑事责任三种。

（一）民事责任

民事责任指具有民事责任能力的行为主体因违反医事法而侵害了公民、法人和其他组织的民事权益，而应承担的以财产为主的法律责任。民事侵权责任的四个要素包括损害事实、违法行为、违法行为与损害事实之间存在因果关系（一般指引起与被引起关系），以及主观过错（一般包括故意和过失两种形式）。

（二）行政责任

行政责任指行为主体因违反医事行政层面的法律法规规范、尚未构成犯罪的行为所应承担的法律后果。行政侵权责任的要素包括行为人违反医事法律规范所规定的义务、行为人主观上必须要有过错，以及违法行为造成损害后果。

（三）刑事责任

刑事责任指行为主体实施了犯罪行为，严重侵犯了医药卫生管理秩序及公民的人身健康权，依刑法应当承担法律后果。医患沟通缺失或不充分，违反相应法律规范或规定并损害患者健康权益时，医务人员依法承担相应责任，医务人员对刑事责任必须有清楚的认识。刑事侵权责任的要素包括：

1. 犯罪客体。
2. 犯罪客观方面，一般包括危害行为、危害结果、危害行为与结果之间的因果关系，实施危害行为的时间、地点、方法等。
3. 犯罪主体。

三、医事法中医患双方的权利和义务

保障医患沟通的顺利进展，需要医患双方在履行己方义务的前提下享有权利。医患之间的权利与义务是一对矛盾体，矛盾的两方互相依存、互为前提。

（一）医方的权利和患方的义务

医方的主要权利包括特定情形下的医疗主导权、医方特定情形下的免责权、医方的特殊干预权。医方的其他合法权益包括人格尊严权、人身安全权、财产所有权、知识产权、名誉权、债权如医疗费用支付的请求权等。

与医方权利相对应的患者义务：在治疗过程中，应自觉遵国家法律法规及医方制定的规章制度，遵守医疗秩序。另外，患者有配合诊疗与护理的义务，如实陈述病史、病情，按医嘱接受各项检查和接受治疗。

（二）患方的权利和医方的义务

患方的主要权利包括患方的医疗自由权；患方有权获得适应的医疗救助；患方因接受医疗服务受到人身、财产损害的，有依法获得赔偿的权利；患方依法享有隐私权；患者在接受治疗时，享有其人格尊严、民族风俗习惯被尊重的权利；患者享有对医方监督、举报、投诉、起诉的权利。

与医患沟通直接相关的患方权利和医方的义务包括如下几项。

1. 患方的知情同意权。

1）患者有权理解和认识自己所患疾病，包括检查、诊断、治疗、处理及预后等方面的情况，并有权要求医方做出通俗易懂的解释。

2）患者有权知晓处方的内容，且出院时有权索要处方副本或影印件。

3）患者有权查阅、复制其门诊病历、入院记录、体温单、医嘱单、化验单（检验报告）、医学影像检查资料、特殊检查同意书、手术同意书、手术及麻醉记录、病理资料、护理记录、医疗费用，以及卫生健康主管部门规定的其他属于病历的全部资料。

4）患者有权核实医疗费用，并有权要求医方做出解释。

2. 医方的告知义务。

1）医方应当如实向患者或者其家属介绍病情，但应注意避免对患者产生不利影响。医方进行实验性临床医疗，应当经医院批准并征得患者本人或者其家属同意。

2）医务人员在诊疗活动中应当向患者说明病情和医疗措施。需要实施手术、特殊检查、特殊治疗的，医务人员应当及时向患者具体说明医疗风险、替代医疗方案等情

况，并取得其明确同意；不能或者不宜向患者说明的，应当向患者家属说明，并取得其明确同意。医务人员未尽到以上告知义务，造成患者损害的，医疗机构应当承担赔偿责任。

告知形式不再限定于书面告知，医务人员可根据实际情况采取口头、录音录像等形式告知，只要取得患方的明确同意即符合法律规定。

《中华人民共和国基本医疗卫生与健康促进法》《中华人民共和国民法典》颁布后，患方知情同意的具体实践要求有所改变，由以往取得患方"书面同意"的规定转变为"明确同意"，对于如何认定或举证患方"明确同意"，对医疗机构和医务人员提出了新的挑战。此类医疗管理要求的转变需要医疗机构管理者和法律工作者深入思考。新法新规中关于患方知情同意内容的改变或补充见表5-1。

表5-1 新法新规中关于患方知情同意内容的改变或补充

知情同意内容	《民法典》	《基本医疗卫生与健康促进法》	《侵权责任法》
告知方式	医务人员应当及时向患者具体说明医疗风险、替代医疗方案等情况，并取得其明确同意	医务人员应当及时向患者说明医疗风险、替代医疗方案等情况，并取得其同意	医务人员应当及时向患者说明医疗风险、替代医疗方案等情况并取得其书面同意
特殊情况下的告知	不能或者不宜向患者说明的，应当向患者的近亲属说明，并取得其明确同意	不能或者不宜向患者说明的，应当向患者的近亲属说明，并取得其同意。法律另有规定的，依照其规定	不宜向患者说明的，应当向患者的近亲属说明，并取得其书面同意

3）医疗机构应当建立健全医患沟通机制，对患者在诊疗过程中提出的咨询、意见和建议，应当耐心解释、说明，并按照规定进行处理；对患方针对就诊疗行为提出的疑问，医疗机构应当及时予以核实、自查，并指定有关人员与患者或者其家属沟通，如实说明情况。

4）紧急情况下，患者需要抢救治疗，无法取得患者本人或直系亲属意见时，医疗机构建立备案、审批程序。

第三节 医患沟通的标准化程序和常见障碍

一、医患沟通的标准化程序

下面以医患关系建立、沟通信息收集、沟通信息给予、沟通效果评估、医患共情建立、合理结束沟通6部分为纵向维度，详细介绍其中的关注点及风险点，用以指导医患沟通标准化程序的实施。

（一）医患关系建立

1. 熟悉患方情况，准备沟通内容，注意仪表和资料准备。
2. 以尊称欢迎患方。
3. 说明沟通主题（了解目前情况、进一步诊断治疗、汇报上级医师等）。
4. 介绍将要实施的问诊、检查、治疗的大致内容（如问诊的内容、先后顺序等）。
5. 建立个人信任关系（如适当地做自我介绍、讨论一些疾病以外的话题）。
6. 保护患者的隐私（如关门、创造适宜环境等），尊重患者的选择权、隐私权。
7. 保持放松，以积极态度面对患方。

（二）沟通信息收集

1. 让患者讲述其对健康问题和/或诊疗过程的看法（信息收集初期建议使用开放式问题）。
2. 系统询问影响疾病和/或诊疗的物理、生理因素。
3. 系统询问影响疾病和/或诊疗的社会、心理因素（如生活水平、社会关系、生活压力等）。
4. 与患者讨论既往诊疗经过（如自我保健措施、近期就诊/恢复情况、以前接受的其他医疗服务等）。
5. 与患者讨论目前疾病和/或诊疗对其生活的影响（如生活质量）。
6. 与患者讨论健康的生活方式/疾病预防措施（如疾病危险因素）。
7. 避免诱导性提问/命令式提问。
8. 给患者说话的时间和机会（如不轻易打断患者的讲话）。
9. 用心倾听（如面朝患者，使用肯定性的语言、非语言的反馈等）。
10. 核实/澄清患方陈述的信息（如复述、询问具体的数量）。
11. 体格检查前征得患者同意，关注患者在体格检查过程中的不适并尽量减轻。
12. 沟通过程中有效控制时间，不在与疾病无关的细节上花费过多时间。
13. 在患者的叙述偏离主题时，技巧性地将患者带回主题。

（三）沟通信息给予

1. 解释诊断、治疗性操作（如体格检查、实验室检查、治疗方案等）的依据。
2. 告知患者目前身体情况（如体格检查、实验室检查结果，诊断结果）。
3. 向患者解释诊疗计划，包括治疗的过程、注意事项、可能的风险，并提供可选的应对方案。
4. 鼓励患者提问、核实自己的理解，安慰、鼓励患者。
5. 根据患者的理解能力进行适当（语速、音量）调整（如避免使用专业术语或进行必要的解释）。
6. 适当使用辅助手段，如图表、模型、书籍等帮助患者理解相关信息。
7. 留意患者在沟通中的情绪变化，评估患者对目前状态的整体感受。

8. 将不良的诊断及预后告知患者时要留有回转余地，并做好疏导和安慰。

（四）沟通效果评估

1. 了解患者对治疗计划的期望，并评估者对治疗计划的依从性。
2. 向患者解释医患双方的义务和责任，争取得到患者的理解和配合。

（五）医患共情建立

1. 认同患者所付出的努力、所取得的成就、所需要克服的困难（如感谢患者的配合）。
2. 体察患者的难言之隐/配合默契。
3. 表达关心、关注、移情，使患者感到温暖，树立信心。
4. 始终保持尊重的语气。

（六）合理结束沟通

1. 询问患者是否还有其他的问题需要探讨。
2. 进一步说明下一步的诊治方案，并确认相关细节。

医患沟通标准化程序中具体关注点如图5-1所示。

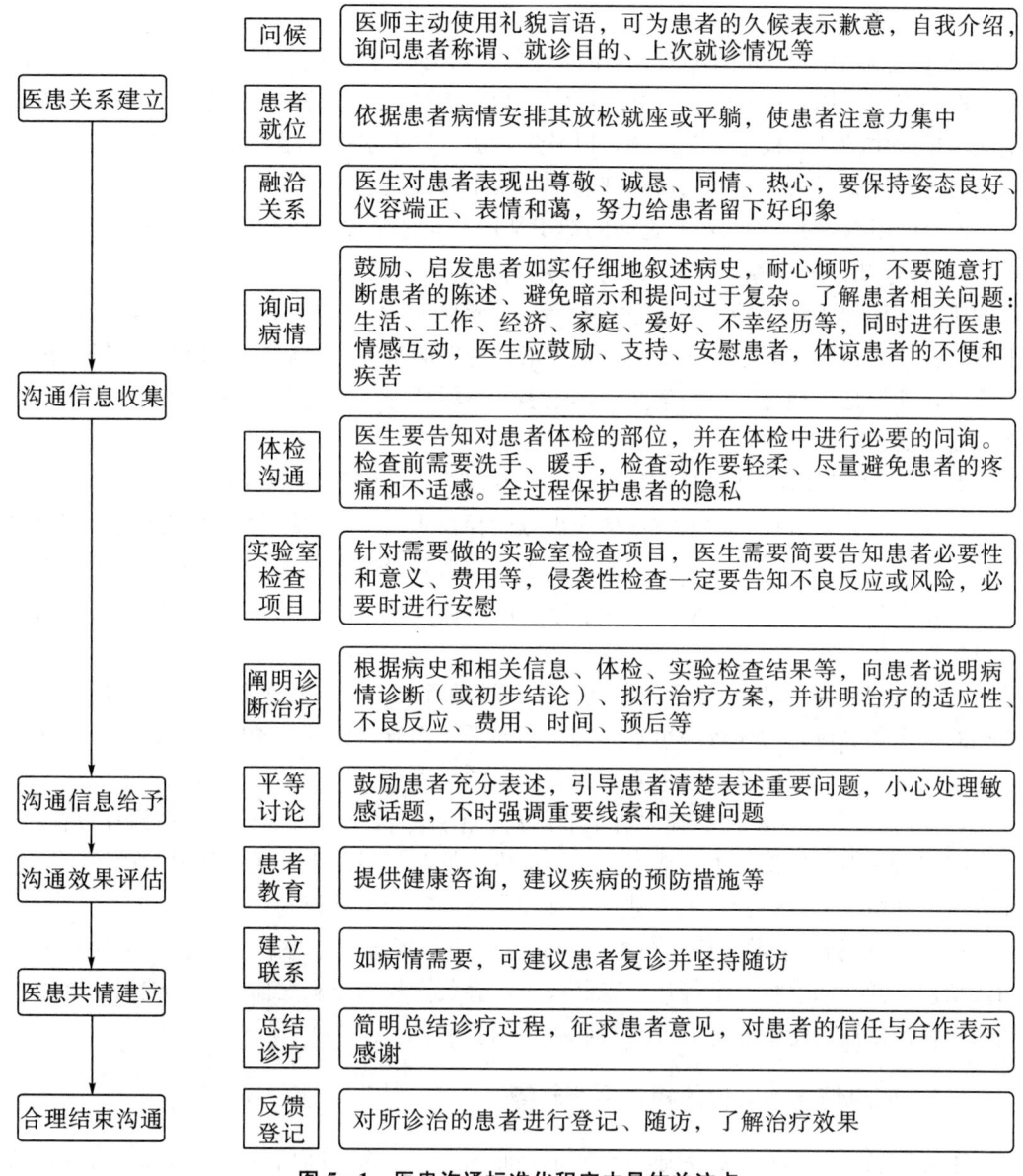

流程阶段	环节	具体内容
医患关系建立	问候	医师主动使用礼貌言语，可为患者的久候表示歉意，自我介绍，询问患者称谓、就诊目的、上次就诊情况等
	患者就位	依据患者病情安排其放松就座或平躺，使患者注意力集中
	融洽关系	医生对患者表现出尊敬、诚恳、同情、热心，要保持姿态良好、仪容端正、表情和蔼，努力给患者留下好印象
沟通信息收集	询问病情	鼓励、启发患者如实仔细地叙述病史，耐心倾听，不要随意打断患者的陈述、避免暗示和提问过于复杂。了解患者相关问题：生活、工作、经济、家庭、爱好、不幸经历等，同时进行医患情感互动，医生应鼓励、支持、安慰患者，体谅患者的不便和疾苦
	体检沟通	医生要告知对患者体检的部位，并在体检中进行必要的问询。检查前需要洗手、暖手，检查动作要轻柔、尽量避免患者的疼痛和不适感。全过程保护患者的隐私
	实验室检查项目	针对需要做的实验室检查项目，医生需要简要告知患者必要性和意义、费用等，侵袭性检查一定要告知不良反应或风险，必要时进行安慰
沟通信息给予	阐明诊断治疗	根据病史和相关信息、体检、实验检查结果等，向患者说明病情诊断（或初步结论）、拟行治疗方案，并讲明治疗的适应性、不良反应、费用、时间、预后等
	平等讨论	鼓励患者充分表述，引导患者清楚表述重要问题，小心处理敏感话题，不时强调重要线索和关键问题
沟通效果评估	患者教育	提供健康咨询，建议疾病的预防措施等
医患共情建立	建立联系	如病情需要，可建议患者复诊并坚持随访
	总结诊疗	简明总结诊疗过程，征求患者意见，对患者的信任与合作表示感谢
合理结束沟通	反馈登记	对所诊治的患者进行登记、随访，了解治疗效果

图 5-1 医患沟通标准化程序中具体关注点

二、医患沟通的常见障碍

（一）医患沟通障碍的成因

1. 思想观念的差异：这是导致医患间沟通障碍的首要因素。

1）医疗卫生服务性质的分歧：医师认为医疗卫生服务既具有公益性和专业性，也是市场经济的一部分，需要合理的收益以支持其发展；而患者则期望医疗服务始终体现公益性和福利性，医院应无私地为患者提供救治，不应追求利润。这种本质上的观念差异导致了沟通障碍。

2）医患双方对"知情同意"的不同理解：知情同意原则要求患者有权了解医疗信息，医师有责任提供这些信息，并且医疗行为必须得到患者的明确同意。然而，由于传统医学模式中的"父权主义"影响，以及患者医学知识水平和维权意识的不足，现代医学倡导的"以患者为中心"的诊疗理念在实践中难以完全落实。

2. 知识结构的差异：医患之间的知识结构差异是导致信息不对称的关键因素。

1）诊疗知识不对称：医务人员普遍接受过高水平的医学教育和专业训练，拥有丰富的医疗知识和实践经验，对疾病的诊断、治疗和健康维护有着深入的理解。相比之下，患方（尤其是非医疗专业人士）往往对自身健康状况、疾病特点及健康维护知识了解不足，即便是接触过一些医学知识，也多是表层性的，缺乏系统性和深度，难以全面理解复杂的医学信息。

2）医务人员知识结构的局限性：由于传统教育体系和医疗机构管理实践对人文教育的忽视，医务人员在医学人文社会知识方面存在明显不足，医学人文实践能力有待提高，难以满足现代社会对人文关怀的迫切需求。随着全民教育水平的提高，特别是中青年一代在人文知识教育、基础医学素养方面的迅速提升，医患双方在人文知识方面的差距也在逐渐扩大。

3. 权利分配的差异：患者的权利往往是被动性的，其实现依赖于医务人员对患者权利的认识和尊重，这导致医患双方难以实现平等沟通。无论是国家法规、医师职业规定还是医患观念，都反映出医患之间权利分配的巨大差异。

1）医方权利：医方拥有独立自主的诊断、治疗、医学处置等权利。在诊疗过程中，医方有权做出专业决策，患者或家属可以提供意见，但不能干预医方的科学决策。医方还有在特殊情况下对患者自主权进行干预和限制的特殊干涉权利。

2）患方权利：患者的权利在法律和社会层面得到肯定。患者享有基本医疗权、疾病认知权、知情同意权、平等权、隐私权、社会负责权和要求赔偿权等。然而，这些权利的实际行使往往受到医师专业判断和决策的影响。

（二）医患信息不对称的相对平衡趋势

医患信息不对称是医患沟通障碍的主要原因之一。医患间信息的不对称通常可以归纳为以下四类：权利分配、社会支持、医学知识与技术、患者身心状况。

在权利分配和医学知识技术方面，医务人员由于专业训练和经验，通常占据信息优势，而患者则相对处于信息劣势。

相反，在社会支持和患者身心状况方面，患者由于直接经历和感受，拥有更多的信息优势，而医务人员则相对处于信息劣势。

在权利分配上，医务人员实际上占据主导地位，其权利相较于患者显得过大，形成了显著的反差。然而，在日益民主化和法制化的社会环境中，这种权利分配的不均衡不仅可能使医务人员承担不必要的医学风险和责任，还可能削弱他们在社会支持层面的地位。

第四节　医患沟通技巧

一、语言沟通

医务人员的语言沟通技能是其职业胜任力的重要组成部分，它不仅体现了医德内涵，也是医疗水平的展现，更是医患合作的基石。在繁忙的临床工作中，医务人员应熟练运用以下几类职业性语言：医疗性语言（专业、准确）、安慰和鼓励性语言（温暖、支持）、劝导性语言（合理、有说服力）、积极的暗示性语言（正面、激励）、指令性语言（清晰、权威）、朋友性语言（亲切、友好）。

医务人员在与患者沟通时，应避免使用伤害性语言，注重语言技巧，以建立和谐的医患关系。

1. 运用合适的称呼：合适的称呼是良好沟通的起点。医务人员应根据患者的身份、职业、年龄等因素，使用恰当的称呼，以表达尊重。在关键治疗环节，如术前核对，可直呼其名以确保信息的准确性。避免使用床号代替称呼。

2. 通俗表达医学术语：对于非专业患者，过多的专业术语可能造成理解障碍。医师应使用通俗易懂的语言解释医学知识，必要时辅以图片、模型或录像，帮助患者理解。

3. 讲究言语交流技巧。

1) 态度和蔼，语气亲切平缓：以温和的目光交流，注视患者，观察肢体语言，不打断患者叙述，用声音附和表示理解。

2) 多倾听：倾听是获取信息、促进对话、表达尊重的关键。医务人员应保持倾听状态，全面收集患者信息，赢得信任。

4. 多用开放式提问：在与患者交流时，应用开放式提问，适当用封闭式提问，必须避免审问式提问。开放式提问可以使患者有主动、自由表达的可能，有利于全面了解患者的病情、感受和想法。封闭式提问只允许患者回答"是""否"，有利于医务人员快速地了解患者的病情。医务人员可根据医患沟通内容交替使用这两种提问方式。

5. 创设乐观语境：对有些患者可以适当运用幽默语言，如用善意鼓励、得体的玩笑调剂病房的气氛等，这会对患者产生意想不到的良好效果，增强患者的自信心。

6. 杜绝伤害性语言：在医疗过程中，医务人员要有意识地使用保护性语言，避免因语言不当引起的不良心理刺激。对预后不良的患者告知病情要谨慎，以减少患者的恐惧。可以先和患者家属沟通，得到患者家属的配合。医患沟通时应杜绝用以下几种伤害性语言：

1) 直接伤害性语言，如"你怎么这么不懂道理？"

2) 消极暗示性语言，如"你怎么这么迟才来看病？""准备后事吧！"

3）窃窃私语。

7. 不评价他人的诊疗工作：由于每个医院的条件不同，医务人员的技术水平不同，对同一疾病的认识也可能不同，因而对同一疾病的处理方法存在差异，更何况疾病的诊断和治疗是一个复杂的动态进展过程，故不要随便评价他人的诊疗，否则常会导致患者的不信任，甚至引发医疗纠纷。

知识链接

门诊场景中的正确用语和禁忌用语

正确用语：
- 您好！请坐，请问哪里不舒服？
- 您这次来主要想解决什么问题？
- 目前您感觉最不好的是什么？
- 您是第一次来我们医院看病吗？
- 您是复诊患者吧，上次用药（治疗）后好些了吗？
- 您请放松，不要紧张，让我为您做个检查。
- 不要急，慢慢说。
- 不要难过，您的病经过治疗是可以缓解（治好、好转）的。
- 我为您开了些检查，请您按要求进行，有什么不清楚的尽可以问。回去后请按要求服药，在这个过程中如果病情有变化可随时来就诊。
- 谢谢您的信任（合作）！

禁忌用语：
- 快讲，哪里不好？怎么连自己的病都讲不清！
- 去躺在检查床上，动作快点！把衣服脱掉！
- 医学上的东西跟你说了你也不懂！
- 你为什么不听医生的话？下次再这样就不要来看病了。
- 不做检查，你自己倒霉。
- 为什么不坚持服药？有问题你自己负责！
- 太啰嗦了，你到底想说什么？
- 你是医生还是我是医生，到底谁听谁的？
- 我已经交代得够清楚了，你怎么还不明白？
- 我们只管看病，其他事情管不了。
- 要不要再来，你自己定，我们不好说。
- 你去了那么多医院不也没看好，我又不是神仙。

病房场景中的正确用语和禁忌用语

正确用语：
- 您好！今天刚来的吧，您叫××（姓名）吗？我们来认识一下，我是您的管床（住院、主治）医师/责任护士，我叫××（姓名），您有任何问题请找我，好吗？
- 可以谈谈您的病情和诊疗经过吗？
- 请您躺下，让我来为您做个体格检查（治疗）。
- 好的，就这样，放松些，不要紧张。
- 放心，我们会认真研究您的病情，并制订一个适合您的治疗方案。
- 我们认为您的病是××（病名），这种病主要是××（原因），经过适当治疗，您会好起来的。
- 您今天好些吗？昨晚睡得怎样？
- 服药后有什么不舒服吗？
- 这儿的环境您还适应吗？饭菜还合口味吗？
- 今天我们为您安排了××检查，请您按要求做好准备（空腹、灌肠等）。这种检查基本上是安全的，您不必紧张。
- 这项检查需要您的配合，请您深呼吸（屏气或其他要求）。
- 来，我们来谈谈您下一步的治疗。
- 您需要在这份医疗文件上签字（知情同意书、特殊检查单、输血同意书、手术同意书、特殊治疗同意书等）。
- 谢谢您的合作（配合）！

禁忌用语
- 你怎么进来的？谁让你住在这张床上的？
- 你要守医院（病区）的规矩，听医生（护士）的话。
- 不要动，忍着点，哪有治疗不痛苦的。
- 听清楚了，按要求去做，否则出了问题你自己负责。
- 这个字一定要签，否则没人敢为你开刀。
- 你家里人呢？怎么这么不负责任，把你往医院一送就不管了。
- 不要什么事儿都找医生（护士），有情况我们自己会来。
- 生病（开刀）哪有不痛苦的，不要太娇气了。
- 没事不要乱跑，在自己房间待着！
- 该讲的我都讲了，你自己看着办吧。
- 你要对你自己负责，别人没法儿帮你。
- 快不起来，医院又不是只有你一个患者。

二、书面沟通

书面沟通是沟通双方借助文字、图画、图表等文字符号进行的沟通。书面沟通是医患沟通的重要形式。与语言沟通相比,书面沟通效率低、花费时间长,但书面沟通具有内容清楚、可查询、具体明确、证据性更强等优势,使其成为医患沟通中不可或缺的一部分。

(一)书面沟通的内容

1. 诊疗过程中的知情同意书、协议书:医务人员应向患者或患者家属介绍患者的疾病诊所情况、主要治疗措施、重要检查的目的及结果、患者的病情及预后、某些治疗可能引起的严重后果,获得他们的配合。每次沟通都应在病历中有详细的沟通记录。

2. 医学知识与健康教育资料:医院各专科可以根据本专科特点,将常见病的发病特点、治疗方法、预防措施、随访事项等制作成健康教育资料,使患者及其家属可以随时取用。医院规章制度、入院流程、出院流程等也可一并制成书面材料,免费发放给患者及其家属,或发布在医院网站上便于患者及其家属查询。在有针对性的医学知识教育中,医务人员可以利用人体解剖图或实物标本对照讲解,增加受教育者的感性认识。

3. 特殊情况下的医患沟通:对于特殊患者(视力障碍、听力障碍等)要采用特殊的书面沟通形式,如盲文或其他媒体形式等。

(二)书面沟通的技巧

1. 检查过程中的书面沟通:避免书面沟通的形式化,与患方进行深入交流,确保患方理解检查的必要性、过程、可能的风险和预期结果。在介绍书面材料时,详细解释检查要求、对诊断的重要性、注意事项和结果意义。对于有创伤的检查,医务人员应陪伴患者,稳定其情绪,建立信任。

2. 治疗过程中的书面沟通:向患者或患方全面介绍疾病诊断、治疗方案、检查目的和结果、病情预后、潜在风险、药物不良反应、手术方式、并发症及预防措施、费用等。考虑到医学的不确定性,用通俗易懂的语言解释不同治疗方案的利弊,鼓励患方参与治疗决策,并在病历中详细记录,以获得患方的支持和配合。书面沟通应客观描述治疗过程,避免对疾病预后或治疗效果做出绝对性结论。

3. 手术协议书的签订:确保患方不误解为医务人员在规避责任,而是共同面对治疗风险。在签订手术同意书时,建立信任,强调医患共同目标——患者的康复,并详细解释手术风险。使用语言技巧,既要坚定患方治愈疾病的信心,也要确保患方对手术风险有充分理解。重点介绍医务人员对手术风险的预防措施和应急预案。

4. 医患沟通中的书信往来:书信式沟通可以温馨地表达医院的真诚和善意,体现人文关怀和服务责任感,拉近医患关系。避免使用统一的电脑打印格式,优先考虑手写信函,或在电脑打印的信函上签名,以示对患方的尊重。

三、提升医患沟通技巧的策略

1. 加强教育培训：教育和培训是提升医务人员沟通技能的关键。通过教育，医务人员能够从思想上认识到沟通的重要性，增强人文精神，掌握必要的人文知识和沟通技巧。培训应具有针对性，结合实际工作，解决医务人员在沟通中遇到的具体问题，避免仅仅停留在理论和说教层面。技能培训应注重实用性和可操作性，采用由浅入深的方法，情景模拟和案例分析可以提高培训的吸引力和效果。

2. 勤于临床实践：青年医务人员应积极参与临床实践，通过亲身体验和处理各种医患情境，快速提升沟通能力。在实践中，医务人员不仅能锻炼自己的沟通技巧，还能从同事和患者那里学习到宝贵的但书本上学不到的沟通经验。

3. 增加社会活动：随着社会的发展，医务人员需要适应市场经济的要求，积极参与社会活动，拓宽人际交往的范围。通过参与不同的社会活动，医务人员可以增加与不同人群的沟通机会，丰富沟通经验，提高沟通能力。

第五节　医患沟通体系建设的管理实践

一、建立医患沟通管理相关制度与规范

按照国家相关法律法规的要求，结合医院自身实际情况，构建管理组织架构，明确管理责任，落实监督与奖惩机制，践行"以患者为中心"的服务理念，鼓励医务人员采用口头语言、肢体语言、书面语言及环境语言等多种形式进行沟通，并将医患沟通贯穿于患者诊疗全过程。

二、强化对医务人员的培训，提升医患沟通的能力

我国医学生规范化教育体系及医务人员岗后执业培训中较少针对医患沟通能力进行专门化的培训教育，且培训形式单一、缺乏实践，对医务人员在临床实际中应对各类复杂医患关系和突发情况的指导作用有限。

三、充分调研与评估

医院医疗安全管理部门针对院内医患沟通落实情况进行调研，结合相关文献资料研究和临床实际，从医务人员自评视角出发，制订医患沟通能力测评工具和评价方法，并针对院内医务人员医患沟通能力进行抽样测评，收集可能影响沟通能力的主客观因素。

四、构建完善的培训体系

医务人员全覆盖、培训形式多样化、培训内容丰富、理论与实践相结合。医疗机构医务人员医患沟通培训体系构建如图 5-2 所示。

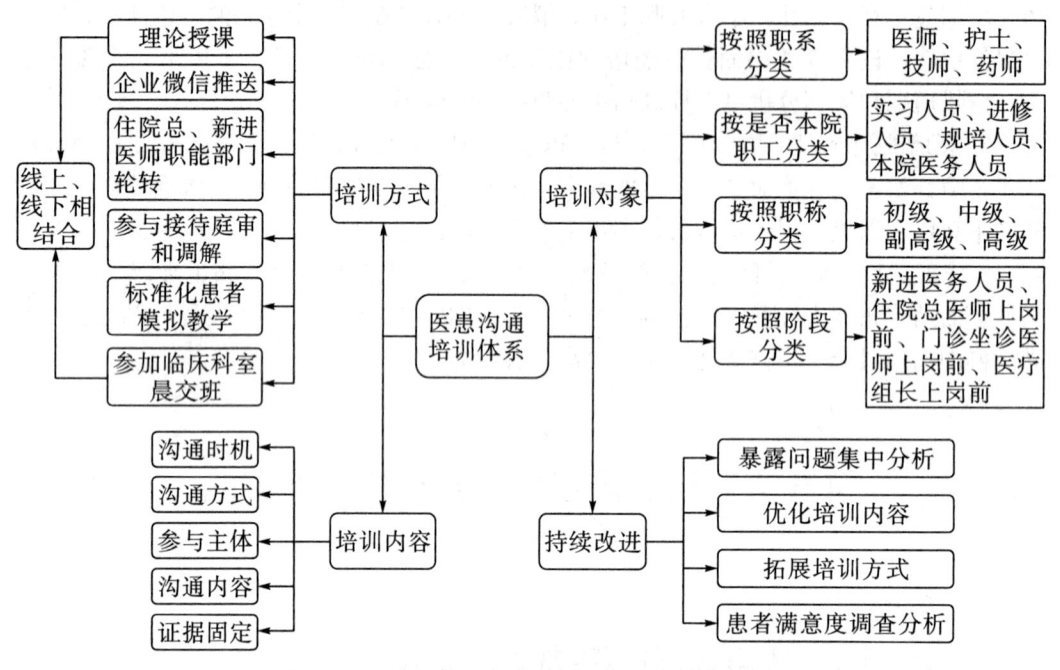

图 5-2 医疗机构医务人员医患沟通培训体系构建

（一）医务人员分层、分类，实现培训全覆盖

按照职系、职称、医师/护士阶段等进行细化分类，实现不同群体的针对性培训，提高培训接受度和培训效率。

（二）培训形式多样化，培训内容丰富

1. 现场培训与在线学习相结合。针对医院运行实际和医务人员医患沟通能力评估调研结果，针对性实现现场培训与在线学习相结合的培训方案，采用社交平台、企业微信实现培训内容推送等多形式的医患沟通培训。培训内容一般包括沟通时机、沟通方式、参与主体、沟通内容、证据固定等。

2. 标准化患者（standardized patients，SP）在医患沟通培训中的运用。

案例演示：患者××，50 床（多人间），男，27 岁，公司职员。因"面部丘疹 2^+ 年，伴红斑、瘙痒 1^+ 年，加重 4^+ 日"入院。诊断：面部皮炎、痤疮、白细胞减少症。HIV 抗原抗体复合检测（已与患者沟通，并取得患者同意后送检确诊），HIV-1 抗体阳性。请向患者告知病情，鼓励患者积极配合治疗并签署医患沟通文书。

该标准化患者医患沟通教学案例具体流程如下。

1）核对患者。

医师："请问你叫什么名字？/请问你是几床的患者？"

若无查对患者，SP 请提示。

2）自我介绍和说明来意。

医师："您好，我是××医师，根据这几天的治疗情况，结合一些辅助检查结果，需要和你沟通一下病情可以吗？"

若无自我介绍，SP 请提示；若提示无果，则继续剧情。

3）提供较为私人的空间，保护患者隐私。

医师："若你现在有时间可以到办公室来一下吗？"

要点：办公室内安排就座，请无关人员回避。

4）营造轻松的沟通氛围。

医师（查看患者皮疹情况，寒暄）："通过这几天的治疗，你自己是否觉得好了很多？"

5）告知病情。

医师："你知道我们前几天送了 HIV 确认试验，现在结果出来了，但不太理想，HIV-1 抗体确实为阳性，很遗憾。"

若无此步骤 SP 请提示："医生我之前抽血的结果怎么样"；若提示无果，则继续剧情。

6）表达同情。

SP 固定行为：情激动，极力否认，不接受检查结果，如"我不相信，会不会是检查错了，我要重新检查"。

医师表达同情，如"你不要激动，我们一起来想办法，我们会帮助你的"。

若无此步骤，或无安慰性语言，SP 请重复此步骤，但情绪逐渐加重，三次重复此步骤，则更换医师。

7）了解患者对病情的理解情况，解释 HIV 相关知识（找到谈话的突破口）。

医师："上次抽血前我们曾简单说过一些关于 HIV 的事情，你还记得吗？"

SP（固定台词）："我只记得说是确证试验阳性，就肯定感染 HIV 了。"

医师解释 HIV 相关知识，如"是的，但是 HIV 感染并不等于是艾滋病。以前并不确定你是不是患有艾滋病"。

若无此步骤，SP 请提示；若提示无果，则继续剧情。

8）明确患者主要关心的问题。

医师："对于目前的状况你还想了解什么？"

SP（固定台词）："我是不是肯定医不好了？"

若无此步骤，SP 请提示；若提示无果，则继续剧情。

9）关怀同情。

SP（固定行为）：情绪抑郁悲伤，反复表达焦虑和绝望之情。

医师表达关怀，如"我能理解你的感受，医院会尽力帮助你"。

10) 保护患者隐私。

SP（固定台词）："能不能不把这件事告诉任何人？特别是我老婆/女朋友/父母。"

医师："我会保护你的隐私不告诉其他人，但建议你告知性伴侣以避免更多的人被传染/建议你告诉家人，我相信你的家人会理解你，一个家庭的力量更强大，大家一起帮助你，有利于你的治疗。"

若医师不能保证患者隐私，则 SP 拒绝继续谈话，更换医师。

11) 鼓励患者，给予切合实际的期望。

医师："你要勇敢面对，积极配合治疗控制病情发展，我们可以请专科医师给你提供治疗方案。"举例抗 HIV 治疗事迹等。

若无此步骤，SP 请提示；若提示无果，则继续剧情。

12) 结束语（在结束前也可插入后面的拓展剧情）。

医师："如果你没有其他疑问，那我们今天的谈话就到这里，接下来我的上级医师将跟你谈一谈以后的治疗计划，希望你继续配合治疗。"

13) 拓展剧情：询问意愿。

医师："经过我的解释，你愿意配合相关治疗吗？你是否愿意告知家人？"

剧情分支或终点：SP 若同意配合治疗，告知会请专科医师协助诊治；SP 若不同意治疗，建议门诊随访或专科医院就诊。

14) 拓展剧情：填写医患沟通表。不论沟通结果如何，按实际情况填写并签署医患沟通表。

15) 拓展剧情：患者签字。

医师嘱 SP 仔细阅读医患沟通表内容，SP 签字确认。

16) 拓展剧情：患者签字。

医师在正确位置签字，并预留上级医师签字位置。

评价纬度：核对患者信息（姓名、床号）、自我介绍、说明谈话目的、准备谈话环境和氛围、告知病情、表达同情、表达关怀、认真倾听，不随意打断患者、了解患者理解状况、发现患者主要关注的问题。

拓展目标：主动询问患者治疗意愿、准确签署沟通文书。

五、知情同意的管理与实践

1. 不断优化沟通文书与流程。为确保患者知情同意权，医方需不断修订和完善各类书面沟通文书。结合专科特点，通过专家咨询、职能部门审核、法律评估，确保文书反映个体化诊疗方案。实现沟通文书的电子信息化，提高效率和准确性。

2. 明确书面沟通的范围。在进行特殊检查、治疗或手术前，明确告知患者病情、诊疗方案、医疗风险、替代方案及费用等关键信息。确保患者充分理解并同意所涉及的医疗行为。

3. 执行标准化沟通程序。建立标准化的医患沟通流程，明确告知对象和内容，强化法律规范要求的证据保存。告知对象包括患者本人、委托代理人、法定监护人等，确保符合法律对独立民事行为能力人的定义。告知内容应全面，包括病情、治疗方案、风险、替代方案等，并记录患者的决定和同意。

4. 提高医疗文书书写质量及妥善保存。医疗文书是医患沟通的重要载体，要求书写客观、真实、准确、及时、完整、规范。各科室应设置病历质量监控员，负责医疗文书的质量控制和保管。医务部应对执行情况进行监督，并将结果纳入个人和科室的考核体系。

六、特殊医患沟通的开展

1. 信息技术支撑保障，助力特殊医患沟通开展。特殊情况包括但不仅限于下列情形：①患者身份或家庭关系特殊的（如患者近亲属较多，意见不统一等）；②疑难复杂的高风险诊疗技术（如实施特大手术等）；③患方依从性不好（如患方对医务人员不信任，在医疗活动开展过程中对医务人员有录音、录像等行为）；④患方拒绝签署相应医疗文书（如死亡患者家属拒绝签署《尸体处置和尸检问题告知书》等）；⑤患方期望值特别高，但患者整体预后不好；⑥患者有自杀和伤人高风险；⑦医患沟通中语言沟通障碍；⑧有潜在医疗纠纷隐患的其他情况。

以上情形的沟通在专门的医患沟通室内进行，增强患方参与，保障沟通效果。沟通室配备音视频设备，实现联网，医疗安全管理部门可实现实时查看及指导，保障沟通质量。

1）在全院各病房配置录音电话：在全院各病房护士站配置具备录音功能的电话座机，用于电话沟通时的取证。

2）建立具备录音录像功能的医患沟通室。

集中式：在医务部设立两间独立的谈话室，安装具备高质量音视频系统，患者条件允许的，由医务人员将患者及家属带至谈话室进行沟通。

分散式：全院各病房及医疗单元设立专用谈话间，安装具备高质量音视频系统，根据实际工作需要，医务人员随时可以在病房谈话间完成医患沟通。

3）移动式的医患沟通服务模式：医疗安全管理部门配置具备录音录像功能的便携式设备，用于无法在院区内谈话间完成沟通时取证。

2. 医疗安全管理人员或律师介入沟通。特殊医患沟通，由主管医务人员组织患者及其家属共同参与，按照规范流程及要求进行沟通。必要时医疗安全管理人员或律师参与，对医疗行为的合法性、病历质量进行审查，协助沟通，见证医疗文书签署，将沟通过程的音视频保存，建立专门的档案管理。医院职能部门介入特殊医患沟通的工作流程如图5-3所示。

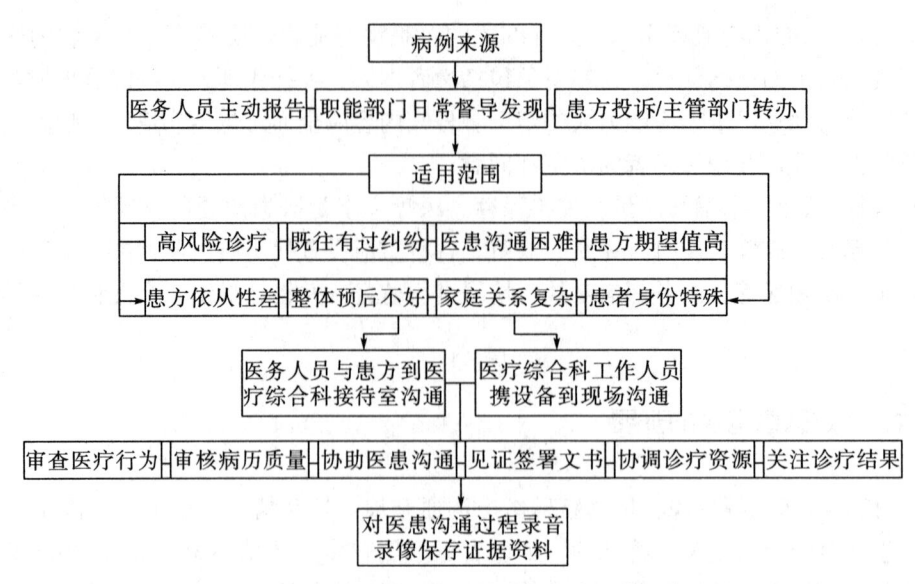

图 5-3　医院职能部门介入特殊医患沟通的工作流程

3. 地域差异导致语言交流障碍的医患沟通。我国不同民族和地区的语言习惯存在差异，加之医院接待的国际患者日益增多，诊疗过程中常因语言和文化差异遇到沟通障碍。为了解决这一问题，我们需要构建一个有效的工作机制，确保及时引入翻译人员参与医患沟通。语言交流障碍的医患沟通工作流程如图 5-4 所示。

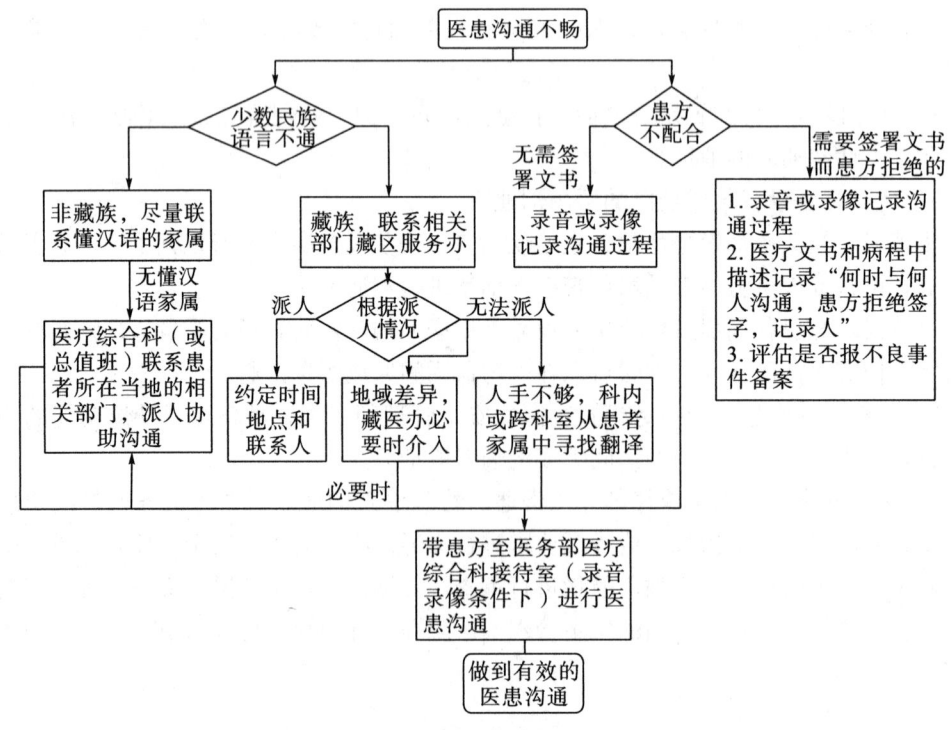

图 5-4　语言交流障碍的医患沟通工作流程

4. 紧急情况下无法取得患方意见实施医疗措施的管理。《医疗纠纷预防和处理条例》第十三条规定：紧急情况下不能取得患者或者其近亲属意见的，经医疗机构负责人或者授权的负责人批准，可以立即实施相应的医疗措施。在临床实践中，此类情形的报备、处置较为棘手，既要保障患者安全，又要程序合法。

1）完善院内授权审批：医疗机构负责人将该类书面授权给医务部负责人及相关医疗安全管理人员。

2）规范申请审批流程：医务人员遇到此类情形，首先立即向所在科室的管理小组成员（科室主任、副主任）报备，正常工作时间向授权人员报备并审批，值班状态下向行政总值班人员报备并审批，方可实施相应的医疗措施。

3）实现信息化管理：医疗机构可在院内 OA 系统中构建紧急情况下医疗处置审批模块，实现线上填报，即时备案、审核，在依法依规执业的基础上，保障危急重症患者的及时抢救。

紧急状态下实施医疗救治的工作流程如图 5-5 所示。

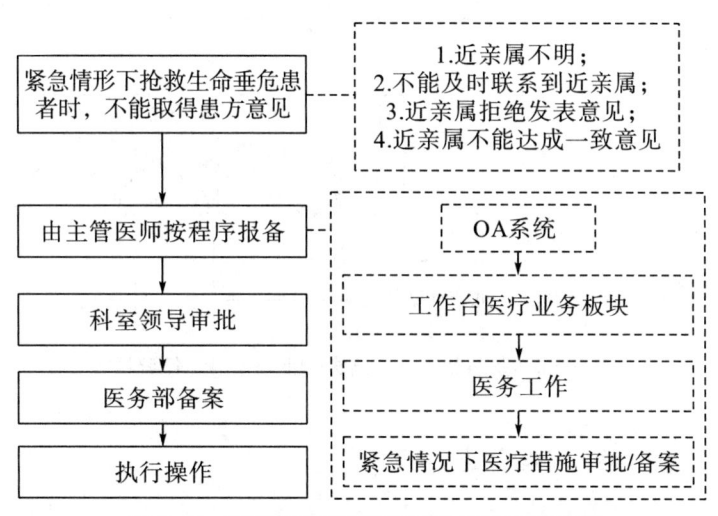

图 5-5　紧急状态下实施医疗救治的工作流程

4）进一步处置：联系家属，完善后续处置，必要时与公安机关或当地政府联动。紧急状态下实施进一步处置的工作流程如图 5-6 所示。

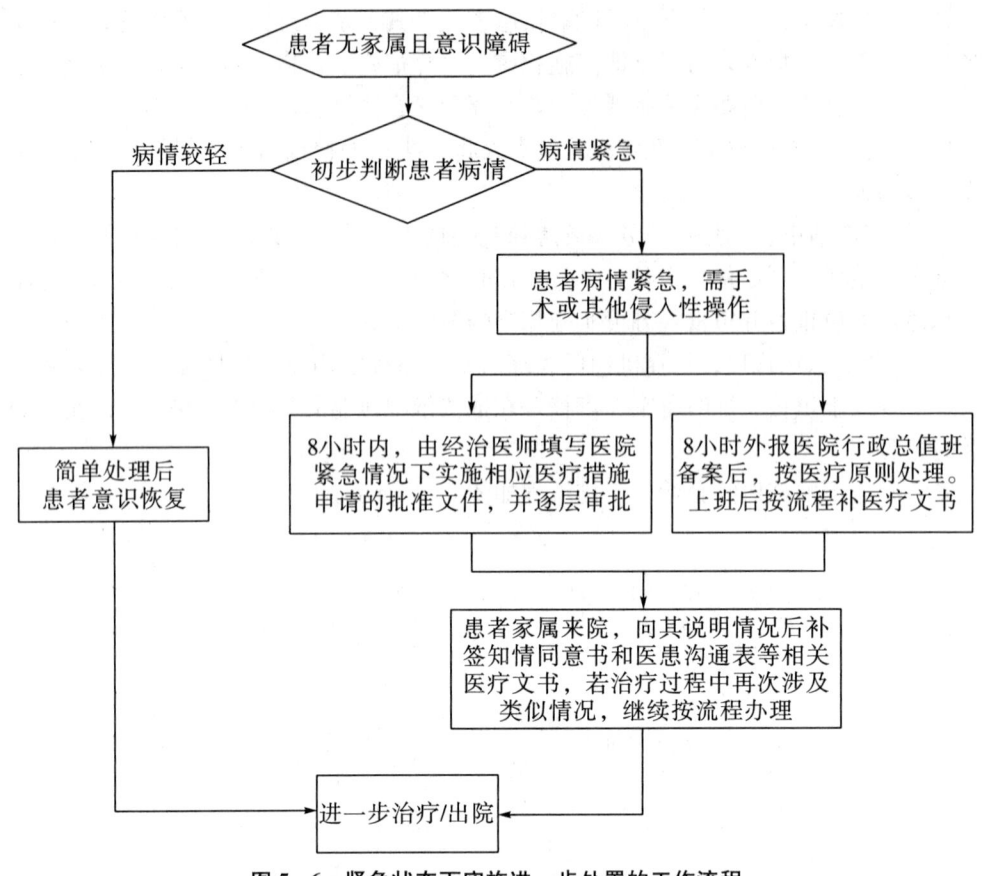

图 5-6　紧急状态下实施进一步处置的工作流程

七、定期汇总分析，持续改进

调研医患沟通的现状，对已获取数据进行汇总分析，优化流程，提升管理质量与效率，实现持续改进。

第六节　典型案例

案例 5-1：

(一) 案情介绍

患者，男性，70 岁。患三叉神经痛 3 年余，每天备受疼痛折磨。发病初期偶尔疼痛，未予重视，近 1 年来发作频繁，疼痛难忍。外院查头颅 MRI 未见明显异常。患者独自来院就诊，主诊医师处方卡马西平，从每次 0.5 片、每天 3 次开始，逐步加量至每次 1 片、每天 3 次。主诊医师叮嘱患者服药过程中注意观察有无过敏反应，如有需要及时停药并复诊。患者服药 1 周后症状改善，服药 2 周时症状明显缓解，但出现瘙痒及皮疹。因当时疼痛症状明显缓解，且距离初始服药已有 2 周，患者没想到这是药物不良反应，以为是食用鱼虾过敏，于是继续服用卡马西平。在随后的 3 天里，患者皮疹加重，到皮肤科就诊，考虑为卡马西平导致的过敏反应，因病情严重收住入院。入院后经积极治疗，患者仍然不可避免地出现了剥脱性皮炎，住院治疗 1 个多月后病情才算稳定，但花费较大，患者及其家属都极度不满，要求主诊医师给予赔偿。主诊医师表示，当时反复跟患者交代过，并且在病历上写明，如服药期间有过敏反应，需立即停服并来院就诊。患者家属查看门诊病历后，表示理解，未再纠缠。

（二）案情分析

此案例提醒我们，老年或受教育程度低的患者单独就诊时，初始治疗必须选择不良反应较少的药物，如果必须使用某些很可能出现不良反应的药物，必须与患者当面反复交代，并在药盒或处方的醒目位置做出提醒，同时在病历上详细写明相关注意事项，尽量做到防患于未然。如果有家属陪诊，需要向家属详细告知可能出现的常见不良反应，请家属注意密切观察相关情况并及时提醒。

患者及其家属多缺乏医学专业知识，常常对疾病的严重程度、病情中可能发生的并发症及不良预后认识不足，部分患者及其家属不承认医学的局限性，对治疗抱有过高期望。一旦患者病情恶化，他们往往没有做好思想准备，容易发生医疗纠纷。

案例 5-2：

（一）案情介绍

患者，男性，23 岁，工人，汉族，高中文化。患者因搬运重物时致左腕扭伤，在当地医院对症治疗和功能锻炼效果不佳，来院就医，收入院，诊断为"左腕下尺桡关节分离"。经科室讨论，决定择期行左尺骨小头切除术。术前 1 天经治医师因进修结束离院，未进行术前谈话和签字。患者手术顺利，术后切口愈合良好，出院行功能锻炼。3 个月后患者因症状无明显改善再次入院复查，肌电图检查无异常，考虑为术后功能锻炼不足，嘱患者加强功能锻炼。患者认为术中损伤神经，以疼痛为由拒绝功能锻炼。经治医师认为患者不配合功能锻炼，却找医院的麻烦。之后，患者前臂肌肉呈失用性萎缩。

患者认为：①术前未谈话，未经本人同意切掉尺骨小头；②手术适应证掌握不严；③经治医师不负责任；④术中损伤神经。要求医院赔礼道歉，并赔偿经济损失。

医院调查认为，患者反映的术前未谈话、未签手术同意书问题属实，但手术有适应证，手术方法合理；经物理检查和肌电图检查不支持术中损伤神经；造成术后腕关节活动恢复不满意是因为缺少功能锻炼。院方向患者进行了耐心、细致的解释和沟通，建议其加强功能锻炼，争取早日康复，对其有关赔偿要求予以拒绝。患者对医院答复不满意，情绪激动，向上级部门投诉，要求定性为医疗事故。因反复劝解无效，医院申请医疗事故技术鉴定。鉴定认为不构成医疗事故，但存在"无术前小结和谈话签字"等不足。经医院、患者及其家属共同协商，达成和解协议，最终解决了这起长达 2 年的纠纷。

（二）案情分析

1. 从整个案情来看，经治医师工作责任心不强，交接班制度落实不到位，造成无术前小结和术前谈话，未签手术知情同意书，是引起医疗纠纷的根本原因。

2. 在纠纷发生初期，个别医务人员不注意听取患者意见，解释不够耐心，语言生硬，使患者不理解并产生对立情绪，从而加剧医患矛盾。

3. 在患者投诉后，医院能及时组织调查，并封存病历及有关资料，积极与患者沟通，对诊治过程存在的不足进行了耐心、细致的解释，在一定程度上取得了患者谅解，缓解了医患矛盾，防止了事态的扩大。

4. 在患者情绪激动、反复劝解无效等情况下，医院主动申请医疗事故技术鉴定。最终在医院、患者及其家属共同努力下圆满解决了这起长达2年之久的医患纠纷。

案例 5-3：

（一）案情介绍

一对青年男女到当地医院进行婚前体检。接诊的妇科医师唐突地询问女青年："你以前怀过孕吗？"女青年十分纳闷，立即回答说没有。该医师又信口开河地说："没怀过孕怎么有妊娠纹呢？"女青年急忙解释说自己原来比较胖。由于当地医院条件所限，诊室与待诊区只用屏风相隔，这番对话被屏风外等候的男青年听到了，男青年顿起疑心，最后决定退婚。蒙受不白之冤的女青年为了自己的声誉，为了还自己一个清白，拿起了法律的武器进行维权。经过法院审理，最后判决当地医院赔偿原告2400元，并由医院和责任医师向原告赔礼道歉。法院认为医师的问话超过婚前体检的范围，属非法行为。

（二）案情分析

1. 主诊医师在没有明确专业判断的情况下，贸然得出结论性提问，不利于医患关系的和谐。

2. 该体征不属于婚检项目内容，医师不尊重患者隐私，未考虑患者的家庭、社会属性，属于不当行为。

案例 5-4：

（一）案情介绍

患者，女性，22岁。某日深夜患者忽感腹部剧痛，伴恶心呕吐，在父母的陪同下到某医院急诊就诊。首先由外科医师接诊，查体贫血、休克前期表现，腹部有压痛、反跳痛，但肌紧张不明显。接诊医师为了排除异位妊娠的可能性，询问患者近期是否有过性行为？患者因父母在场便矢口否认。接诊医师嘱患者留在急诊观察。随后患者腹痛加剧，并有休克症状，接诊医师立即给予抗休克治疗，开腹探查确诊为输卵管异位妊娠合并内出血。患者出院后以"医院误诊导致没有得到积极的救治"为由，起诉某医院。

（二）案情分析

1. 患者具有社会属性，医师经验不足，未考虑患者的特殊情况，属于考虑不充分。
2. 对于此类患者，应综合考虑，借助客观检查手段来排除诊断。

案例 5-5：

（一）案情介绍

患者因产后大出血送入某三级医院救治，病情好转后带药出院。主管医师嘱患者定期门诊复查。此后患者在门诊确诊为希恩综合征，使用激素替代治疗。但门诊病历中并没有该病需要长期服用激素治疗的医嘱，门诊医师也没有向患者交代。之后患者多次自行停药，致病情加重。患者起诉医院。在法院的委托下，进行了医疗事故技术鉴定，结论为医院无过失行为，医疗行为与患者的人身损害之间不存在因果关系。但法院认为，患者确诊后医院没有履行告知患者需要终身服用激素的义务，患者因为医师没有告知持续服药的重要性而多次自行停药，导致脑器质性病变的损害性后果。

（二）案情分析

诊疗行为中，告知义务是医方向患方应尽的义务，该义务往往通过各种形式的医患沟通予以明确，现行条件下病历书写完善是维护医患双方权利的有效途径。

【主要术语】

医患沟通、医院沟通障碍。

【思考题】

1. 如何与一名神志清醒但因气管插管而无法言语的机械通气患者沟通？
2. 一名肺穿刺活检患者发生气胸，如何与患者及其家属沟通？
3. 手术后患者出现严重并发症，如何与患者及其家属沟通？
4. 当疾病有多种手术治疗方式，术前如何与患者及其家属沟通？
5. 术前检查、术前诊断与术中所见不一致，如何在术中与患者家属沟通？
6. 面对性传播疾病患者，怎样能得到真实有效的信息？
7. 如何与白内障手术患者及其家属就术后期望视力进行沟通？
8. 医患沟通与医患纠纷有何联系？
9. 医患纠纷产生的主要原因是什么？
10. 患者，男性，20岁。车祸导致右小腿损伤。车祸时感到右膝关节疼痛、右小腿及脚麻木，继之青紫，脚冷，不能活动。急诊 X 线片示：右胫腓骨上端粉碎性骨折，收住入院。遵医嘱将患肢置于郎氏架上，行皮牵引，随后患者右小腿肿胀、青紫加重，并出现水疱，脚冰冷。患者家属将上述症状告诉值班医师，值班医师嘱其热敷。次日上午查房，主管医师发现患肢出现肢端缺血性症状，此时距受伤时间已有 30 个小时，予手术探查，见右下肢动脉断裂，因右小腿肌肉已坏死而行截肢。本案例的教训是什么？如果你是主管医师会如何处理？应该如何与患者及其家属沟通？

主要参考文献

柳云. 我国医学院校医学人文教育教学现状及改进研究［D］. 石家庄：河北医科大学，2022.

石红梅. 患者视角下医患信任与医疗服务质量相互影响传导机制研究［D］. 镇江：江苏大学，2021.

张建洁. 基于患者体验及患者参与的医疗服务管理研究［D］. 北京：北京理工大学，2018.

古津贤，庄丽君. 论防御性医疗行为［J］. 中国医学伦理学，2008，21（1）：73－75.

杜凡星，侯志远. 防御性医疗行为现状及测量方法综述［J］. 中国卫生政策研究，2021，14（5）：72－77.

张一宁，刘兰茹. 医患关系模式与医院法治文化辨析：以"萨斯－何伦德"模式为理论视角［J］. 中国医院管理，2013，33（8）：74－75.

冯军强. 某综合医院医患沟通现状调查分析与对策引导的研究［D］. 重庆：第三军医大学，2008.

唐亮. 探讨医患沟通在防范医疗纠纷中的重要性关键思路分析［J］. 中文科技期刊数据库（全文版）社会科学，2023（3）：142－144.

李威，张雪，陈思龙，等.《医师法》视域下我国多点执业法律问题研究［J］. 中国医院管理，2023，43（3）：67－69.

杨自根，杨立鹏. 国外医患冲突防范与治理机制及其对我国的启示［J］. 医学与哲学，2023，44（2）：69－72.

李冠祎. 医患沟通技巧提升减少门诊医疗护理纠纷的实践探索［J］. 中文科技期刊数据库（全文版）医药卫生，2023（3）：112－115.

（刘敏　朱清）

第六章 病历书写规范与质量管理

第一节 病历的内容与管理

病历是医疗活动中形成的重要文档，包括文字、符号、图表、影像、切片等多种形式的资料。写好病历不仅是临床医师必须掌握的基本技能，也是其专业素养的体现。病历在医疗机构中扮演着重要角色：它是医疗、教学、科研和信息管理的关键资源；对患者而言，它是医疗服务保障、医疗保险受益的直接凭证和依据；在处理医疗纠纷和不良事件时，它也是至关重要的法律证据。通过分析病历资料，可以评估医疗质量、技术水平、医德医风及管理措施，从而反映出医院的整体管理水平。

一、病历内容

病历包括住院病历和门（急）诊病历。住院病历内容包括病案首页、入院记录（又称住院志）、首次病程记录、上级医师查房记录、日常病程记录、会诊记录、转科记录、交接班记录、疑难病例讨论记录、围手术期医疗文书、有创操作记录、各种检查（特殊治疗）同意书、医嘱单、各种检查报告单、出院（死亡记录）。门（急）诊病历内容包括门（急）诊病历首页［门（急）诊手册封面］、病历记录、化验单（检验报告）、医学影像检查资料等。

根据病历的性质，病历内容分为主观病历和客观病历。主观病历反映了医务人员根据患者病情做出的诊断、治疗方案及其调整，包括查房记录、病程记录、会诊记录、疑难病例讨论记录和死亡病例讨论记录。这些记录体现了医务人员的临床思维和对患者疾病的深入理解。客观病历则记录了检验检查结果和治疗护理过程，如入院记录、体温单、医嘱单、检验检查报告、知情同意书、手术记录单、麻醉记录单和护理记录。《医疗纠纷预防和处理条例》颁布以后，患者有权查阅、复制全部病历资料，包括主观病历和客观病历。

病历不仅是医疗行为的记录，也是医务人员责任心、医学技术和人文关怀的体现。一份优秀的病历应具备完整性、规范性、翔实性、准确性和学术性，能够训练临床思维，成为医学教育的宝贵资源。

病历还是医学研究的重要资料，通过分析病历可以开展疾病负担研究、流行病学调查、治疗模式探索和诊疗效果评价。在医疗纠纷处理中，病历作为法律依据，其准确性和完整性对纠纷的解决至关重要。因此，病历管理是医院管理中不可或缺的一部分，写好病历对于确保医疗质量和患者权益具有不可替代的重要性。

二、病历管理相关法律法规

病历是医务人员医疗工作的重要体现，同时也是一份具有法律效应的文书，我国一直以来重视病历管理相关法律法规建设。

2010年，卫生部颁布了《病历书写基本规范》，制定了医疗机构的病历书写基本要求，明确了病历的内容。

2011年，《三级综合医院评审标准（2011年版）》对病案管理与持续改进提出了明确的规定与要求。

2012年，卫生部统一全国病案首页标准。

2013年，国家卫生和计划生育委员会、中医药局印发《医疗机构病历管理规定（2013年版）》，对病历的建立、保管、借阅与复制、封存与启封、保存提出了明确的要求。

2016年9月，国家卫生和计划生育委员会颁布了《医疗质量管理办法》，其中第二十三条指出医疗机构应当加强病历质量管理，建立并实施病历质量管理制度，保障病历书写客观、真实、准确、及时、完整、规范。《医疗质量管理办法》提出了十八项医疗质量安全核心制度，病历管理制度为其中之一。

2016年11月，国家卫生和计划生育委员会颁布了《住院病案首页数据填写质量规范（暂行）》和《住院病案首页数据质量管理与控制指标（2016版）》，对医疗机构的病案首页书写及管理制定了明确规范。

2017年2月，国家卫生和计划生育委员会颁布了《电子病历应用管理规范（试行）》，规范医疗机构的电子病历临床使用与管理。

2018年8月，国务院颁布《医疗纠纷预防和处理条例》，首次明确患者有权查阅、复制其门诊病历、手术及麻醉记录、病理资料、医疗费用等全部病历资料。

2019年，国务院办公厅颁布《关于加强三级公立医院绩效考核工作的意见》，提出三级公立医院要加强以电子病历为核心的医院信息化建设，按照国家统一规定规范书写病案首页，加强临床数据标准化、规范化管理。

2021年1月，国家卫生健康委员会办公厅颁布《病案管理质量控制指标（2021年版）》，其对象涵盖门诊、住院病历的同时，覆盖病案首页、病历内容、病历归档等病历管理的各个环节。

上述病历管理的法律法规，为当前医疗机构的病历管理提供了法律依据，同时也是各级医疗机构实施病历管理的规范性文件。

三、病历管理

病历管理是指对医疗文书的书写、质量控制、保存和使用等环节进行规范管理的过程，以确保医疗活动的全过程得到准确记录，实现医疗服务行为的可追溯性，维护医患双方的合法权益，并保障医疗质量和安全。病历管理包括病历归档、借阅、复制、封存与启封、质量管理等多个方面。

（一）病历归档

病历归档是指患者出院后，医务人员将整理好的病历提交至病案科进行装订和归档。为确保病历的准确移交，临床科室需进行预登记并填写病历交接记录清单。病历收集人员与提交者应根据病历交接记录清单核对病历，并当面签收。根据相关规定，住院病历在患者出院后3个工作日内归档率应达到90%以上，5个工作日内归档率应内达到100%。病案归档应根据病案号或ID号等标识，按照一定的顺序进行系统排序和上架，以便于快速查阅和检索。

（二）病历借阅

病历是医学、教学、科研和管理的重要媒介。为规范病历借阅管理，确保病历信息的及时准确提供，需明确借阅权限、途径、份数、期限和地点。除为患者提供诊疗服务的医务人员及经授权的病案管理、医疗管理人员外，其他机构和个人不得擅自借阅病历。本院医务人员借阅病历需出具经科主任签名的申请，并在病案示踪系统中办理相关手续。研究生和博士生借阅病历还需导师签字同意。

（三）病历复制

病历是医患双方的共同财产。患方因医保报销或其他个人原因申请病历复制时，医院应提供病历复制服务。医院受理病历复制申请时，应当要求申请人提供有关证明材料，并对申请材料进行审核：申请人为患者本人的，应当提供其有效身份证明；申请人为患者代理人的，应当提供患者及其代理人的有效身份证明，以及代理人与患者代理关系的法定证明材料和授权委托书；申请人为死亡患者法定继承人的，应当提供患者死亡证明、死亡患者法定继承人的有效身份证明、死亡患者与法定继承人关系的法定证明材料；申请人为死亡患者法定继承人代理人的，应当提供患者死亡证明、死亡患者法定继承人及其代理人的有效身份证明，死亡患者与法定继承人关系的法定证明材料、代理人与法定继承人代理关系的法定证明材料及授权委托书。病历归档尚未完成，申请人要求复制病历时，可以对已完成归档病历先行复制，在医务人员按照规定完成病历归档后，再对新完成归档部分进行复制。医疗机构复制病历资料，可以按照规定收取工本费。

（四）病历封存与启封

在医疗纠纷中，病历是重要的基础资料和证据。病历封存应在医患双方在场的情况下进行。应注意的是，患方提出封存病历时，主管医师应及时向医疗小组长和/或科主任汇报，并通知医务部医疗综合科和病案科。病历封存套采用医院的大号牛皮信封。封存时，信封两侧及中缝用白色纸条密封，医患双方在白色纸条与信封交界处，跨缝签名和填写日期。信封面填写科室、患者姓名及住院号。病历封存后，严禁单方人员启封。启封必须在医患双方及医务部主管人员在场的情况下进行，并且应注意审核患方身份。

（五）病历质量管理

病历书写的质量是衡量医院医疗水平和管理水平的关键指标，它在医院管理中占据着核心地位。病历质量管理旨在监督和引导与病历质量相关的所有活动，确保病历记录的准确性和完整性，以满足医疗实践、教育、科研、行政管理、法律规范以及医疗保险支付等多方面的需求。根据质量管理理论，病历质量管理包括制定管理目标、建立质量标准、形成规章制度、开展全员培训、建立指标评价体系、不断总结反馈。

第二节 病历规范化书写要点

目前，指导各级医疗机构病历书写的主要依据为《病历书写基本规范》《医疗质量管理办法》中的十八项核心制度、《医疗纠纷预防和处理条例》等法律法规。

一、病历书写的基本要求

病历书写基本原则：客观、真实、准确、及时、完整、规范。

任何单位和个人不得篡改、伪造、隐匿、毁灭病历资料。病历书写应当使用中文，通用的外文缩写和无正式中文译名的症状、体征、疾病名称等可以使用外文。病历书写过程中出现错字时，应当用双线划在错字上，保留原记录清楚、可辨，并注明修改时间，修改人签名；不得采用刮、粘、涂等方法掩盖或去除原来的字迹。病历书写完成后应由相应医务人员签名。其中，实习医务人员、试用期医务人员书写的病历，应当经本医疗机构注册的医务人员审阅、修改并签名。进修医务人员由医疗机构根据其胜任本专业工作实际情况认定后书写病历。

二、病案首页规范化书写要点

病案首页是医务人员使用文字、符号、代码、数字等方式，将患者住院期间相关信息精炼汇总在特定的表格中，形成的病例数据摘要，是整个病历的高度概括。病案首页内容包括患者基本信息、住院过程信息、诊疗信息、费用信息。2019年，国务院办公厅颁布《关于加强三级公立医院绩效考核工作的意见》，提出在病案首页提取的7个国家监测指标分别是出院患者手术占比、出院患者微创手术占比、出院患者四级手术占比、手术患者并发症发生率、Ⅰ类切口手术部位感染率、单病种质量控制、低风险组病例死亡率。病案首页书写质量直接影响到医院医疗技术、医疗能力、医疗质量安全管理及专科建设水平。病案首页同时也是医保支付的重要依据，用于确定医疗服务的收费标准、费用结算及医保支付范围等。

（一）主要诊断的选择

主要诊断选择的一般原则：病因诊断能包括疾病的临床表现，则选择病因诊断作为主要诊断；以手术治疗为住院目的的，则选择与手术治疗目的一致的疾病作为主要诊断；以疑似诊断入院，出院时仍未确诊，则选择临床高度怀疑、倾向性最大的疾病诊断作为主要诊断；因某种症状、体征或检查结果异常入院，出院时诊断仍不明确，则以该症状、体征或异常的检查结果作为主要诊断；疾病在发生发展过程中出现不同临床表现，且本次住院以某种临床表现为诊治目的，则选择该临床表现作为主要诊断。需要特别注意的是，疾病的临终状态原则上不能作为主要诊断。本次住院仅针对某种疾病的并发症进行治疗时，则选择该并发症作为主要诊断。住院过程中出现比入院诊断更为严重的并发症或疾病，或者手术导致的并发症，选择原发病作为主要诊断。

肿瘤类疾病按以下原则选择主要诊断：本次住院针对肿瘤进行手术治疗或进行确诊的，选择肿瘤为主要诊断；本次住院针对继发肿瘤进行手术治疗或进行确诊的，即使原发肿瘤依然存在，选择继发肿瘤为主要诊断；本次住院仅对恶性肿瘤进行放疗或化疗时，选择恶性肿瘤放疗或化疗为主要诊断；本次住院针对肿瘤并发症或肿瘤以外的疾病进行治疗的，选择并发症或该疾病为主要诊断。

产科的主要诊断选择原则：应当选择产科的主要并发症或合并症；没有并发症或合并症的，主要诊断应当由妊娠、分娩情况构成，包括宫内妊娠周数、胎数（G）、产次（P）、胎方位、胎儿和分娩情况等。

多部位损伤的主要诊断选择原则：以对健康危害最大的损伤或本次住院主要治疗的损伤作为主要诊断。多部位烧伤，以烧伤程度最严重部位的诊断为主要诊断；在烧伤程度相似时，以面积最大部位的诊断为主要诊断。

中毒的主要诊断选择原则：选择中毒为主要诊断，临床表现为其他诊断。

（二）入院时间、出院时间、死亡时间的书写规范

入院时间指患者实际入病房的接诊时间，而不是办理入院证的时间；出院时间指患者治疗结束或终止治疗离开病房的时间，死亡时间指患者死亡时间；记录时间应当精确到分钟。

（三）合并症和并发症的书写规范

并发症指一种疾病在发展过程中引起的另一种疾病，后者即为前者的并发症。合并症指一种疾病在发展过程中出现的另外一种或几种疾病，后发生的疾病不是前一种疾病引起的。合并症可以是入院时已存在，也可以是入院后新发生或新发现的。

病案首页上合并症和并发症的书写原则：先填写主要疾病的并发症，后填写合并

症；先填写病情较重的疾病，后填写病情较轻的疾病；先填写已治疗的疾病，后填写未治疗的疾病。

（四）手术和操作的书写规范

主要手术和操作选择原则：患者此次住院接受多个术式时，选择与主要诊断相对应的手术。技术难度最大、过程最复杂、风险最高的手术，一般填写在病案首页手术操作名称栏的第一行。此次住院既接受手术又接受操作时，按手术优先原则，按照手术、操作时间顺序逐行填写。此次住院仅接受操作时，首先填写与主要诊断相对应的、主要的治疗性操作（特别是有创的治疗性操作），后按照时间顺序逐行填写其他操作。

三、住院病历规范化书写要点

病历反映了医务人员在诊疗过程中对医疗质量安全核心制度的落实情况。《医疗质量管理办法》提出的十八项核心制度是医疗质量管理的关键环节，病历能够真实反映其实施过程。

入院记录、首次病程记录体现了首诊负责制。入院记录是由主治医师在患者入院后，通过问诊、体格检查和辅助检查等手段收集相关资料，并进行综合分析后形成的文档。这一记录要求在患者入院后的24小时内完成。首次病程记录则是对患者病史、体格检查和辅助检查结果的深入归纳与分析，要求突出重点、逻辑清晰。它应包括对初步诊断的思考过程、诊断依据、鉴别诊断，以及在必要时对治疗难点的分析讨论。此外，还应提出明确的诊治计划，展现出对患者治疗的整体策略。首次病程记录应在患者入院后的8小时内完成。

上级医师查房记录和日常病程记录则体现了医院的三级查房制度。主治医师的首次查房记录应在患者入院48小时内完成，记录内容应包括对病史的补充、体格检查的新发现、对疾病诊断和鉴别诊断的深入分析，以及对下一步诊疗计划和具体医嘱的建议。在三级医院，查房内容不仅要解决临床问题，还应包含教学元素，并反映当前国内外医学的最新进展。

会诊记录体现了会诊制度。会诊记录（含会诊意见）指患者在住院期间需要其他科室或者其他医疗机构协助诊疗时，分别由申请医师和会诊医师书写的记录。会诊记录应另页书写。申请会诊记录应当简要写明患者病情及诊疗情况、申请会诊的理由和目的等。平会诊意见记录应当由会诊医师在会诊申请发出后24小时内完成，急会诊时会诊医师应当在会诊申请发出后10分钟内到场，并在会诊结束后即刻完成会诊记录。申请会诊医师应在病程记录中记录会诊意见执行情况。

交接班记录体现了值班和交接班制度的重要性。当患者的主治医师发生变更时，交班医师需对患者的病情和治疗过程进行简要总结，而接班医师则在此基础上继续治疗。交班记录应简洁地记录患者的主要病情和治疗经过，以便接班医师迅速掌握情况。同时，应详细记录尚未实施的诊疗计划、患者目前的问题、未来的诊疗意见以及其他需要注意的事项。接班记录应在复审病史和相关资料的基础上，重点询问相关病史和进行体格检查，力求简洁，避免重复，并着重记录未来的诊断和治疗计划以及注意事项。

疑难病例讨论记录体现了疑难病例讨论制度。当病例在诊断或治疗上存在疑难时，通过讨论来明确诊断或完善治疗方案。疑难病例讨论记录应包括讨论的日期、主持人、参与人员的姓名及其专业技术职务、具体的讨论意见以及最终的总结。为确保讨论的质量和记录的规范性，医疗机构应建立专用的讨论记录本，详细记录每位发言人的发言内容。

抢救记录体现了急危重患者抢救制度。当患者病情危重，需要采取紧急抢救措施时，医务人员应进行详细记录。如果在抢救过程中未能即时书写病历，医务人员应在抢救结束后 6 小时内补记抢救情况，并明确注明补记情况。抢救记录应详细记录患者的病情变化、抢救的具体时间及所采取的措施，以及参与抢救的医务人员的姓名和职称。抢救时间的记录应精确到分钟，并确保抢救医嘱与抢救记录的一致性。

术前讨论记录体现了术前讨论制度。除紧急抢救生命为目的的急诊手术外，所有住院患者的手术前都必须进行术前讨论，手术医师必须参与。术前讨论应涵盖手术组讨论、医师团队讨论、病区内讨论和全科讨论等多种形式。术前讨论记录应包括患者的术前病情、临床诊断及其依据、手术指征与禁忌证、拟行术式及替代治疗方案、手术风险评估、术中及术后的注意事项、可能出现的风险及应对措施、术前准备情况、是否需要分次完成手术、围手术期护理的具体要求、麻醉方式及麻醉风险等。术前讨论记录应根据患者的具体病情进行个性化分析，避免仅使用标准化模板。

死亡病例讨论记录体现了死亡病例讨论制度。患者死亡后 7 天内，医疗机构应组织死亡病例讨论，并做好详细记录。记录应包括讨论日期、主持人及参与人员的姓名和专业技术职务、具体的讨论意见、主持人的小结意见以及记录者的签名。讨论的重点应放在患者死亡原因的分析和经验教训的总结上。

手术安全核查表体现了手术安全核查制度。手术安全核查由具有执业资质的手术医师、麻醉医师和手术室护士三方共同完成，分别在麻醉实施前、手术开始前和患者离开手术室前对患者身份和手术部位等关键信息进行核查。手术安全核查表应严格按照表格步骤依次进行，每步核查无误后方可进入下一步，确保核查的准确性。三方在确认后应在《手术安全核查表》上签名，以确保核查过程的可追溯性。

危急值处置记录体现了危急值报告制度。管床医师需在收到危急值报告的 6 小时内在病程记录中记载危急值项目、诊治措施。

输血记录体现了临床用血审核制度。输血记录的重点为输血的适应证。输血记录内容：输血原因（患者的症状、体征及相关的辅助检查结果），输注的血液成分、数量、ABO 血型及 Rh（O）血型；患者输血过程的病情变化；有无输血不良反应及处理措施。注意术中输血不需要另写输血记录，而是在手术记录、麻醉记录中如实记录出血量及输血量。

有创诊疗操作记录指在临床诊疗活动过程中进行的各种诊断、治疗性操作（如胸腔穿刺、腹腔穿刺等）的记录，应在操作完成后即刻书写。有创诊疗操作记录内容包括操作名称、操作时间、操作步骤、结果及患者一般情况，操作过程是否顺利、有无不良反应，操作后注意事项及是否向患者说明，操作医师签名。

病历各项记录书写时限见表6-1。

表6-1 病历各项记录书写时限

记录		时限要求
入院记录、再次或多次入院记录		患者入院后24小时内完成；
出院记录		患者出院后24小时内完成
死亡记录		患者死亡后24小时内完成
首次病程记录		患者入院8小时内完成
日常病程记录	病危患者	每天至少1次，记录时间应具体到分钟
	病重患者	至少2天记录一次
	病情稳定患者	至少3天记录一次
主治医师首次查房记录		患者入院48小时内完成
交接班记录	交班记录	交班医师于交班前完成
	接班记录	接班医师于接班后24小时内完成
转科记录	转出记录	患者转出前书写（紧急情况除外）
	转入记录	患者转入后24小时内完成
抢救记录		抢救结束后6小时内据实补记，并加以说明
有创诊疗操作记录		操作完成后即刻书写
会诊记录	平会诊	会诊申请发出后24小时内完成
	急会诊	会诊申请发出后10分钟内到场，并在会诊结束后即刻完成
手术记录		在术后24小时内完成
出院记录		患者出院后24小时内完成
死亡记录		患者死亡后24小时内完成
死亡病例讨论记录		患者死亡1周内完成

四、门（急）诊病历规范化书写要点

门（急）诊病历首页内容包括患者姓名、性别、出生年月日、民族、婚姻状况、职业、工作单位、住址、药物过敏史等项目。

门诊病历书写要求：一般项目填写完整，简明扼要地记录主要的现病史及必要的既往史，按体格检查顺序记录阳性体征和必要的阴性体征，专科体征突出。若为复诊患者，记录上一次诊治后的情况，病情有无好转、变化，如果采取了治疗，应写明治疗反应，以及上次检查结果。

急诊病历书写内容包括就诊时间、现病史、主要体格检查、实验室及特殊检查结果、诊断和处理、离科/院去向记录，并记录离院时间。若是急诊留观病历，需按住院病历中病程记录的要求书写，简明扼要、重点突出。急诊病历书写就诊时间应当具体到分钟。

第三节　病历质量管理

病历质量管理是医疗质量管理的重要内容，目的是通过检查医疗规章制度、诊疗规范及操作常规的执行情况，发现医疗质量缺陷，保障医疗安全，提高医疗质量。

一、病历质量管理的三级体系

病历质量管理体系包括医院管理、科室管理和医师管理。医院应建立病历质量管理专门部门，安排专人参与医疗质量形成各环节的计划、组织、协调、控制。

（一）医院管理

医院成立病历质量管理委员会，是医院病历质量管理的最高权威组织，由分管院领导担任主要责任人，职能部门担任秘书单位，至少每半年召开一次病历质量管理委员会会议，总结分析全院病历质量状况，制订病历质量管理方针，如"消灭丙级病历""进一步规范病历书写格式"等。病历质量管理方针可以是长期的，也可以是阶段性的。若医务人员书写的病历存在重大缺陷或多次书写病历不合格，可通过病历质量管理委员会讨论后采取相应的管理措施。

医院应建立专门部门负责全院的病历质量监控和管理，通过多层次的管理措施将质量建设落实到病历管理的每个环节。每月对运行病历和住院病历进行定期和不定期抽查，重点检查死亡病历、疑难讨论病历、输血病历、非计划再次手术病历，并将抽查结果反馈给各科室。定期组织各级人员参加《病历书写基本规范》培训，培训内容参照《病历书写基本规范》和结合本院实际情况。此外，医院还应组建理论知识渊博、临床经验丰富且责任心较强的专家组进行病历质量检查；定期召开病历质量控制会议，对优秀病历和问题病历进行展示。

（二）科室管理

科室是病历质量管理的基础单位。科室应成立病历质量管理小组，由科室主任或医疗副主任担任第一责任人，可设置病历质量监控员。

科室病历质量管理小组的工作内容：小组成员每月至少参加一次病历自查；定期召开科室病历质量总结会议；组织科室人员定期学习病历书写有关规定，病历书写培训纳入"三基三严"训练；采用PDCA循环法提高科室病历质量。

病历质量监控员原则上从本院高年资中级职称及以上的医务人员中选拔，应明确其工作职责、工作内容和考核方案。病历质量监控员对每份出院病历进行认真严格的质量检查，定期将检查结果汇报给科室病历质量管理小组和医院医疗质量控制科。

（三）医师管理

医疗组长是病历质量的直接责任人，负责监控、指导、督促下级医师包括住院医师和实习医师按照《病历书写基本规范》要求完成每份住院病历的书写。各级医师对自己书写的病历实行自查，上级医师检查下级医师的病历质量，从完整性、及时性、准确性、一致性等方面对病历质量严格把关，发现问题及时反馈。医师管理是病历质量管理的源头，是病历书写者的质量控制，反映病历书写者的业务水平和质量意识。

二、病历质量管理的内容

病历质量管理的内容包括制订病例管理目标、建立质量标准、完善病历管理规章制度、进行全员病历质量教育、建立指标体系和评价系统，根据评价结果，总结、反馈形成持续改进机制，应用质量管理工具提高病历质量。

（一）制订病历管理目标，建立质量标准

医疗机构根据自身的实际情况，结合《医疗机构病历管理规定》《病历书写基本规范》《电子病历应用管理规范（试行）》《医疗事故处理条例》等相关法律法规，参考医院等级评审标准，制订病历管理目标和质量标准。医疗机构病历管理目标是确保病历书写及时、准确、完整、合规、合法，体现医疗过程，保障医疗质量。病历质量标准为百分制，根据项目内容扣分，评分大于或等于90分为甲级病历，评分75~89分为乙级病历，评分小于75分为丙级病历，可设置乙级病历或丙级病历单项否决项目。也可对病历内容缺陷分类，根据其对患者形成负面影响的程度分为重度、中度和轻度，还可按照具体缺陷内容分为病历缺陷、诊断缺陷、治疗缺陷、手术与麻醉缺陷、抢救缺陷等。

（二）完善病历管理规章制度

建立健全行之有效的病历管理规章制度，包括病历质量管理工作制度、病历书写基本规范、病历质量评价标准、科室病历质量自查制度、病历质量监控员管理办法等，确保病历管理规范合理、有章可循。病历管理规章制度应明确各级人员岗位职责，通过层级质量控制、多级检查、动态监控、双向反馈，形成分片、分点自查互控的闭环监控体系。

（三）进行全员病历质量教育

对各级医务人员，分层次、有针对性地进行病历质量管理相关理论和专业知识的培训，确保病历书写客观、真实、准确、及时、完整，充分调动医务人员的主动性、积极性。

对新入院的实习医师、规培医师、进修医师进行入院前和入科前病历书写基本规范培训，将病历书写基本规范的学习纳入"三基三严"，提高他们对病历质量重要性的认识，增强他们的法律意识和自我保护意识；对住院总医师上岗前进行病历质量管理和病历质量评价标准培训，让他们参与到病历质量管理中；对医疗组长开展问题警示教育培训，通过问题病历展、优秀病历展，让他们克服"重临床实践轻病历书写"的思想。

（四）建立指标体系和评价系统

需建立指标体系和评价系统，判定病历质量是否达到设定标准。以入院记录中的现病史为例，病历质量评价标准见表6-2。

表6-2　病历质量评价标准（以入院记录中的现病史为例）

主要内容	缺陷内容	扣分标准
起病时间与诱因	起病时间描述不规范或未记录诱因情况	每项1分
主要症状、体征的发生部位、时间、性质、程度描述，伴随症状与体征描述	未描述部位、时间、性质、程度及伴随症状与体征或描述不具体	每项1分
有鉴别诊断意义的重要阴性症状与体征	缺乏有鉴别诊断意义的重要阴性症状与体征	每项1分
疾病发展情况，入院前诊治经过及效果	未描述疾病发展情况或入院前诊治经过	每项1分
一般情况（精神、饮食、睡眠、二便等）	未描述一般情况或描述不全面	每项1分
经本院"急诊"入院者，有急诊诊疗重要内容描述	描述缺失或不清楚	每项1分

（五）定期总结、反馈，形成持续改进机制

定期汇总分析病历质量管理体系运行情况和病历缺陷问题，不断完善现行病历质量管理体系。

病历质量反馈可采用现场发送整改单、通知和通告、晨会、医院信息系统反馈等方法，及时告知科室与相关人员，说明病历缺陷内容，并附上相应的标准，限期完成整改。科室与相关人员需将整改情况及时反馈至病历质量管理职能部门。如科室与相关人员对病历缺陷内容有异议，可以进行申述。

（六）妥善应用质量管理工具，提高病历质量

PDCA循环是管理学中的一个通用模型，是全面质量管理循环的科学程序，包括计划（plan，P）、执行（do，D）、检查（check，C）、总结（action，A）4个阶段。PDCA循环贯穿于整个管理活动的各个关键环节，并周而复始地运转。每个循环都会促使关键环节控制体系的持续改进，从而促进管理系统的不断完善。将PDCA循环运用到病历质量管理中，采用柏拉图寻找主要问题点，采用鱼骨图进行原因分析，能有效地促进病历质量管理的关键环节改善，有效降低病历指标缺陷率，建立病历持续改进的长效机制，阶梯式地提高病历质量。例如，针对值班期间新入院患者首次病程记录书写不及时的问题，科室讨论后确定改进方案为值班医师完成首次病程记录，住院总医师每日

检查病历书写及时率,并在晨交班时公布各医疗组病历书写及时率情况,最终提升了值班期间新入院患者首次病程记录书写及时性。

三、病历质量控制方式

病历质量控制应采取环节质量控制和终末质量控制相结合的全过程质量控制方式,对环节质量、终末质量、专项质量进行全程有效管控,争取实现实时质量监控,做到问题早发现、早纠正。

(一)环节质量控制

运行病历监控是提升医疗质量和确保医疗安全的关键措施。通过加强环节质量控制,我们可以及时发现并弥补病历中的缺陷,确保病历在形成过程中的完整性,从而真正提高病历书写的质量。住院病历的环节质量控制强调实时性,目的是在问题初现时即发现并纠正,以确保终末病历的高质量。

科室病历质量管理小组负责对运行病历进行自查,检查数量可根据出院患者数或床位数来确定,并将检查结果上报至医疗质量控制科。同时,医疗质量控制科也会不定期对科室病历进行抽查。环节质量控制的重点是病历书写的及时性,病程记录应体现三级医师查房、知情告知、术前讨论、术前风险评估、手术记录、危急值处置记录以及患方和医方的签名。

(二)终末质量控制

根据医院的实际情况,对出院病历进行细致检查,尤其关注死亡病历、疑难讨论病历、输血病历和非计划再次手术病历。终末质量控制的焦点在于病历的完整性和内涵质量。完整性指病历中各项文书的齐全性,而内涵质量则体现在CT、MRI、病理、细菌培养等重大检查记录的准确性,以及抗菌药物使用、恶性肿瘤治疗、手术相关记录、植入物相关记录、临床用血记录、医师查房记录和患者抢救记录的规范性和完整性。

(三)专项质量控制

针对病历问题较多的科室或个人,进行病历质量的专项检查。要求科室或个人运用质量管理工具,对存在的问题进行深入分析和整改,并将整改报告反馈至医疗质量控制科。医疗质量控制科将不定期进行抽查。此外,可以利用信息化手段开展病历时限性和内涵质量控制。通过梳理病历时限性规则和内涵质量控制规则,并与HIS协作,设置管控规则,对不符合要求或错误的病历书写进行及时提醒。

四、病历质量考核方法

将病历质量纳入绩效考核体系,根据对科室和个人管理目的的不同,将病历质量检查结果分为两部分。一部分为科室绩效考核,在质量控制中以百分制体现,作为科室工作的量化指标,与科室奖金挂钩;另一部分为个人管理考核,各种违反规定的行为直接与当事人挂钩,并根据问题的严重程度与个人奖金或晋升、晋级挂钩,以此作为对医务人员医疗行为的管理。运用激励与约束相结合的方式,如通过优秀病历奖、缺陷病历管理、病历质量监控员技能大赛等途径,对质量管理工作突出的科室和个人给予精神和物质奖励。

第四节 典型案例

案例 6-1:病案首页诊断错误1。

(一)案情介绍

门诊以喉恶性肿瘤收治。住院期间病理免疫组化检查提示喉鳞状细胞癌。出院后病案首页诊断为喉肿物、喉癌术后。

(二)案情分析

肿瘤诊断需包含解剖部位、病理、肿瘤分期,如喉鳞状细胞癌(声门型 $T_1N_0M_0$ Ⅰ期),本次手术名称不应在诊断中体现。

案例 6-2:病案首页诊断错误2。

(一)案情介绍

患者肾内科治疗肾病综合征后,因结石性胆囊炎急性发作于2月6日转胰腺外科,2月8日行腹腔镜胆囊切除术,2月10日从胰腺外科出院。术后诊断为肾病综合征。

(二)案情分析

病案首页主要诊断应为结石性胆囊炎伴急性发作。外科术后患者病案首页主要诊断应为与手术相一致的疾病。

案例 6-3:病案首页主要诊断错误3。

(一)案情介绍

患者因心悸、气促于5月入院,入院诊断为主动脉瓣狭窄(重度)、反流(轻度)。于全麻下行 TAVI 手术,术后返回 ICU 监护心率、血压,同时进行利尿、补钾、抗感染等对症、支持治疗。患者突发呼吸心搏骤停,经抢救无效后死亡。出院诊断呼吸心搏骤停,主动脉瓣狭窄(重度)、反流(轻度)。

（二）案情分析

以手术治疗为住院目的，则选择与手术治疗相一致的疾病作为主要诊断。住院过程中出现比入院诊断更为严重的并发症或疾病时，若为手术导致的并发症，选择原发病［主动脉瓣狭窄（重度）、反流（轻度）］作为主要诊断。

案例6-4：病案首页入院病情选择错误1。

（一）案情介绍

患者因左肺下叶背段结节 1^+ 月入院，入院诊断左肺下叶结节待诊，行手术治疗，术后诊断为左肺下叶腺癌。病案首页入院病情选择"1. 有"。

（二）案情分析

入院病情判断原则中"2. 临床未确定"，对应本出院诊断在入院时临床未确定，或入院时该诊断为可疑诊断。本例患者左肺下叶腺癌的诊断，在入院时临床未确定。病案首页入院病情选择应为"2. 临床未确定"。

案例6-5：病案首页入院病情选择错误2。

（一）案情介绍

患者住院期间B超检查发现肝囊肿、左肾结石。病案首页主要诊断肝囊肿、左肾结石；入院病情选择"4. 无"。

（二）案情分析

入院病情判断原则中"3. 情况不明"，对应本出院诊断在入院时情况不明，故入院时未能考虑此诊断或主观上未能明确此诊断；"4. 无"，对应住院期间新发生的、入院时明确无对应本出院诊断的诊断条目。因此，本例患者肝囊肿、左肾结石入院病情应选择"3. 情况不明"。

案例6-6：现病史与一般体格检查描述错误。

（一）案情介绍

患者病历主要内容如下。

主诉：颈部砍伤伴出血 2^+ 小时。

现病史：患者于 2^+ 小时前照顾其子住院时被他人砍伤颈部，以右侧为主，见局部大量出血。外院给予紧急压迫患处止血并补液（400mL），为求进一步治疗，遂气管插管下转入我院急诊科就诊。送入时患者昏迷，颈部可见活动性出血。

一般体格检查：表情自如，步态正常，昏迷，配合检查，体位自如。

（二）案情分析

现病史未清楚描述患者救治过程、出血量情况、呼吸困难发生的经过，一般体格检查中表情、查体、体位与现病史矛盾。

【关键词】

病历质量、病案首页质量、病历质量管理。

【思考题】

1. 简述病历质量管理对医疗质量和患者安全的重要性及影响。
2. 简述信息化技术与人工质量控制在病历质量管理中的应用及面临的挑战。
3. 如何提升医院病历书写质量？

主要参考文献

卫生部. 病历书写基本规范［S］. 2010.

国家卫生和计划生育委员会，中医药局. 医疗机构病历管理规定（2013年版）［S］. 2013.

国家卫生和计划生育委员会. 医疗质量管理办法［S］. 2016.

国家卫生和计划生育委员会. 住院病案首页数据填写质量规范（暂行）［S］. 2016.

国家卫生和计划生育委员会. 住院病案首页数据质量管理与控制指标（2016版）［S］. 2016.

国家卫生健康委员会. 病案管理质量控制指标（2021年版）［S］. 2021.

（帅冰星）

第七章　合理用药相关规定

WHO将合理用药定义为：患者接受的药物适合其临床需求，其剂量满足其个体需求，持续适当时间，且对患者本人及其社区的成本最低。这一定义于1985年在内罗毕举行的合理用药专家会议上制订，目的是确保卫生专业人员和消费者能够以最有益于疗效和经济有效的方式使用药物，从而纠正不合理用药这一全球性问题。

2007年第60届世界卫生大会指出，在发展中国家和经济转型期国家，超过一半的药物使用不当，而在发达国家，尤其是抗菌药物的不当使用也相当普遍。这种不当使用不仅浪费了稀缺的资源，还导致了患者的不良后果，并对患者健康造成极大损害。随着药品的过度使用，药物不良反应和治疗失误的发生率不断上升，引起了大量的疾病和死亡。

合理用药必须遵循以下四项原则。

1. 有效性：药物治疗应达到预期的治疗效果。
2. 安全性：药物治疗的不良反应应尽可能小，确保用药效果与风险之间的最佳比例。
3. 适当性：个体化地确定所用药物、剂量、疗程和给药途径。
4. 经济性：以尽可能低的医药费用支出获得尽可能高的治疗效果，强调治疗效果与费用的相对关系，确保药物价格的可负担性。

合理用药与广大群众的切身利益紧密相关。它不仅可以经济有效地利用卫生资源，而且能够带来最大的医疗和社会效益，提高公众的健康水平。

第一节　合理用药管理概述

一、WHO对合理用药的相关规定

合理用药是全球范围内面临的一项重大挑战。根据WHO的统计，全球范围内有超过一半的药物在配药或销售过程中存在不当行为，同时有半数患者未能正确使用药物。这些问题导致了资源的浪费和广泛的健康风险，包括过度用药、用药不足和错误用药。

不合理用药的常见例子：给单个患者过量用药；不恰当地使用抗菌药物，如剂量不足或用于非细菌感染；在可以口服治疗的情况下过度依赖注射；未遵循临床指南开具处方；不恰当的自我药疗，包括滥用处方药；不遵守剂量方案。

由于涉及多方利益，合理用药问题变得极为复杂。在面对巨大经济利益诱惑时，确保医务人员仍能保持职业操守，是实现合理用药的关键。

WHO的药物战略提出了一系列基础干预措施，以促进合理用药：

1. 建立跨学科国家机构，协调药物使用政策。
2. 使用临床指南。
3. 拟定并使用国家基本药物目录。
4. 在各地和医院建立药事管理和药物治疗学委员会。
5. 将以问题为基础的药物治疗纳入大学课程。
6. 将继续接受在职医学教育作为执业要求。
7. 监督、稽核和反馈。
8. 利用有关药物的独立信息。
9. 对公众进行药物教育。
10. 避免错误的财政激励措施。
11. 进行适当监管和监管执法。
12. 提供充足的政府支持，以确保药物和专业技术人员的可获得性。

二、我国合理用药的相关政策

合理用药是我国新医改的一个重要方面。2009年3月17日，中共中央、国务院向社会公布了《关于深化医药卫生体制改革的意见》，明确提出保障人民群众安全用药；规范药品临床使用；引导医院合理用药；保证群众基本用药的可及性、安全性和有效性，减轻群众基本用药费用负担。国家卫生行政管理部门每年的工作要点、医院巡查工作方案、"医疗质量万里行"活动方案都将合理用药作为重点内容之一。例如，2010年"医疗质量万里行"活动方案中就明确指出，贯彻实施《中华人民共和国药品管理法》《麻醉药品和精神药品管理条例》《处方管理办法》《医疗机构药事管理暂行规定》《抗菌药物临床应用指导原则》《关于加强全国合理用药监测工作的通知》《中国国家处方集》《卫生部办公厅关于抗菌药物临床应用管理有关问题的通知》《医院处方点评管理规范（试行）》等法律法规、规章和规范性文件，积极推进临床合理用药。认真落实处方点评制度，对处方实施动态监测及超常预警，对不合理用药及时予以干预。按照《抗菌药物临床应用管理办法》的规定，建立健全抗菌药物分级管理制度，明确各级医师使用抗菌药物的处方权限，切实采取措施推进抗菌药物合理应用工作。以严格控制Ⅰ类切口手术预防用药为重点，进一步加强围手术期抗菌药物预防性应用的管理。加强临床微生物检测、抗菌药物临床应用和细菌耐药监测工作，建立抗菌药物临床应用和细菌耐药预警机制。认真做好合理用药监测工作，按照监测工作方案的要求，认真、及时、准确做好数据的收集和上报工作。建立健全毒、麻、精、放、药品类易制毒化学品等特殊药品的安全管理制度并认真落实。

　　合理用药也是医疗卫生行风建设、依法执业、廉洁行医的重要内容。2013年国家卫生和计划生育委员会、国家中医药管理局印发的《加强医疗卫生行风建设"九不准"》规定：不将医疗卫生人员个人收入与药品和医学检查收入挂钩；不开单提成；不违规收费；不违规接受社会捐赠资助；不参与推销活动和违规发布医疗广告；不为商业目的统方；不违规私自采购使用医药产品；不收受回扣；不收受患者"红包"。

　　不合理用药不仅对患者的身体健康构成威胁，同时大大增加了患者经济负担，是直接导致医疗费用过快增长的主要原因之一，成为群众对医疗机构不满意的焦点问题之一。因此，为了控制公立医院医疗费用不合理增长，国家卫生和计划生育委员会、国家发展和改革委员会、财政部、人力资源社会保障部和国家中医药管理局于2015年10月27日发布的《关于控制公立医院医疗费用不合理增长的若干意见》提到，部分城市公立医院医疗费用总量增幅较大，药品收入占比较大。为此，采取的措施之一："规范医务人员诊疗行为。推行临床路径管理，采取处方负面清单管理，落实处方点评、抗生素使用、辅助用药、耗材使用管理等制度。加强中药饮片合理应用监管，建立中药饮片处方专项点评制度，促进合理用药。建立对辅助用药、医院超常使用的药品和高值医用耗材等的跟踪监控制度，明确需要重点监控的药品品规数，建立健全以基本药物为重点的临床用药综合评价体系。"

　　2016年发布的《医疗质量管理办法》明确规定医疗机构及其医务人员严格遵守医疗质量安全核心制度，做到合理用药；发挥药师在处方审核、处方点评、药学监护等合理用药管理方面的作用。临床诊断、预防和治疗疾病用药应当遵循安全、有效、经济的合理用药原则，尊重患者对药品使用的知情权。

　　2018年6月，国家卫生健康委员会等3部门联合制定了《医疗机构处方审核规范》，以促进临床合理用药，保障患者用药安全。

　　2018年8月3日，国务院办公厅印发了《关于改革完善医疗卫生行业综合监管制度的指导意见》，强调加强对医疗机构采购和使用药品等医疗相关产品的监管；推行临床路径管理和临床药师制度，落实处方点评制度；强化药品质量监管，健全药品遴选、采购、处方审核、处方调剂、临床应用和评价等标准规范，强化药事管理和药事服务；建立和完善临床用药超常预警制度和对辅助用药等的跟踪监控制度。

　　2020年2月，国家卫生健康委员会、财政部、国家医保局、教育部、人力资源社会保障部和国家药监局联合发布《关于加强医疗机构药事管理促进合理用药的意见》，强调了提高医师临床合理用药水平、强化药师或其他药学技术人员对处方的审核、加强合理用药管理和绩效考核。

　　2021年9月，国家卫生健康委员会发布《公立医院高质量发展促进行动（2021—2025年）》，在"实施医疗质量提升行动"一节中指出"鼓励医院利用信息化技术扩大处方审核和点评的范围，合理诊疗和合理用药指标不断改善"。在"实施患者体验提升行动"一节中，重申"合理用药管理"。

　　在国家二、三级公立医院绩效考核中，合理用药被作为医疗质量相关的考核指标。

第二节 抗菌药物相关规定

一、不合理使用抗菌药物的危害

20世纪初,抗生素的发明极大地延长了人类寿命,有效对抗了原本致命的细菌。然而,随着抗生素使用的日益频繁,细菌耐药性问题也变得日益严重。例如,许多人在感冒或流感时错误地使用抗菌药物,但这些疾病通常由病毒引起,而非细菌。抗菌药物对病毒无效,反而可能促进细菌耐药性的增强。

细菌对抗菌药物的耐药性增加了许多风险:耐药微生物引起的感染往往对标准治疗无效,导致长期患病和更高的死亡风险。耐药性不利于传染病的防控,降低了治疗的有效性。耐药微生物的传播增加了公共卫生的威胁,有可能使我们回到抗生素发现之前的时代,许多传染病可能变得难以控制。

细菌耐药性还导致卫生保健费用的增加,影响社会的整体健康收益。当感染的细菌对一线药物产生耐药性时,可能需要使用更昂贵的治疗方法。长期患病和治疗,尤其是住院治疗,会增加卫生保健费用,加重家庭和社会的经济负担。

细菌对抗菌药物的耐药性威胁到了现代医学的成就。没有有效的抗菌药物,许多关键的治疗,如器官移植、癌症化疗和大型手术,其成功率可能会降低。

人类体表和体内的微生物群系是一个庞大的生态系统,对人类健康至关重要。人体携带的微生物数量远远超过自身的细胞数量,这些微生物的基因总数也远超人类基因。研究表明,肠道菌群等微生物与多种疾病有关,对儿童的免疫和神经系统发育尤为重要。肠道菌群帮助我们消化和吸收营养,产生对人体有益的物质,并参与免疫系统的构建。大多数微生物并非病原体,而是人类的盟友。共生的有益微生物种类和数量越多,人体越能抵抗病原微生物。过度使用抗菌药物会破坏肠道菌群的平衡,损害肠道生态屏障,引起肠道微环境变化,甚至损伤肠黏膜细胞。不合理使用抗菌药物可能导致人体内生态系统的破坏,而重建这一系统远比补充益生菌或益生元复杂得多。

在我国,由于大量无指征和不合理使用抗菌药物,人们的肠道菌群多样性正在丧失,这不仅影响了个体健康,也对公共卫生构成了挑战。

二、WHO对抗菌药物合理使用的相关规定

WHO指出,不合理用药,尤其是不恰当地使用抗菌药物,是全球公共卫生和环境面临的重大挑战。2010年,美国医学研究所将抗生素耐药性描述为一场灾难,引用了Garrett Hardin在1968年《科学》杂志上发表的论文,该论文通过"公地悲剧"的类比,警示了共享资源的过度利用和无人管理将导致的灾难性后果,这与当前抗菌药物耐

药性问题惊人相似。

为了应对这一挑战，WHO 在 2010 年 12 月的简报《控制抗生素耐药性：重新作出的努力》中宣布，将抗生素耐药性问题作为 2011 年世界卫生日的主题。2011 年 4 月 7 日，WHO 将世界卫生日的主题定为"细菌耐药性：今天不采取行动，明天就无药可用"，强调了耐药性的严重性和紧迫性。WHO 呼吁全球各界采取紧急行动，减缓耐药性的蔓延，并为未来保存医疗进展。

WHO 建议各国采取以下措施：制定并执行一套完整的、有资金支持的国家计划；加强监测与实验室能力；确保不间断获得质量有保证的基本药物；规范并促进药物的合理使用；加大感染防控力度。

抗感染药物的不合理使用，如用量不足、过大或滥用，都会导致耐药性更迅速地出现。WHO 呼吁医师和药师仅在患者真正需要药物治疗时才开处方和配药，患者也应在不适宜使用抗菌药物时要求医师停止使用。同时，卫生专业人员应帮助降低感染在卫生保健机构的传播。

2015 年 5 月，第 68 届世界卫生大会批准了抗微生物药物耐药性全球行动计划，强调了错误使用和过度使用抗微生物药物导致的耐药性快速发展问题。该计划指出，耐药性不仅影响人类健康，还会影响动物卫生、农业、粮食安全和经济发展，因此需要跨部门和学科的共同努力。WHO 敦促所有会员国在世界卫生大会批准行动计划后 2 年内制订与全球行动计划相一致的国家行动计划。

自 2015 年以来，WHO 每年 11 月举办世界提高抗生素认识周活动，主题为"慎重对待抗生素"，以提高公众对合理使用抗生素的认识。

2016 年 9 月，第 71 届联合国大会在纽约召开高级别峰会，全球领导人共同为打击抗微生物药物耐药性做出承诺，将采取广泛性协调有序的方法，在众多部门解决抗微生物药物耐药性问题。这显示了国际社会对这一问题的高度重视。

三、我国对抗菌药物合理使用的相关规定

自 2010 年 WHO 对全世界敲响了警钟，呼吁加强抗菌药物临床应用管理，遏制细菌耐药后，2011 年，我国卫生部在全国开展了为期 3 年的"抗菌药物临床应用专项整治活动"，对抗菌药物品种品规数、使用强度、使用率等进行严格控制。专项整治活动结束后，卫生部每年提出重点工作。在活动收官之年，国家卫生和计划生育委员会印发《2013 年全国抗菌药物临床应用专项整治活动方案》，对医院抗菌药物的品种、患者的使用量做了限制，还要求接受抗菌药物治疗的住院患者使用抗菌药物前，微生物检验样本送检率不低于 30%。

2012 年，《抗菌药物临床应用管理办法》出台，建立了抗菌药物临床应用分级管理制度，将抗菌药物分为非限制使用、限制使用与特殊使用三级管理，并明确规定了不同等级医师的开药权限。严重违规使用抗菌药物的医师将被吊销执业证书。明确了医疗机构抗菌药物遴选、采购、临床使用、监测和预警、干预与退出全流程工作机制，并加大干预力度和责任落实。

2015年，国家卫生和计划生育委员会在《关于进一步加强抗菌药物临床应用管理工作的通知》中强调了抗菌药物临床应用管理，并对抗菌药物临床应用管理评价指标作了具体要求。2015年修订了《抗菌药物临床应用指导原则》《国家抗微生物治疗指南》等技术规范，指导临床合理使用抗菌药物。

2016年，国家卫生和计划生育委员会、国家发展和改革委员会、教育部等部门制定并实施《遏制细菌耐药国家行动计划（2016—2020年）》，对细菌耐药问题采取综合治理措施。《遏制细菌耐药国家行动计划（2016—2020年）》的工作目标之一是全国二级以上医院基本建立抗菌药物临床应用管理机制，医疗机构主要耐药菌增长率得到有效控制。在医疗方面，主要措施有卫生行政部门负责加强抗菌药物临床应用管理，做好遏制细菌耐药工作的组织协调和督促落实，中医药管理部门、军队卫生部门分别做好中医医疗机构、军队医疗机构的抗菌药物临床应用管理；规范抗菌药物临床应用管理；严格落实《药品管理法》《医疗机构管理条例》《处方管理办法》《医疗机构药事管理规定》《抗菌药物临床应用管理办法》《医院处方点评管理规范（试行）》《抗菌药物临床应用指导原则》等有关规定；鼓励建立多学科合作机制，由临床科室、感染性疾病、临床微生物、药学、医院感染管理等多学科组成工作团队，提升专业化管理水平；加强医务人员抗菌药物合理应用能力建设；提高专业人员细菌耐药防控能力；加强医药专业学生培养，鼓励有条件的高等医学院校在临床医学专业、药学专业开设合理用药课程，加强相关专业医务人员培养，大力培养抗菌药物合理应用与耐药控制人才，重点培养感染性疾病、临床药学、临床微生物等专业人才，并保证培养的数量满足医疗机构需求，加强医务人员抗菌药物合理应用与耐药控制继续教育，医务人员每年要完成一定课时的继续教育培训并考核通过等。

2016年发布的《医疗质量管理办法》第二十二条明确提出抗菌药物合理使用。《医疗质量安全核心制度要点》将抗菌药物分级管理制度作为十八项核心制度之一。

《国家卫生计生委办公厅关于进一步加强抗菌药物临床应用管理遏制细菌耐药的通知》《关于持续做好抗菌药物临床应用管理有关工作的通知》《国家卫生健康委办公厅关于持续做好抗菌药物临床应用管理工作的通知》《国家卫生健康委关于进一步加强抗微生物药物管理遏制耐药工作的通知》等文件就抗菌药物临床应用重点环节及问题存在的特点作出具体管理规范。

为进一步规范β内酰胺类抗菌药物皮肤试验的使用和判读，促进抗菌药物合理应用，国家卫生健康委办公厅发布了《β内酰胺类抗菌药物皮肤试验指导原则（2021年版）》，提出根据WHO对青霉素皮试的推荐意见，在充分研究，推进修订药品说明书、相关文件、权威著作的基础上：①精准定位青霉素皮试适应证，并从口服青霉素类药物做起，逐步取消常规青霉素皮试筛查；②完善青霉素皮试方法。

在国家二、三级公立医院绩效考核中，抗菌药物使用强度被作为国家监测指标。

第三节 合理输液相关规定

一、不合理输液的现状

WHO 指出，不合理用药包括在本应使用口服药的情况下过度使用输液。

WHO 在 2006 年提出警告，指出输液作为一种医疗服务在全球范围内被过度使用，而并非所有输液都是基于合理的医疗需要。在一些地区，多达 90% 的接受初级卫生保健的患者曾被输液，而其中有 70% 的输液被认为是不必要的，或者本可以通过口服药物进行治疗。

患者通常倾向于接受输液治疗，因为他们相信这种方法能带来更快和更有效的治疗效果。这种偏好可能也受到了医师的态度影响，医师可能认为输液更能让患者满意。而开具输液处方有时能够为医疗机构带来更高的服务费。

尽管 WHO 提倡"能吃药不打针，能打针不输液"的用药原则，但在我国，许多人依然认为输液不仅能够加速疾病康复，还可以补充必要的营养。尤其是在儿童生病时，家长们更倾向于认为输液比口服药物更为方便。例如，对于儿童病毒性腹泻，许多情况下应优先使用口服补液盐，而不是不必要的输液治疗。

根据国家发展和改革委员会的数据，2009 年我国医疗输液量达到了 104 亿瓶，人均输液量远高于国际平均水平。尽管近年来推出了包括"限抗令"和门诊输液监管在内的多项措施，我国注射剂市场规模仍在持续增长。据中康 CMH 监测数据，2013—2016 年间国内注射剂市场年复合增长率为 6.7%，2016 年市场规模达到 7577 亿元。

在发达国家，输液仅作为对急救患者、重症患者或不能进食的患者使用的"最后给药方式"。然而，在中国输液已成为一种普遍的医疗措施，这种追求快速效果的做法导致了所谓的"输液病"。

《国家药品不良反应监测年度报告（2017 年）》显示，按照药品给药途径统计，2017 年药品不良反应/事件报告中，注射途径的不良反应占比近 2/3，且呈上升趋势，同比增长 1.6 个百分点。其中，静脉注射给药占 61.0%，同比增长 1.3 个百分点，其他注射给药占 3.7%，同比增长 0.3 个百分点。而其他用药途径的不良反应占比均呈下降趋势。2017 年化学药品不良反应/事件报告中，注射剂占 66.7%、口服制剂占 30.3%；生物制品中注射剂占 97.0%。2017 年中药不良反应/事件报告中严重不良反应涉及的给药途径显示，静脉注射给药占比较高。在整个给药途径分布中，静脉注射给药占比显著高于其他给药途径，提示我国注射剂使用比较广泛，仍需进一步加强注射剂使用用管理和安全监测。国家药品监督管理部门先后发布 76 期《药品不良反应信息通报》，其中有 27 期提示了注射剂在临床使用存在不合理使用现象，主要表现为超剂量、超适应证、超适用人群用药；不合理长期用药；用药方法不当，如静脉给药浓度过高、滴速过快;未注意配伍禁忌,将存在配伍禁忌的药物混合配伍或使用同一输液器连续滴注;联合用药不当等。这提示不合理使用仍然是影响注射剂用药安全的重要因素之一。

二、不合理输液的危害

过度输液可能会引起"恶性"药物不良反应,如过敏性休克、医源性感染、肺水肿、发热反应、静脉炎、空气栓塞、微粒堆积、微血管血栓、肉芽肿等。

注射相关医源性感染的风险包括非必要的注射、医务人员配制药液或注射/输液操作过程中手卫生欠佳或药瓶污染而造成的交叉感染、备皮和消毒的操作不规范、重复使用注射器材。很多血源性病毒可以在物体表面存活长达7天,其他病原体可以存活长达几个月或更久,因此当物体表面消毒、器械设备清洁和消毒不彻底时,会发生患者间病原体传播,输液需要十分严格的医院感染防控措施。

WHO在《全球安全注射网络安全注射及相关操作工具手册》中指出,减少不必要的注射是防止注射相关医源性感染的最好方法;一些国家高达70%的注射从医疗上来说是非必需的;应优先考虑那些同样能达到有效治疗的其他方法(如口服),减少血液或感染源的潜在暴露,从而减少感染风险。

另外,《药典》并没有对配伍后混合溶液的不溶性微粒做出明确限定,而注射剂(尤其是中药注射剂、辅助性生物制剂)配伍后会产生大量微粒,注射针头穿刺药瓶胶塞时也会产生大量微粒。直径大于$2\mu m$的微粒会残留在体内,无法排出体外。人体肺、脑、肾、眼等部位毛细血管内径仅$4\sim 7\mu m$,而婴幼儿、儿童的毛细血管内径更细,微粒造成的伤害更大。较大的微粒可直接造成血管栓塞,引起局部循环障碍。直径$2\sim 10\mu m$的微粒对人体造成的危害是潜伏的、长期的,是心脑血管疾病的潜在危险因素。

三、我国对合理输液的相关规定

2020年8月5日,国家卫生健康委员会办公厅发布了《药事管理专业医疗质量控制指标(2020年版)》,其中包括住院患者静脉输液使用率、住院患者中药注射剂静脉输液使用率、急诊患者糖皮质激素静脉输液使用率、住院患者质子泵抑制药注射剂静脉使用率等指标。

《2021年国家医疗质量安全改进目标》将"降低住院患者静脉输液使用率"列为目标八;《2022年国家医疗质量安全改进目标》将"降低住院患者静脉输液使用率"列为目标九,并将其作为2022年药事管理专业质量控制工作的改进目标。

第四节 抗肿瘤药物相关规定

2015年,《进一步改善医疗服务行动计划》提出:规范抗肿瘤药物临床应用,加强临床使用干预，推行个体化用药，降低患者用药损害。同年，《国务院办公厅关于城市公立医院综合改革试点的指导意见》明确指出，降低药品费用就是要加强合理用药和处方监管，采取处方负面清单管理、处方点评等形式强化抗肿瘤药物的临床使用干预。

2016年，国家卫生和计划生育委员会发布的《关于加强肿瘤规范化诊疗管理工作的通知》要求：控制抗肿瘤药物和辅助用药品种品规数量。要明确抗肿瘤药物和辅助用药的分类使用原则、使用比例。落实处方点评及公示制度。二级以上医院要组织医学、药学、医疗管理等多学科，对抗肿瘤药物和辅助用药处方（医嘱）实施抽查点评。对用药适应证、用法、用量、疗程、配伍禁忌或者不良相互作用等情况进行点评和公示。对点评中发现的问题，要进行跟踪管理和干预，将点评结果作为科室和医务人员处方权授予及绩效考核的重要依据。

2018年，国家卫生健康委员会发布《关于进一步加强患者安全管理工作的通知》，将加大对抗肿瘤药物等重点药物类别的管理力度作为医疗机构高度重视患者用药安全管理、着力推进患者用药安全的抓手之一。为了落实抗肿瘤药物的合理使用，从2018年起，国家卫生健康委员会每年更新并印发新型抗肿瘤药物临床应用指导原则。

2018年，国家卫生健康委员会发布《关于开展全国抗肿瘤药物临床应用监测工作的通知》，要求开展抗肿瘤药物临床应用监测工作，掌握抗肿瘤药物的应用现状，对于规范肿瘤诊疗行为、保障医疗质量和医疗安全、促进抗肿瘤药物合理使用具有重要意义。各级卫生健康行政部门和医疗机构要高度重视抗肿瘤药物临床应用监测工作，加强组织管理，按照要求做好监测工作，为调整和完善抗肿瘤药物管理政策提供科学依据。

国家卫生健康委员会、国家发展和改革委员会、国家医保局等部门联合发布《关于印发健康中国行动——癌症防治实施方案（2019—2022年）的通知》，指出以修订肿瘤疾病诊疗规范、指南、临床路径为切入点来加强抗肿瘤药物临床应用管理，即加强诊疗规范化管理，实施癌症诊疗规范化行动，提升管理服务水平。

2019年，《国家卫生健康委办公厅关于做好医疗机构合理用药考核工作的通知》把抗肿瘤药物的使用和管理情况作为合理用药考核范围和内容之一。

为加强抗肿瘤药物的临床使用管理，提高合理用药水平，2020年国家卫生健康委员会发布《抗肿瘤药物临床应用管理办法（试行）》，共5章48条，对医疗机构内抗肿瘤药物的遴选、采购、储存、处方、调配、临床应用和药物评价等，进行全过程管理。

国家卫生健康委员会针对肿瘤诊疗全流程制定发布了一系列部门规章、规范性文件等，明确并多次强调有关要求。为进一步推动相关要求落实到位，持续提升肿瘤诊疗质量水平，规范诊疗行为，保障医疗质量安全，国家卫生健康委员会办公厅、国家中医药局办公室、中央军委后勤保障部卫生局联合印发《肿瘤诊疗质量提升行动计划》，部署开展"肿瘤诊疗质量提升行动"。

第五节　药品不良反应相关规定

1937年，美国田纳西州的马森吉尔药厂在改进磺胺酏剂的口感时，用二甘醇替代乙醇作为溶剂，这一改变主要影响了美国南方几个州的药品供应。不久后，美国南方地区肾衰竭的患者数量激增，共有107人死亡，其中包括34名儿童。调查结果证实，这些死亡案例与马森吉尔药厂生产的含有二甘醇的磺胺酏剂有直接关联。这一事件引发了全球对药品安全性的广泛关注。

1956年，一种名为反应停（沙利度胺）的药物上市，用于治疗孕妇的妊娠呕吐。该药物迅速成为孕妇的理想选择，并在加拿大、日本等17个国家上市。然而，到了1960年左右，这些国家发现畸形婴儿的出生率显著上升。这些被称为"海豹肢畸形"的婴儿，由于长骨缺失，手臂和腿部异常短小，手脚直接与身体相连。经过广泛的流行病学调查，确认这种畸形是由母亲在妊娠期间服用反应停所致。据统计，从1956年到1963年，在17个国家共发现了超过1万例"海豹肢畸形"病例，其中半数婴儿在1岁以下就不幸去世。

在经历了包括反应停事件在内的一系列药物危害事件后，许多国家开始建立药品不良反应监测报告制度。1963年，联邦德国和荷兰率先建立了药品不良反应鉴别报告制度。随后，1964年英国引入了黄卡制度，澳大利亚建立了蓝卡制度。法国、西班牙、日本、比利时、捷克等国也相继建立了现代意义上的药品不良反应报告制度。

1968年，WHO制订了国际药品监测合作计划，并在10个已建立不良反应国家报告系统的国家设立了相应的合作中心。随着越来越多的国家建立国家药物警戒中心，这一国际药品监测合作中心网络得到了显著扩展。1970年，WHO正式设立了国际药品监测合作中心，作为执行WHO药品不良反应监测合作计划的常设机构。

我国从1986年开展药品不良反应监测报告试点工作，1998年成为WHO国际药品监测合作计划的正式成员国，于1999年正式全面实施药品不良反应监测报告工作。

1999年，国家食品药品监督管理总局与卫生部联合发布《药品不良反应监测管理办法》（试行），从1999年11月25日开始实施。

2001年2月28日，第九届全国人民代表大会常务委员会修订发布《药品管理法》，在七十一条中明确提出"国家实行药品不良反应报告制度"，为药品不良反应监测工作提供了法律依据。

2004年3月，《药品不良反应报告和监测管理办法》以卫生部部长、国家食品药品监督管理总局局长令的形式正式发布实施，进一步明确了各级食品药品监督管理部门、各级卫生行政主管部门的职责，确立了药品生产、经营、使用单位的法定报告和监测的责任，以提高药品不良反应报告的及时性和利用率，防止严重药品不良反应的重复发生和蔓延。2011年7月1日，卫生部发布新修订的《药品不良反应报告和监测管理办法》，进一步明确"在药品不良反应报告和监测过程中获取的商业秘密、个人隐私、患者和报告者信息应当予以保密。鼓励医疗机构、药品生产企业、药品经营企业之间共享药品不良反应信息。药品不良反应报告的内容和统计资料是加强药品监督管理、指导合理用药的依据"。

2019年12月1日，新修订的《中华人民共和国药品管理法》正式实施，第十二条建立两项全新的基本制度，其中一项就是国家建立药物警戒制度，并在第八十条、第八十一条、第一百三十四条对医疗机构对药品不良反应的监测与报告作了规定。

药物警戒与药品不良反应监测具有一些相似之处，但比药品不良反应监测范围要更广。"药物警戒"（pharmacovigilance，PV）一词源于古希腊词语pharmko（意为药物）及拉丁词语vigilare（意为警戒）。顾名思义，药物警戒可以理解为对药物进行监测、守护，时刻准备应对可能发生的危险。2002年，WHO进一步完善了药物警戒的定义，即药物警戒是发现、评价、理解和预防药品不良作用或其他任何与药物相关问题的科学和活动。它不仅与药物治疗学、临床药理学、免疫学、毒理学、流行病学等学科相关，而且还与社会学相关。药物警戒体系是一个涵盖药品整个生命周期的全方位药品安全监管体系，除关注狭义上的药品不良反应外，还关注药品误用、滥用、过量使用、药物相互作用、缺乏疗效等其他与药品有关的安全问题。药物警戒核心理念是通过借助风险管理理念和方法以实现最佳风险效益比，从而达到保障患者用药安全和维护公共卫生安全的目的。

《药品不良反应报告和监测管理办法》对药品不良反应等相关概念进行了明确定义。

1. 药品不良反应是合格药品在正常用法用量下出现的与用药目的无关的或意外的有害反应。

2. 新的药品不良反应指药品说明书中未载明的不良反应。说明书中已有描述，但不良反应发生的性质、程度、后果或者频率与说明书描述不一致或者更严重的，按照新的药品不良反应处理。

3. 严重药品不良反应指因使用药品引起以下损害情形之一的反应：①引起死亡；②致癌、致畸、致出生缺陷；③对生命有危险并能够导致人体永久的或显著的伤残；④对器官功能产生永久损伤；⑤导致住院或住院时间延长；⑥导致其他重要医学事件，如不进行治疗可能出现上述所列情况的。

4. 药品不良事件（adverse drug event，ADE）指药物治疗期间所发生的任何不利的医学事件，但该事件并非一定与用药有因果关系。从该定义看，药品不良事件的范围包含了药品不良反应，本着可疑即报的原则，对有重要意义的ADE也要进行监测。

5. 药品群体不良事件指同一药品在使用过程中，在相对集中的时间、区域内，对一定数量人群的身体健康或者生命安全造成损害或者威胁，需要予以紧急处置的事件。其中，同一药品指同一生产企业生产的同一药品名称、同一剂型、同一规格的药品。

2016年，《医疗质量管理办法》第五章医疗安全风险防范第三十五条明确规定："医疗机构应当建立药品不良反应、药品损害事件和医疗器械不良事件监测报告制度，并按照国家有关规定向相关部门报告。"

第六节　典型案例

案例 7-1

（一）诊疗经过

患者，男性，65岁，因"近来情绪低落、心悸、胸闷、烦躁、焦虑、紧张、失眠、不愿说话、不愿出门"于2014年4月6日来院（三级甲等综合医院）门诊就诊。门诊诊断：焦虑症伴抑郁情绪。医师的治疗方案：盐酸舍曲林片50mg，口服，每天1次；富马酸喹硫平片0.025g（1/4片）早上口服，0.05g（半片）睡前口服。若按实际剂量开具处方，患者仅能用1个月。为了避免患者反复门诊开药、增加来回奔波之苦，医师将富马酸喹硫平片处方了实际用量的数倍（每天1次，每次5片），以便患者备用。同时，为避免上述处方可能带来的误解，医师详细地向患者及其家属讲解了富马酸喹硫平片实际的服药方法，并书面告知患者及其家属富马酸喹硫平片的实际服药方法，该书面用药单由患者及其家属保管。

患者离院回家后，未按照书面用药单上的用法用量服药，而是按照处方签中的用法服药，后患者因"1. 药物中毒致精神障碍；2. 抑郁症；3. 肺部感染；4. 腔隙性脑梗死；5. 肝功能异常"到当地医院进行抢救，经治疗后好转出院。最后患者因不堪疾病折磨，于2015年2月27日在家自缢死亡。

（二）患方诉求

1. 医院处方笺上的富马酸喹硫平剂量偏大。
2. 患者后续的住院经历与未严格按照医师开具处方中的用药方法服用富马酸喹硫平有关，医师出具2个用药方案容易误导患者。
3. 要求医院赔偿各项费用3万余元。

（三）鉴定意见及处理结果

患方申请医疗事故鉴定，经某市医学会鉴定并出具鉴定意见书，该病例属于四级医疗事故，医方承担次要责任。后患方不服，申请重新鉴定。某省医学会鉴定结论与某市医学会鉴定结论一致。患方根据鉴定结果起诉至法院，法院调解结案，由医院赔偿患方2.8万元。

（四）专家点评意见

此案例因未提供详细的病史资料，因此无法得知该65岁老年患者处于治疗的哪个阶段。富马酸喹硫平片的药品说明书中明确提到"老年患者：与其他抗精神病药物一样，本品慎用于老年患者，尤其在开始用药时。老年患者的起始剂量应为每日25mg。

随后每日以 25~50mg 的幅度增至有效剂量，但有效剂量可能较一般年轻患者低"。

根据上述病例资料，推测该患者服用的富马酸喹硫平片的规格为每片 100mg，医师在门诊系统上开具的处方为"500mg 每天 1 次"，而实际的服药方法为"25mg（1/4 片）早上，50mg（半片）睡前"，开具的日剂量为实际应服用的日剂量的 6.7 倍，且远远超出了药品说明书中推荐的老年患者"每日以 25~50mg 的幅度增至有效剂量"的要求。抗精神病药在快速增量且与其他药物联用时更易出现恶性综合征。所以，患者服用富马酸喹硫平的日剂量为实际应服用的日剂量的 6.7 倍，造成了陡然增量，并与盐酸舍曲林联用，因此，推测患者可能因出现了恶性综合征而到当地医院进行抢救。

虽然医师是为了避免患者反复门诊开药、增加来回奔波之苦，但是却造成了四级医疗事故。

门急诊或病区药师调剂审核发药时一般不清楚患者治疗的具体情况，仅能根据处方/医嘱的诊断判定药物选择、日剂量范围及单次处方总量是否符合规定。根据富马酸喹硫平片的药品说明书，该患者的药物选择与诊断相符，且日剂量没有超过药品说明书用法用量中的最大日剂量，单次处方总量也符合现有政策规定，因此，针对此类情况，药师无法审核出该类不规范处方的情况。

此种规避监管帮患者囤积药品"好心办坏事"的行为，不仅存在于此案例中，也较多地存在于其他专业医师的执业行为中，从而造成极大的安全隐患，故广大医师应引以为戒，医疗机构管理者对此种现象应重视。

案例 7-2

（一）诊疗经过

患者，男性，53 岁。2017 年 7 月 4 日患者因"右足背红肿热痛"到某县中医院（二级甲等中医医院）门诊就诊。门诊检查提示血尿酸 562.07μmol/L，红细胞沉降率、C 反应蛋白值升高，肾功能损害。门诊医师考虑"急性痛风、高尿酸血症"，给予"秋水仙碱片 0.5mg bid，别嘌醇片 0.1g tid，双氯芬酸钠缓释片 0.1g bid"，并配合中药汤剂 2 剂治疗。次日（2017 年 7 月 5 日）患者出现腹泻，伴轻微腹痛，未予处理。2017 年 7 月 7 日，患者儿子代替患者前来就诊（患者本人未到），根据患者儿子对病情的描述，门诊医师考虑诊断为"肠炎"，给予"蒙脱石混悬液 30mL tid，诺氟沙星胶囊 0.2g bid"对症支持治疗，腹泻无缓解。2017 年 7 月 10 日，患者再次前往门诊就诊，门诊医师仍考虑"肠炎"，给予"左氧氟沙星注射液 0.4g ivgtt qd，0.9％氯化钠注射液 100mL+山莨菪碱注射液 10mg+维生素 C 注射液 3g+维生素 B6 注射液 0.3g ivgtt qd，0.9％氯化钠注射液 200mL+硫酸庆大霉素注射液 16 万 U ivgtt qd，0.9％氯化钠注射液 100mL+注射用泮托拉唑钠 84.6mg ivgtt qd，5％葡萄糖注射液 500mL ivgtt"等药物治疗 1 天。患者儿子诉用药第二日患者腹泻基本控制，其后无腹痛、腹泻，未再就诊。患者大约于 2017 年 7 月 28 日开始出现下肢皮疹，并逐渐扩展至全身皮肤，同时伴颜面水肿，2017 年 8 月 6 日到门诊就诊，门诊医师考虑"荨麻疹伴感染"，给予抗生素、激素、抗过敏治疗，于 2017 年 8 月 7 日上午 10：35 入院继续诊治。入院诊断：

1. 药疹（麻疹样）；2. 药物性肝损害；3. 肾功能不全；4. 痛风性肾病。入院后给予抗过敏、保肝及地塞米松治疗3天，2017年8月10日患者及其家属自行在某市中心医院就诊，考虑药疹并调整用药，但皮疹反复发作，先后到多家医院皮肤风湿免疫科诊治。

（二）患方诉求

患方认为院方误诊误治延误病情导致病情加重，重症药疹是由用药不当造成的，要求医方经济赔偿。

（三）鉴定意见及处理结果

某鉴定机构根据提供的资料、鉴定会医患双方的陈述及专家现场调查结果，专家组讨论后做出鉴定意见如下。

医方根据患者典型病史，结合右足背红肿热痛的临床表现、血尿酸检查多次大于420μmol/L，门诊诊断"痛风"，诊断正确。选择秋水仙碱和别嘌醇治疗，无不妥。患者在治疗3天后因腹泻到医方就诊，按肠炎处理，自述痛风治疗14天后出现皮疹，于皮疹加重9天后再次到医方门诊治疗，诊断为荨麻疹伴感染，第二天以药疹、肝损害住院治疗。

医方在上诉治疗过程中存在过错。

1. 别嘌醇使用剂量过大。根据《中国痛风治疗指南（2016版）》和别嘌醇药品说明书规定：别嘌醇初始剂量应从小剂量开始（100mg/d），有肾功能不全时剂量应减半。本患者有肾功能损害，医方起始剂量为每次100mg/d，每天3次，剂量明显过大。

2. 秋水仙碱及非甾体类抗炎药在中度肾功能损害时应减量使用，重度肾功能损害时应避免使用。

3. 患者服用秋水仙碱和别嘌醇治疗后出现腹泻，应考虑与秋水仙碱相关。因为秋水仙碱药品说明书不良反应项明确指出："胃肠道症状：腹痛、腹泻、呕吐及食欲减退为常见的早期不良反应，发生率可达80%，严重者可造成脱水及电解质紊乱等表现。"医方在患者本人未到场、未做大便常规检查的情况下，诊断"肠炎"，缺乏诊断依据。且无细菌感染依据便针对腹泻使用抗菌药物，并对有肾功能损害患者使用了有肾毒性的庆大霉素，存在加重肾功能不全的风险。

4. 别嘌醇最常见的不良反应就是皮肤过敏反应，别嘌醇的严重皮肤及其附件损害主要表现为重型药疹，如剥脱性皮炎、重症多形红斑型药疹、中毒性表皮坏死松解症，可危及生命。医方用药前应询问药物过敏史，告知用药注意事项，如出现皮疹应及时就医。条件允许应推荐患者查$HLA-B*5801$基因，阳性者禁用或推荐使用其他降尿酸药物（如苯溴马隆或非布司他）。

5. 出现药疹后，应查找过敏源，并立即停用一切可疑的过敏药物。医方病历资料未见停用可疑过敏药物记录。患者从2017年7月4日开始服用别嘌醇等药物抗痛风治疗，7月28日出现药疹，药疹持续时间长、临床症状重、病情反复，医方未及时停用可疑过敏药物，在一定程度上可能导致病情反复。

6. 患者住院病情反复，医方未及时请上级医院会诊及转院。

综上分析，根据《医疗事故处理条例》第二条、第四条，《医疗事故技术暂行办法》第三十六条和《医疗事故分级标准（试行）》"四级医疗事故：造成患者明显人身损害的其他后果的医疗事故"，本例属于四级医疗事故，医方承担轻微责任。

按照鉴定意见，在卫生监督执法大队多次调解下，医患双方达成一致意见：医方赔偿患方75017.77元。

（四）专家点评意见

医方在诊疗过程中存在以下问题：

1. 没有掌握别嘌醇常规用法用量及药物不良反应。使用别嘌醇前应尽量建议完善 HLA-B*5801 基因检测，如医疗条件确不允许应充分告知患者及其家属药物可能的不良反应（严重者可出现重症皮疹，如剥脱性皮疹、中毒性表皮坏死松解症），在患者及其家属充分理解的情况下使用。

2. 患者在使用秋水仙碱后不能排除药物因素出现的腹泻，医方在患者本人未到院、未做任何相关检查的情况下给予"肠炎"诊断，并无细菌感染依据就给予抗菌药物庆大霉素等治疗，对庆大霉素的常见不良反应不够熟悉，同时使用了可能加重肾功能不全的药物，违反首诊医师负责制。

3. 考虑药疹但未停用一切可疑药物，导致病情反复。

【关键术语】

合理用药、抗菌药物、合理输液。

【思考题】

1. 造成我国不合理用药的因素有哪些？
2. 不合理使用抗菌药物的危害有哪些？
3. 我国过度输液的原因有哪些？

主要参考文献

中共中央、国务院. 关于深化医药卫生体制改革的意见[Z]. 2009.

卫生部. 卫生部关于印发《2010年"医疗质量万里行"活动方案》的通知（卫医政发〔2010〕44号）[Z]. 2010.

卫生部. 2010年大型医院巡查工作方案（卫办医管发〔2010〕104号）[Z]. 2010.

卫生部. 2010年卫生工作要点（卫办发〔2010〕1号）[Z]. 2010.

卫生部. 医院处方点评管理规范（试行）（卫医管发〔2010〕28号）[Z]. 2010.

国家卫生和计划生育委员会，国家中医药管理局. 关于印发加强医疗卫生行风建设"九不准"的通知（国卫办发〔2013〕49号）[Z]. 2013.

国家卫生和计划生育委员会. 2014年卫生计生工作要点（国卫办发〔2014〕4号）[Z]. 2014.

国家卫生和计划生育委员会. 2015年卫生计生工作要点（国卫办发〔2015〕3号）[Z]. 2015.

国务院办公厅. 国务院办公厅关于完善公立医院药品集中采购工作的指导意见（国办发〔2015〕7号）

［Z］. 2015.

国家卫生和计划生育委员会，国家发展改革委，财政部，等. 关于控制公立医院医疗费用不合理增长的若干意见（国卫体改发〔2015〕89号）［Z］. 2015.

国务院办公厅. 国务院办公厅关于城市公立医院综合改革试点的指导意见（国办发〔2015〕38号）［Z］. 2015.

国家卫生和计划生育委员会. 2016年卫生计生工作要点（国卫办发〔2016〕6号）［Z］. 2016.

国家卫生和计划生育委员会. 医疗质量管理办法（第10号委令）［Z］. 2016.

国家卫生和计划生育委员会. 2017年卫生计生工作要点（国卫办发〔2017〕11号）［Z］. 2018.

国家卫生健康委员会办公厅，国家中医药管理局办公室，中央军委后勤保障部办公厅. 医疗机构处方审核规范（国卫办医发〔2018〕14号）［Z］. 2018.

国务院办公厅. 关于改革完善医疗卫生行业综合监管制度的指导意见［Z］. 2018.

国家卫生健康委员会，财政部，国家医保局，等. 关于加强医疗机构药事管理促进合理用药的意见（国卫医发〔2020〕2号）［Z］. 2020.

国家卫生健康委员会，国家中医药管理局. 公立医院高质量发展促进行动（2021—2025年）（国卫医发〔2021〕27号）［Z］. 2021.

CONLY J. 抗生素耐药性："公地悲剧"再现［J］. 世界卫生组织简报，2010，88（11）：797-876.

WEERASURIYA K，STELLING J，OBRIEN T F. 控制抗生素耐药性：重新作出的努力［J］. 世界卫生组织简报，2010，88（12）：878-878.

卫生部. 卫生部办公厅关于做好全国抗菌药物临床应用专项整治活动的通知（卫办医政发〔2011〕56号）［Z］. 2011.

卫生部. 卫生部办公厅关于继续深入开展全国抗菌药物临床应用专项整治活动的通知（卫办医政发〔2012〕32号）［Z］. 2012.

国家卫生和计划生育委员会. 关于进一步开展全国抗菌药物临床应用专项整治活动的通知（卫办医政发〔2013〕37号）［Z］. 2013.

卫生部. 抗菌药物临床应用管理办法（卫生部令第84号）［Z］. 2012.

国家卫生和计划生育委员会办公厅，国家中医药管理局办公室. 关于进一步加强抗菌药物临床应用管理工作的通知（国卫办医发〔2015〕42号）［Z］. 2015.

国家卫生和计划生育委员会办公厅，国家中医药管理局办公室，解放军总后勤部卫生部药品器材局. 关于印发抗菌药物临床应用指导原则（2015年版）的通知（国卫办医发〔2015〕43号）［Z］. 2015.

国家卫生和计划生育委员会，国家发展改革委，教育部，等. 关于印发遏制细菌耐药国家行动计划（2016-2020年）的通知（国卫医发〔2016〕43号）［Z］. 2016.

国家卫生和计划生育委员会办公厅. 关于进一步加强抗菌药物临床应用管理遏制细菌耐药的通知（国卫办医发〔2017〕10号）［Z］. 2017.

国家卫生健康委员会. 关于印发医疗质量安全核心制度要点的通知（国卫医发〔2018〕8号）［Z］. 2018.

国家卫生健康委员会. 关于持续做好抗菌药物临床应用管理有关工作的通知（国卫办医发〔2018〕9号）［Z］. 2018.

国家卫生健康委员会. 关于持续做好抗菌药物临床应用管理工作的通知（国卫办医发〔2019〕12号）［Z］. 2019.

国家卫生健康委员会. 关于持续做好抗菌药物临床应用管理工作的通知（国卫办医发〔2020〕8号）［Z］. 2020.

国家卫生健康委员会. 关于进一步加强抗微生物药物管理遏制耐药工作的通知（国卫医函〔2021〕73号）[Z]. 2021.

国家卫生健康委员会. 关于印发公立医院高质量发展促进行动（2021—2025年）的通知（国卫医发〔2021〕27号）[Z]. 2021.

国家卫生健康委员会. 关于印发β内酰胺类抗菌药物皮肤试验指导原则（2021年版）的通知（国卫办医函〔2021〕188号）[Z]. 2021.

国家卫生健康委员会. 关于印发国家三级公立医院绩效考核操作手册（2019版）的通知（国卫办医函〔2019〕492号）[Z]. 2019.

国家卫生健康委员会. 二级公立医院绩效考核指标（试行）（国卫办医发〔2019〕23号）[Z]. 2019.

国家卫生健康委员会. 国家三级公立医院绩效考核操作手册（2020版）（国卫办医函〔2021〕596号）[Z]. 2021.

国家卫生健康委员会. 关于印发国家三级公立医院绩效考核操作手册（2022版）的通知（国卫办医函〔2022〕92号）[Z]. 2022.

国家卫生健康委员会. 关于印发国家二级公立医院绩效考核操作手册（2022版）的通知（国卫办医函〔2022〕165号）[Z]. 2022.

国家药品监督管理局. 国家药品监督管理局关于发布国家药品不良反应监测年度报告（2017年）的公告（2018年第3号）[R]. 2018.

国家卫生健康委员会办公厅. 药事管理专业医疗质量控制指标（2020年版）（国卫办医函〔2020〕654号）[Z]. 2020.

国家卫生健康委员会. 关于印发2021年国家医疗质量安全改进目标的通知（国卫办医函〔2021〕76号）[Z]. 2021.

国家卫生健康委员会. 关于印发2022年国家医疗质量安全改进目标的通知（国卫办医函〔2022〕58号）[Z]. 2022.

国家卫生和计划生育委员会. 关于印发进一步改善医疗服务行动计划的通知（国卫医发〔2015〕2号）[Z]. 2015.

国务院办公厅. 关于城市公立医院综合改革试点的指导意见（国办发〔2015〕38号）[Z]. 2015.

国家卫生和计划生育委员会. 关于加强肿瘤规范化诊疗管理工作的通知（国卫医发〔2016〕7号）[Z]. 2016.

国家卫生健康委员会. 关于进一步加强患者安全管理工作的通知（国卫办医发〔2018〕5号）[Z]. 2018.

国家卫生健康委员会. 关于印发新型抗肿瘤药物临床应用指导原则（2018年版）的通知（国卫办医函〔2018〕821号）[Z]. 2018.

国家卫生健康委员会. 关于印发新型抗肿瘤药物临床应用指导原则（2019年版）的通知（国卫办医函〔2019〕896号）[Z]. 2019.

国家卫生健康委员会. 关于印发新型抗肿瘤药物临床应用指导原则（2020年版）的通知（国卫办医函〔2020〕1047号）[Z]. 2020.

国家卫生健康委员会. 关于印发新型抗肿瘤药物临床应用指导原则（2020年版）的通知（国卫办医函〔2021〕612号）[Z]. 2021.

国家卫生健康委员会. 关于开展全国抗肿瘤药物临床应用监测工作的通知（国卫办医函〔2018〕1108号）[Z]. 2018.

国家卫生健康委员会，国家发展改革委，国家医保局，等. 关于印发健康中国行动——癌症防治实施方案（2019—2022年）的通知（国卫疾控发〔2019〕57号）[Z]. 2019.

国家卫生健康委员会. 国家卫生健康委办公厅关于做好医疗机构合理用药考核工作的通知（国卫办医函〔2019〕903号）[Z]. 2019.

国家卫生健康委员会. 国家卫生健康委关于印发抗肿瘤药物临床应用管理办法（试行）的通知（国卫医函〔2020〕487号）[Z]. 2020.

国家卫生健康委员会. 关于印发肿瘤诊疗质量提升行动计划的通知（国卫办医函〔2021〕513号）[Z]. 2021.

卫生部，国家食品药品监督管理局. 药品不良反应报告和监测管理办法（局令第7号）[Z]. 2010.

卫生部. 药品不良反应报告和监测管理办法（卫生部令第81号）[Z]. 2010.

中华人民共和国中央人民政府. 中华人民共和国药品管理法[Z]. 2019.

国家卫生健康委员会. 医疗质量管理办法（第10号委令）[Z]. 2016.

（管玫）

第八章 医疗技术临床应用管理

近年来,我国医疗技术得到快速发展,大量新技术在临床推广使用,为满足广大患者健康需求发挥了重要作用。医疗技术作为医疗服务的重要载体,与医疗质量和医疗安全密切相关,直接关系到人民群众的健康权益和对医疗服务的切身感受。

第一节 医疗技术临床应用管理概述

一、医疗技术与医疗技术临床应用的概念

医疗技术指医疗机构及其医务人员以诊断和治疗疾病为目的,对疾病做出判断和消除疾病、缓解病情、减轻痛苦、改善功能、延长生命、帮助患者恢复健康而采取的医学专业手段和措施。

医疗技术临床应用指将经过临床研究论证且安全性、有效性确切的医疗技术应用于临床,用以诊断或者治疗疾病的过程。此过程应当遵循科学、安全、规范、有效、经济、符合伦理的原则。

目前我国建立医疗技术临床应用负面清单管理制度,对禁止临床应用的医疗技术实施负面清单管理,对部分需要严格监管的医疗技术进行重点管理。其他临床应用的医疗技术由决定使用该类技术的医疗机构自我管理。

二、我国医疗技术临床应用管理的发展历程

加强医疗技术临床应用管理,保障医疗质量和医疗安全,维护患者健康权益,是医政管理和医院管理的重要内容。随着社会的发展,我国医疗技术临床应用管理在卫生行政部门层面经历了三个阶段。

第一阶段为启动阶段。自2001年开始,卫生部针对少数重点医疗技术制定、发布法律法规和技术规范,如人类辅助生殖技术、造血干细胞移植技术、人体器官移植技术等,卫生行政部门对重点医疗技术进行监督。

第二阶段为准入管理阶段。2009年3月,卫生部印发了《医疗技术临床应用管理

办法》，对所有医疗技术实行分级分类管理，标志着我国建立了医疗技术临床应用准入管理制度。

第三阶段为事中事后监管阶段。按照国务院行政审批制度改革的要求，2015年开始陆续取消了第三类和第二类医疗技术临床应用准入审批事项，并对加强医疗技术临床应用事中事后监管做出了政策性安排。我国医疗技术临床应用管理模式从准入管理转变为事中事后监管。

2018年8月，国家卫生健康委员会颁布了《医疗技术临床应用管理办法》，通过顶层制度设计，建立医疗技术临床应用的相关管理制度和工作机制，强化医疗机构在医疗技术临床应用管理中的主体责任及卫生行政部门的监管责任，对保障医疗技术临床应用的质量和安全进行更多制度安排。

第二节 医疗技术管理规范、质量控制与培训

一、医疗新技术管理

（一）医疗新技术的定义

医疗新技术指医务人员以诊断和治疗疾病为目的，对疾病做出判断和消除疾病、缓解病情、减轻痛苦、改善功能、延长生命、帮助患者恢复健康而采取的在医疗机构内首次开展的临床诊断/治疗技术。医疗新技术涉及使用未进院的药品、试剂、耗材、设备的，原则上需获得国家药品监督管理局认证。

（二）管理制度

医疗机构根据《医疗质量管理办法》《医疗质量安全核心制度》《医疗技术临床应用管理办法》等有关法律法规要求，结合医疗机构实际情况制订医院内医疗新技术相关管理制度，形成医疗新技术申报、立项、过程监督管理全过程管理制度体系、组织体系、指标体系、监测反馈体系，为医疗新技术临床应用管理持续改进奠定基础。

（三）分类分级管理

医疗机构根据新技术安全性、有效性及技术难度与风险情况，对医疗新技术项目实施的分类管理主要有以下几种。

1. 按照项目是否为手术（操作），医疗新技术分为手术（操作）类、非手术（操作）类。

2. 按照项目安全性、有效性、技术难度、伦理风险，医疗新技术分为Ⅰ类（伦理风险较低）、Ⅱ类（有一定伦理风险）、Ⅲ类（伦理风险较高）。

3. 按照项目先进性、创新性，医疗新技术分为成熟类技术（其他医院已常规开展，本医疗机构未开展，技术含量较低，多为新设备、试剂、耗材等医疗器械引进相关医疗新技术项目）、国内领先技术（在省内外均未开展的医疗技术，本医疗机构首次开展应用）、国际领先技术（在国际上首次开展应用）。

（四）医疗新技术监管

医疗机构对所有医疗新技术项目严格实行准入制管理，未经申报立项批准的新技术项目严禁在临床应用。医务部作为医疗新技术组织管理部门，具体负责组织医疗新技术项目申报、形式审查、评审、立项备案、进展追踪、考核、验收等管理工作。

1. 申报、形式审查管理。项目负责人按照申报流程，通过医疗新技术申报系统报送《医疗新技术项目申报书》《知情同意书》《危机应急预案》等申报材料。相关申报材料首先提交科室主任审核，审核通过后推送至医务部进行初审。医务部对《医疗新技术项目申报书》填写的完整性、准确性进行形式审查。

2. 评审管理。

1）技术评审：相关申报材料审查无误后，医务部将会根据项目的分类情况，按照项目亚专业随机安排专家对项目研究内容合理性、研究方案可行性、研究内容创新性等进行评审。

2）伦理评审：医疗机构医疗技术伦理审查委员会对申报者的资质、新技术的科学性、新技术是否符合伦理原则、被实施者可能遭受的风险程度与预收益相比是否合理、知情同意方式是否合理、被实施者权利保护等方面进行评审。评审结果分为批准、修改后批准、修改后再审、不批准、暂停或者终止研究。

3. 立项备案管理。在完成专家评审、伦理评审，取得伦理批件后，医疗新技术项目可以进行新技术立项备案。立项备案后该医疗新技术项目可在医院内开展。

4. 进展追踪管理。经批准立项开展的医疗新技术项目，项目负责人应定期（第1年每3个月，第2年每6个月）在医院内新技术追踪进展系统中填写《新技术项目进展报告》。《新技术项目进展报告》应包括项目诊治患者情况、质量和安全分析、成本效益分析等。

医疗新技术项目在申报时均须明确开展周期，原则上医疗新技术开展周期为1~3年。届时期满项目负责人需在新技术追踪进展系统中填报《新技术项目结题报告》，由科室审查并签署意见后报医务部。因客观原因不能在规定期限按计划结题并报送《新技术项目结题报告》的，项目负责人应继续报送《新技术项目进展报告》，并说明不能按规定期限完成项目计划的原因和申请延长的研究时间（以年计，限2年），由所在科室签署意见报医务部，经医疗技术管理专委会核准后生效。

5. 考核管理。医院设置以分管院领导、各职能部门主要负责人、各临床科室主任等主任委员、委员构成的医疗技术管理专委会，具体负责全院医疗技术相关管理工作，办公室设在医务部，由其负责具体组织实施、组织评审工作及项目的管理，包括检查项目的实施、完成情况，项目的进展跟踪管理，基金使用有关重要事项等。

医疗新技术项目申报、开展情况均纳入科室年终考核评分。严禁任何科室及个人未经批准私自开展医疗新技术项目，凡未在医务部进行备案的医疗新技术项目均视为违规开展。医院将对责任科室予以处罚并责令整改。

（五）激励政策（以四川大学华西医院为例）

1. 临床新技术基金。为促进医院各临床、医技科室对标世界一流医院、瞄准世界医学前沿、大力开展国内外先进医疗技术、提升优势亚专业能力，医院特设立临床新技术基金用于资助国内外原创、技术引领等新技术项目。临床新技术基金每年固定资助2000万元，优秀新技术项目可申请不超过300万元的资助。临床新技术基金主要用于资助新技术项目开展过程中患者的检查治疗费等。

2. 新技术擂台赛。为鼓励医院各临床医师、护师、技师、药师积极申报并开展临床新技术项目，医院每2年举办1次临床新技术擂台赛，设立新技术擂台赛，用于奖励新技术项目负责人及其团队。凡院内已立项备案并正在开展的新技术项目均可申请参加。

二、限制类技术管理

限制类技术是相对于医疗机构自我管理的技术而言，指基于医疗技术本身的内在需要，有一定限制条件并要重点加强管理的医疗技术。

（一）限制类技术的确定原则

1. 技术难度大、风险高，对医疗机构的服务能力、人员水平有较高专业要求，需要设置限定条件的，为了保证治疗的安全性和有效性，需要对此类技术设置一定的限定条件并重点管理，如质子、重离子加速器放射治疗技术等。

2. 需要消耗相对稀缺资源的技术。从经济学角度讲，有限又有多种用途的资源称为相对稀缺资源，如涉及使用同种异体的器官或组织的技术，由于来源有限所以需要重点加强管理，保障临床应用的质量和合理性。

3. 涉及重大伦理风险的技术。医疗技术本身符合我国现行伦理学原则，但在使用中如果管理不当，容易出现伦理学风险，需要重点加强管理，如性别重置技术等。

4. 存在不合理临床应用、需要重点管理的技术。医疗技术有不合理应用倾向或存在不合理临床应用的情况，如超范围、超适应证使用放射性治疗的一些技术，会威胁患者安全，导致资源浪费，需要重点管理，限制临床应用。

（二）国家限制类技术目录管理

2017年2月，国家卫生和计划生育委员会印发了《造血干细胞移植技术管理规范（2017年版）》等15个限制临床应用医疗技术管理规范和质量控制指标，公布了15项国家限制类技术目录及其管理规范、质量控制指标。

在此基础上，2022年出台新版管理办法《国家限制类技术目录（2022年版）》包括异基因造血干细胞移植技术、同种胰岛移植技术、同种异体运动系统结构性组织移植技术、同种异体角膜移植技术、性别重置技术、质子和重离子加速器放射治疗技术、放射性粒子植入治疗技术、肿瘤消融治疗技术、心室辅助技术、人工智能辅助治疗技术、体外膜肺氧合（ECMO）技术、自体器官移植技术。各限制类技术所指的具体技术范围在相关技术管理规范中均已予以明确。

（三）省级限制类技术目录

在《国家限制类技术目录（2022年版）》的基础上，省级卫生行政部门可以结合本行政区域实际情况增补省级限制类技术相关项目，凡是在省级限制类技术目录范围内的技术，国家发布了相关技术规范的，按照国家发布的规范执行；国家未发布相关规范的，省级卫生行政部门必须逐一制定发布相关技术临床应用管理规范，并报国家卫生健康委员会备案。

（四）限制类技术备案管理制度

限制类技术备案管理制度指医疗机构开展限制类技术临床应用时，需按照卫生行政部门有关要求完成备案工作的制度。目前我国限制类技术备案执行告知性备案，卫生行政部门仅对医疗机构备案材料的完整性进行形式审查。

1. 备案流程。自我评估开展限制类技术的医疗机构承担主体责任，在开展限制类技术前需进行自我评估。按照国家卫生健康委员会或省级卫生行政部门发布的医疗技术临床应用管理规范，从机构基本要求、人员基本要求、技术管理基本要求等方面进行自我评估。

2. 评估结果判定。医疗机构根据评估的情况进行自我判定。判定结果符合条件的可以开展该技术的临床应用，不符合条件的不能开展该技术的临床应用。

3. 提交备案材料。医疗机构开展首例限制类技术临床应用之日起15个工作日内，按要求准备备案材料，并向核发其《医疗机构执业许可证》的卫生行政部门备案。

4. 形式审查。备案部门收到备案材料后，对备案材料的完整性进行形式审查。

5. 完成备案。备案部门收到完整的备案材料后，于15个工作日内完成备案。

三、医疗技术临床应用质量控制管理

对于医疗技术临床应用管理而言，如何进行质量控制管理是其中的重要一环。国家建立医疗技术临床应用质量管理与控制制度，充分发挥各级、各专业医疗质量控制组织的作用，以限制类技术为主加强医疗技术临床应用质量控制，对医疗技术临床应用情况进行日常监测与定期评估，及时向医疗机构反馈质量控制和评估结果，持续改进医疗技术临床应用质量。具体而言，包含以下几类措施。

（一）组建医疗技术管理专委会

各级医疗机构应建立专门的医疗技术临床应用管理组织，由医务、质量管理、药学、护理、院感、设备等关键部门的负责人以及具有高级技术职称的临床、管理、伦理

等领域的专业人员组成。该组织的领导由医疗机构的主要负责人担任，医务部门则负责其日常运作，并承担以下关键职责。

1. 制度建设与执行：依据国家医疗技术临床应用管理的相关法律法规，制定并执行本机构的医疗技术临床应用管理制度。

2. 目录管理与更新：审核并确定本机构的医疗技术临床应用管理目录和手术分级管理目录，并根据实际情况及时进行调整。

3. 技术论证与评估：对本机构首次应用的医疗技术进行专业论证，并对已临床应用的技术进行定期的评估，确保其安全性和有效性。

4. 制度执行监督：定期检查本机构医疗技术临床应用管理的各项制度执行情况，并根据检查结果提出改进措施和要求。

5. 履行其他职责：根据省级以上卫生行政部门的规定，履行其他相关职责。

（二）建立技术管理制度体系

医疗机构在建立医疗技术临床应用管理制度体系时，应确保涵盖以下关键方面，以保障医疗技术临床应用的质量和安全。

1. 技术目录管理制度：医疗机构应制订并定期更新本机构的医疗技术临床应用管理目录，并对目录内的手术进行分级管理，确保技术应用的合理性和适宜性。

2. 手术分级管理制度：按照国家关于手术分级管理的相关规定，对手术进行严格分类，以适应不同级别医师的专业能力和责任范围。

3. 医务人员档案管理制度：依法为医务人员建立医疗技术临床应用管理档案，记录其专业技能和临床应用经历，并将这些档案纳入个人专业技术档案管理中。

4. 医师授权管理制度：建立并实施医师手术授权与动态管理制度，根据医师的专业能力、培训经历和临床实践，授予或取消相应的手术权限。

5. 应用论证与评估制度：对于医疗机构首次应用的医疗技术，组织专业团队进行技术能力和安全保障能力的论证，确保技术的安全有效性。同时，定期对医疗技术进行应用评估，特别是对限制类技术进行重点评估，根据评估结果调整管理目录和要求。对于存在严重质量安全问题或不符合技术管理要求的技术，应立即停止临床应用，并根据评估结果调整医师的相关技术临床应用权限。

（三）及时调整医疗技术应用范围

在医疗技术临床应用过程中出现下列情形之一的，应当立即停止该项医疗技术的临床应用。

1. 该医疗技术被国家卫生健康委员会列为禁止类技术。

2. 从事该医疗技术的主要专业技术人员或者关键设备、设施及其他辅助条件发生变化，不能满足相关技术临床应用管理规范要求，或者影响临床应用效果。

3. 该医疗技术在本机构应用过程中出现重大医疗质量、医疗安全或者伦理问题，或者发生与技术相关的严重不良后果。

4. 发现该项医疗技术临床应用效果不确切，或者存在重大质量、安全或者伦理缺陷。

四、医疗技术培训与考核管理

医疗技术的培训与考核旨在提高医疗人员的专业技能和临床应用水平，确保医疗技术的安全和质量。国家建立医疗技术临床应用规范化培训制度。拟开展限制类技术的医师应当按照相关技术临床应用管理规范要求接受规范化培训。

国家卫生健康委员会统一组织制定国家限制类技术的培训标准和考核要求，并向社会公布。对限制类技术临床应用规范化培训基地实施备案管理。医疗机构拟承担限制类技术临床应用规范化培训工作的，应当达到国家和省级卫生行政部门规定的条件，制订培训方案并向社会公开。

培训基地应当建立健全规章制度及流程，明确岗位职责和管理要求，加强对培训导师的管理。严格按照统一的培训大纲和教材制订培训方案与计划，建立医师培训档案，确保培训质量和效果。

申请参加培训的医师应当符合相关医疗技术临床应用管理规范要求。培训基地应当按照公开公平、择优录取、双向选择的原则决定是否接收参培医师。

参培医师完成培训后应当接受考核。考核包括过程考核和结业考核。考核应当由所在培训基地或者省级卫生行政部门委托的第三方组织实施。

第三节 医疗技术临床应用管理的法律思考

一、辅助生殖技术相关法律问题思考

（一）辅助生殖技术介绍

辅助生殖技术，作为现代科技在生育领域的应用，通过医学手段替代或辅助传统自然生殖过程。辅助生殖技术曾被称为人工生殖技术（artificial procreate），指自然生育之中的特定环节被人工方式取代，因此也曾被称为"替代性生育"。除了人工授精和体外受精，现代辅助生殖技术还发展出了无性生殖的新领域。随着辅助生殖技术的发展，其技术内容也在不断地丰富，现实当中该技术实际的适用群体已经超出了其原本服务的对象（不孕不育人群），开始服务于更广泛的社会群体，包括单身女性和同性恋伴侣等。

我国在1983年使用冷冻精液人工授精成功，1988年首例试管婴儿诞生。2001年，卫生部印发《人类辅助生殖技术管理办法》《人类精子库管理办法》《人类辅助生殖技术规范》《人类精子库基本标准》《人类精子库技术规范》和《实施人类辅助生殖技术的伦理原则》等一系列管理规范。2003年，卫生部修订并公布了新的《人类辅助生殖技术

规范》《人类精子库基本标准和技术规范》《人类辅助生殖技术和人类精子库伦理原则》。2015年，国家卫生和计划生育委员会发布《人类辅助生殖技术配置规划指导原则（2015版）》《关于规范人类辅助生殖技术与人类精子库审批的补充规定》《关于加强人类辅助生殖技术与人类精子库管理的指导意见》，并联合公安部、国家食品药品监管总局、最高人民法院等12部门于2017年共同印发《关于建立查处违法违规应用人类辅助生殖技术长效工作机制的通知》。

目前，全国共有517家医疗机构经批准开展人类辅助生殖技术，有27家医疗机构经批准设置人类精子库。

（二）辅助生殖技术法律适用概述

《人类辅助生殖技术管理办法》第三条规定："人类辅助生殖技术的应用应当在医疗机构中进行，以医疗为目的，并符合国家计划生育政策、伦理原则和有关法律规定。"《人类辅助生殖技术规范》规定："禁止给不符合国家人口和计划生育法规和条例规定的夫妇和单身妇女实施人类辅助生育技术。"由此可见，我国明确限定只有已婚妇女能够使用辅助生殖技术，这也与我国当时的生育政策相适应。2002年，吉林省公布的《吉林省人口与计划生育条例》，在第四章生育调节部分第三十条第二款明确规定："达到法定婚龄决定不再结婚并无子女的妇女，可以采取合法的医学辅助生育技术手段生育一个子女。"此规定可谓开放单身女子实施人工生殖的特例。吉林省经过三次修订，于2016年3月30日公布的新修订的《吉林省人口与计划生育条例》，其中依然保留了单身女子实施人工生殖权利的条款。

国际上各国针对该问题的规定存在差异。比如，法国规定仅无法生育的特殊群体可以采用辅助生殖技术，而同性恋及单身人士被排除在外。瑞典规定仅已婚夫妇及对应的同居妇女可采用辅助生殖技术。德国《胚胎保护法》规定，辅助生殖技术需要以婚姻存续为基础。英国生育与胚胎管理局规定，所有人都能够进行此类行为，但是单身妇女进行的时候需要由不育中心负责鉴定，应当考虑孩子的状况进行判定。美国部分州对辅助生殖技术的适用主体范围基本不加限制，认为美国公民依据宪法都享有生育权，辅助生殖与自然生殖的区别只是不通过性行为而已，其他过程没有差别。

二、器官移植相关法律问题思考

（一）器官移植技术介绍

我国器官移植开始于20世纪60年代，目前已经达到世界先进水平。根据2019年数据显示，我国已批准开展人体器官移植项目的医院达到169家。

自2007年国务院颁布《人体器官移植条例》以来，我国人体器官移植工作逐渐受到了法律法规的约束。为了进一步规范人体器官捐献工作，建立和完善人体捐献器官获取与分配体系，推动我国人体器官移植工作健康、可持续发展，根据《人体器官移植条例》《中国人体器官分配与共享基本原则和肝脏与肾脏移植核心政策》等相关法规政策，卫生部在 2013 年 8 月出台了《人体捐献器官获取与分配管理规定（试行）》。2023 年 12 月 14 日《人体器官捐献和移植条例》发布，自 2024 年 5 月 1 日起施行。

目前，器官移植的器官来源主要有两类：一是遗体器官移植，二是活体器官移植。二者相比，遗体器官是更为主流的器官来源。然而近年来，由于种种原因遗体器官供应急剧减少，医疗需求与供体不足的矛盾日益突出，活体器官移植数量逐渐增加。活体器官是从活的供体身上摘取某一成双器官中的一个或某一器官的一部分。除血液和骨髓等少数移植供体可通过机体的代偿得到补充恢复外，供体器官被摘除后是不能再生的，自身健康将在一定程度上受到损伤。因此，我国的活体器官移植受到严格限制，仅限于在近亲属之间进行。具体而言包括以下 3 类人群：一是配偶，仅限于结婚 3 年以上或者婚后已育有子女的配偶；二是直系血亲或者三代以内旁系血亲；三是因帮扶等形成的亲属关系，仅指养父母和养子女之间、继父母与继子女之间。

器官移植广义上涵盖了器官移植涉及的各个过程，包括人体器官的捐献、选配、摘取、保存、运送、植入等过程，以保证研究问题的全局性和系统性。相对而言，器官移植的狭义概念仅指器官的植入行为，即通过手术等方法替换体内已损伤的、病态的或衰竭的器官，以达到治疗目的的一种医疗措施。作为一种特殊的医疗行为，具体分解来看，器官移植至少包括两个医事行为——"移"和"植"，前者即供体器官被摘取的行为（摘取行为），后者即移植物被植入受体体内的行为（植入行为）。此外，在这两个行为之间，还存在一个"器官分配行为"。献出或被取出移植物的个体，被称为供者或供体；接受器官移植的个体被称为受者或受体。器官植入行为有利于受体的健康恢复，属于特殊的医疗行为。器官分配行为，实质上是稀缺健康资源的社会分配，涉及的主要是分配权归属与分配标准的问题。因此，器官的植入行为和分配行为的有益性不存在争议，较可能引发的是民事纠纷或行政纠纷。

（二）器官移植技术法律监管概述

器官移植的刑法问题中，有待解决的一个基础性问题就是器官交易的犯罪化。《人体器官捐献和移植条例》第六条规定："任何组织或者个人不得以任何形式买卖人体器官，不得从事与买卖人体器官有关的活动。"在我国，器官买卖行为被该行政条例所禁止，然而未解决的问题是在刑法上如何进行全面的评价。器官买卖是将器官模拟成一种有价值的商品，在市场上予以交换的动态流程，要对器官交易的法律问题进行研究，就必须先从动态的视角来观察器官交易的流程。

从交易主体及相对应的流程进行分析，器官买卖总体上可以划分为四个部分，即由供体实施的出卖行为、受体或家属实施的购买行为、组织者或居间介绍人的组织行为或介绍行为、医疗机构或个人为器官交易的移植提供非法手术的行为等。这就意味着，器官交易的犯罪化问题，可以分解为四个子问题。在这四个行为中哪些应作为犯罪处理，哪些存在合理的非犯罪化事由？这四个子行为是否应当及能否作为刑事犯罪来处理？背后蕴含的刑法理论各不相同。

（三）器官移植技术临床应用的医疗主体刑事责任

若器官交易中某项环节发生在医院场所内，作为专业的医疗管理服务机构，医院应当承担相应的法律责任。据北京市门头沟法院的统计，以北京基层法院审结的 8 起人体器官买卖案件为例，器官移植手术均是在正规医院实施的。伦理委员会成员、医院主治大夫、负责人员等均对器官交易的事实心知肚明，对供体和受体之间的造假亲属关系未进行有效的实质审查。由于缺乏明确的法律规定及有效监管，司法实践中对于正规医院和医务人员追究刑事责任的案件较少。人体器官的违法交易有组织者、供体、受体、医院等多方参与，但由于立法规定和司法惩治的不平衡性，过去往往只追究组织者的刑事责任，承担着审查供体身份、实施摘取行为的医院却常能逃避法网。对交易中最易识别和防控的部分——手术环节的视若无睹，十分不利于对有组织犯罪的打击。

1. 单位犯罪。医院作为独立的法人机构，能否承担相应的法律责任，关键在于"组织出卖人体罪"的犯罪主体是否包括单位。单位犯罪指公司、企业、事业单位、机关、团体为单位谋取非法利益或者以单位名义，经单位集体研究决定或者由负责人员决定，故意或者过失实施的犯罪。根据《中华人民共和国刑法》第三十条的规定，公司、企业、事业单位、机关、团体实施的危害社会的行为，法律规定为单位犯罪的，应当负刑事责任。

器官交易涉及的医院包括公立医院与私立医院。公立医院的法律性质属于事业单位，私立医院则是民营企业，因此医院在总体上属于单位犯罪的主体范畴。但是，"组织出卖人体器官罪"的规定中，并无对单位的特殊规定。由于我国采取了单位犯罪定罪的法定原则，即只有法律规定为单位犯罪的才负刑事责任，通常表现为在自然人犯罪的条款后面附加一条："单位犯前款罪的，对单位判处罚金，并对其直接负责的主管人员和其他直接责任人员，依照前款的规定处罚。"因此，对于"组织出卖人体器官罪"而言，刑法中没有直接规定有单位犯罪的条款，要对医院等参与实施了器官交易犯罪的法人主体来定罪是较为困难的。例如，2012 年某医院在没有取得相应资质的情况下开展器官移植，仅被责令整改、罚款 3000 元，暂停心脏移植资质 5 年。该事件罚款的数额相比非法器官移植可能获得的暴利而言显得微不足道，但暂停相关资质的处罚措施能够一定程度上增加威慑力。

2. 监督过失。对于非单位犯罪，能否对"主管人员"予以定罪？"主管人员"指未曾直接参与犯罪行为的主管、领导等，在承担着单位的监督、管理责任之时却没有尽到应有的义务，存在监督过失使得单位犯罪仍旧发生的情形。这种类型的犯罪并非由单位集体决定或单位负责人的决定，而是由单位的普通工作人员在履行业务的过程中所造成的危害行为，如污染环境罪、非法处置进口的固体废物罪等，单位领导有可能要承担监管不力的责任。在此情况下，即便主管领导或企业负责人没有污染环境的主观故意，但其对下属企业的制度或人员没有进行有效的管理，本可以避免的社会危害却因过于自信或疏忽大意而未妥善处理，需要对危害结果承担一定的刑事

3. 责任。类似地，尽管医院作为有独立法人资格的主体，不承担"组织出卖人体器官罪"的单位犯罪责任，但器官交易、手术的地点发生在正规医院内部，使用了医院

的手术器械、麻醉药物等，并由医院内部的执业医师和护士直接进行器官摘取和植入的手术，医院的主管领导极可能存在着重大的监督过失，是否能够据此对医院领导加以定罪呢？从监督过失的理论来看，似乎问题不大。监督过失作为一种推定的过失责任，如果能证明单位履行了适当的监督义务可以免责，但如果医院领导对器官交易在本医院发生的事实是清楚明知的，即便没有明确表示同意，只是采取不闻不问的默认态度置之不理，仍然需要承担责任。

三、典型案例

案例 8-1：对医院及主要负责人员追责不力。

2010 年在北京发生过一起买卖 51 个肾脏器官、涉案金额达到 1034 万元的特大器官犯罪案件——"郑某等非法经营、盗窃、赌博、组织、出卖人体器官案"。在 2009 年年底至 2010 年年初，在得知北京有大量肾病患者急需移植肾脏后，被告人郑某（主犯）与北京某医院泌尿外科主任叶某某接洽，以提供患者和遗体肾源为由取得叶某某同意，将北京某医院作为移植手术的实施地点。随后，该犯罪团伙组织实施的所有器官植入手术均在北京某医院进行。主要包括以下两个阶段的事实：

（1）2009 年，被告人周某承租了江苏省徐州市某社区卫生服务中心，非法实施肾脏摘除手术数十例，再由被告人郑某将摘除后的肾脏送往北京某医院，并安排 29 位患者在北京某医院实施了肾移植手术。

（2）2010 年，被告人郑某承租北京市海淀区某山庄某号屋，实施肾脏摘除手术 22 例，然后将摘除后的肾脏送往北京某医院，并安排 22 名患者进行了肾移植手术。

该案所有的肾脏植入手术均发生在北京某医院内，可见该案与医院泌尿外科主任叶某某有着莫大的关系。叶某某违规同意郑某等人利用北京某医院作为 51 起器官植入手术的实施地点，是明显违法犯罪的行为，且必然与犯罪团伙有着千丝万缕的利益联系。若无叶某某的同意，郑某等人就无法招募到如此众多的患者受体，也不可能在如此长的时间内，大规模地进行器官的手术和买卖。叶某某罔顾作为医院主管科室领导的监督责任，将国家正规医院提供给犯罪团伙实施非法器官植入手术，对于器官交易的发生起到了巨大的包庇和推动作用。然而，最终叶某某只是作为案件的证人出现，提供证言指证郑某等人的犯罪行为，自己却免于刑事追诉。在该案中，可以发现叶某某已经不再仅是对医院管理职责的疏忽，更是对犯罪行为的包庇与积极参与，可以被认为是郑某等人组织出卖人体器官行为的共犯之一。对犯罪行为负有主要责任的医院领导不予追责，这种处理结果难以让人信服。

【关键词】

医疗技术、限制类技术、医疗新技术、法律伦理。

【思考题】

福建发生的一例器官交易案"李某某等组织出卖人体器官、信用证诈骗、盗窃案"

中，组织者利用医院作为手术场所。共犯谢某某（某医院的泌尿外科主任）在2010年4月份找到甲医院的院长张某戌，租他的手术室并于5月份开始实施肾移植手术。2010年6月，谢某某和丁某某、伊某某等一起租用乙医院的4楼病房，主要是用于受体住院治疗，供体做完手术就直接留在甲医院治疗。该案件中甲、乙医院的主要责任人是否应承担相关的责任？

主要参考文献

中华人民共和国中央人民政府. 人类辅助生殖技术管理办法（中华人民共和国卫生部令第14号）［Z］. 2001.

中华人民共和国中央人民政府. 人类精子库管理办法（中华人民共和国卫生部令第15号）［Z］. 2001.

卫生部，科技教育司. 卫生部关于修订人类辅助生殖技术与人类精子库相关技术规范、基本标准和伦理原则的通知［Z］. 2003.

卫生部，科技教育司. 卫生部关于修订人类辅助生殖技术与人类精子库相关技术规范、基本标准和伦理原则的通知［Z］. 2003.

卫生部，科技教育司. 卫生部关于修订人类辅助生殖技术与人类精子库相关技术规范、基本标准和伦理原则的通知［Z］. 2003.

国家卫生和计划生育委员会，妇幼健康司. 国家卫生计生委关于印发人类辅助生殖技术配置规划指导原则（2015版）的通知［Z］. 2015.

国家卫生和计划生育委员会，妇幼健康司. 国家卫生计生委关于规范人类辅助生殖技术与人类精子库审批的补充规定［Z］. 2015.

国家卫生和计划生育委员会，妇幼健康司. 国家卫生计生委关于加强人类辅助生殖技术与人类精子库管理的指导意见［Z］. 2015.

国家卫生和计划生育委员会，综合监督局. 关于建立查处违法违规应用人类辅助生殖技术长效工作机制的通知［Z］. 2017.

中华人民共和国中央人民政府. 人体器官移植条例（中华人民共和国国务院令第491号）［Z］. 2008.

唐媛，吴易雄，李建华. 中国器官移植的现状、成因及伦理研究［J］. 中国现代医学杂志，2008（8）：1142-1145.

熊永明. 我国人体器官移植犯罪及其刑法规制［M］. 北京：法律出版社，2015.

黄丁全. 医疗法律与生命伦理：2007年修订版［M］. 北京：法律出版社，2007.

周振杰. 人体器官犯罪中医院的违法行为类型、刑事责任认定与立法改革建议［J］. 法治研究，2015（5）：107-115.

王福影. 限制类医疗技术管理存在的问题及对策分析［J］. 江苏卫生事业管理，2021，32（2）：208-210，231.

夏志图，项乐，曹彬彬，等. 4S医院管理理念在医疗技术管理中的应用［J］. 中医药管理杂志，2019，27（23）：64-67.

吕兰婷，付荣华. 我国医疗技术管理中引入医疗技术评估的路径探讨［J］. 中国医院管理，2016，36（12）：17-20.

张爽. 医疗新技术临床准入与应用的伦理监管探究［J］. 医学与哲学，2021，42（5）：32-35.

黄世磊. 现代医疗技术伦理问题研究［D］. 成都：成都理工大学，2020.

叶子平，唐密，王海银，等. 英国创新医疗技术管理体系及支付框架［J］. 中国卫生资源，2019，22

(4)：321-325.

陈琴，李大平. 医疗技术准入的组织与管理现状及对策建议 [J]. 卫生经济研究，2006 (5)：42-43.

黄成华，黄钢. 医疗技术管理中复合式治理模式的形成 [J]. 中国卫生事业管理，2009，26 (6)：392-393.

黄成华，黄钢. 医疗技术管理的伦理建制 [J]. 辽宁医学院学报（社会科学版），2009，7 (1)：17-20.

林夏，吕兰婷，金盾，等. 我国三级公立医院医疗技术准入影响因素分析 [J]. 中国医院管理，2019，39 (2)：14-16.

林艳. 浅析如何加强医疗新技术管理 [J]. 中国卫生产业，2012，9 (3)：176.

肖艳，李艳，冯华. 探讨如何提升医疗技术应用管理质量 [J]. 中国农村卫生，2015 (6)：7.

国家卫生健康委员会. 医疗技术临床应用管理办法 [Z]. 2018.

(李念　刘余　罗会强　张冰然)

第九章 单病种质量管理与临床路径

第一节 单病种质量管理概述

单病种质量管理以病种为单元,通过构建病种质量控制评价指标体系,规范临床诊疗行为,持续改进医疗质量,确保医疗安全。狭义上讲,单病种指某个患者只患有一种疾病,即只有一个疾病诊断的病种。而广义的单病种则指某个患者患有一种疾病或与其有关联的合并症、并发症的病种。单病种质量管理是国际公认的有效提高医疗质量的工具之一,其通过覆盖诊疗全过程的结构、过程和结果质量控制指标进行医疗质量管理,规范诊疗行为,提高医疗质量。

一、我国与单病种质量管理相关规定

2009年5月,卫生部办公厅印发《第一批单病种质量控制指标的通知》,制定了急性心肌梗死、心力衰竭、肺炎、脑梗死、髋/膝关节置换术、冠状动脉旁路移植术6个单病种质量控制指标。同年8月,《卫生部办公厅关于开展单病种质量管理控制工作有关问题的通知》首次对三级医院提出了单病种质量控制指标及质量管理控制工作要求,启动了全国综合医院单病种质量管理工作,要求首批纳入单病种质量管理控制工作的医疗机构建立信息报送工作制度,指定专人负责信息报告、录入等工作,在完成单病种每例诊疗后10日内,登录"单病种质量管理控制系统"进行病例信息报送。

2010年12月,卫生部办公厅印发《第二批单病种质量控制指标的通知》,制定了围手术期预防感染和肺炎(儿童、住院)质量控制指标。

2011年4月,卫生部印发《三级综合医院评审标准(2011年版)》,要求将急性心肌梗死、心力衰竭、肺炎、脑梗死、髋/膝关节置换术、冠状动脉旁路移植术、围手术期预防感染等7个单病种(特定病种)列入日常统计学评价指标,重点关注过程(核心)质量指标。

2012年4月,卫生部办公厅印发《第三批单病种质量控制指标的通知》,公布了剖宫产、慢性阻塞性肺疾病(急性加重期)住院、围手术期预防深静脉血栓形成等3个单病种质量控制指标,作为规范临床诊疗行为的重要参考。同年,《国务院关于印发"十二五"期间深化医药卫生体制改革规划暨实施方案的通知》再次强调,医疗机构应大力

推行临床路径，开展单病种质量控制，规范医疗行为。

2016年9月，国家卫生和计划生育委员会发布《医疗质量管理办法》，要求医疗机构加强单病种质量管理与控制，建立单病种质量管理指标体系，制定单病种医疗质量参考标准，以促进医疗质量管理精细化。

2019年1月，《国务院办公厅关于加强三级公立医院绩效考核工作的意见》中，明确将单病种质量控制作为定量指标纳入考核，进一步加强了单病种质量管理力度。

2020年7月，为贯彻落实《医疗质量管理办法》，更好地推动医疗机构持续改进医疗质量，《国家卫生健康委办公厅关于进一步加强单病种质量管理与控制工作的通知》再次强调和完善单病种质量控制工作，促进各级卫生健康行政部门和各级各类医疗机构使用单病种质量管理工具加强过程监管，充分发挥单病种质量控制对提升医疗质量的作用。在已开展的17个单病种的基础上扩大了国家单病种质量控制范围，病种数量扩展至51个，覆盖了恶性肿瘤、心血管疾病、神经系统疾病、呼吸系统疾病及儿童白血病等严重危害人民群众健康的常见病、多发病，亦在眼科、口腔等社会办医活跃的领域选取代表性的病种进行质量控制。同时，从质量控制、资源消耗两个维度对51个单病种诊疗过程中的关键环节制定了质量监测信息项，便于各级卫生健康行政部门与各级各类医疗机构进行精细化的过程管理，为相关部门进一步扩展单病种质量控制工作提供了参考。

二、单病种质量管理的意义

单病种质量管理是提升医疗质量的重要手段，对提升医疗质量、提高医院管理能力、改善医患关系、推进医院高质量发展有积极作用，主要体现在以下方面。

1. 解决了诊疗行为不规范、医疗质量不稳定的问题。通过临床路径结合临床指南，建立路径内容，规范医师诊疗行为，避免同一疾病不同医务人员的诊疗差异，提升医疗质量。

2. 通过科学、精细化的方法，在遵循循证医学证据的基础上，把各个病种真正涉及医疗质量的核心环节进行标注，并进行监测管理，为提高医院管理水平提供了可操作的工具。

3. 单病种质量管理不仅包括入院诊疗、住院环节的质量控制，同时也要求重视健康宣教和随访，如针对急性心肌梗死，包括早期康复评估、重点护理评估情况、住院期间为患者提供健康宣教与出院时提供教育告知、患者对服务的体验与评价等环节，实现了"以患者为中心"的医疗。

三、单病种质量管理的内涵

单病种质量管理由以下三个方面构成。

1. 质量监测指标上报：利用大数据技术，对各医疗机构上报的病种数据进行横向和纵向比较，全面评价医疗质量。

2. 环节质量控制：对单病种医疗服务的各个环节实施质量控制，确保医疗服务的连贯性和一致性。

3. 终末质量评价体系：建立和完善单病种医疗服务的终末质量评价体系，通过核心环节的质量控制，提高医疗服务的终末质量水平。

纳入质量控制的单病种，需要设置个性化的质量监测指标，并从中确定"核心（或问责）指标"，以指导医院实现质量目标。选择这些指标时应遵循以下原则。

1. 关键性：符合国家卫生主管部门规定或国际临床医疗质量标准的关键指标。
2. 循证性：具有Ⅰ类A级或Ⅰ类B级循证医学证据支持的指标。
3. 关联性：直接影响患者预后、转归及安全的医疗措施。
4. 精准度：能够准确评估医护过程的有效性。
5. 安全性：治疗方式带来的不良后果少或没有。
6. 可比性：选择国际上具有可比性的信息指标。

单病种质量控制是一种以病种或手术为单位，对医疗服务全过程实施标准化控制的新方法。它通过明确诊断标准，对疾病的诊疗全过程实施标准化管理，旨在提高医疗质量和资源利用效率。

单病种质量管理与单病种付费是两个不同的概念。单病种付费是医保部门根据疾病诊疗全过程的费用总量控制，制定付费标准，向医疗机构支付费用的一种方式。两者的主要区别在于病种选择的方式和目的。

单病种质量管理的病种选择原则：

1. 根据我国人群的发病和患病情况，选择常见病、多发病。
2. 选择感染、并发症或死亡风险高，对患者危害大，消耗医疗资源多的病种。
3. 选择治疗流程和规范成熟，观察效果和比较性研究干扰因素少的病种。
4. 选择能够反映医院总体质量管理水平和绩效的病种。

单病种质量控制是提高医疗服务监管水平和保障患者安全的重要工具。通过评价病种诊疗过程的质量管理措施，使用相同指标进行医院间或治疗组间的比较，可以反映各医院的诊疗能力、技术水平和费用差异。这不仅是规范临床诊疗行为、提高医疗技术、改进医院质量管理体系的重要措施，也是合理利用医疗资源、提高医疗服务水平的关键环节。此外，它还是综合医院质量评价的重要指标之一。

第二节　单病种质量管理的实施

单病种质量控制是一种专注于特定病种的医疗管理模式，它通过精细化管理诊疗过程和结果，实现病种诊疗环节和终末质量的双重控制。这种管理不仅确保医疗质量，促进医疗资源的合理分配，而且已成为卫生事业管理的核心内容。

一、建立单病种质量管理组织体系

医院应建立临床路径及单病种质量管理委员会，下设单病种指导评价专家组和临床科室单病种质量管理小组，明确各级职责，确保单病种质量管理的有效执行。同时，设立单病种质量管理办公室，负责日常管理和协调工作。

1. 临床路径及单病种质量管理委员会：由院长、主管医疗的副院长、临床科室负责人、医务部负责人、护理部负责人等组成，秘书由挂靠部门工作人员担任。临床路径及单病种质量管理委员会的主要职责：制订本院单病种质量管理实施规划及相关制度；对单病种质量管理工作进行指导，协调并解决单病种质量管理工作实施过程中出现的问题，并提出政策支持及奖励建议；根据单病种评价分析结果，审核评价结果并提出单病种质量管理改进措施。

2. 单病种指导评价专家组：由医院医疗质量管理委员会部分成员、医务部负责人、护理部负责人、相关临床科室主任及部分相关职能部门负责人组成。其主要职责：对单病种的选择及质量控制工作的开展进行技术指导，根据实施过程中存在的问题，向临床路径及单病种质量管理委员会提出改进与修订服务流程、制度及诊疗规范的建议；制订单病种评价指标和评价程序，组织相关科室医务人员的培训，规范临床诊疗行为，以期达到相应标准；根据评价分析结果提出单病种质量管理改进措施，定期对相关管理措施进行评价调研。

3. 临床科室单病种质量管理小组：由各临床科室主任或分管医疗的科室领导、各医疗组长、住院总医师、护士长及单病种质量管理员组成。其主要职责：负责本科室单病种质量管理相关资料的收集、记录和整理；对本科室医务人员进行单病种质量管理工作培训；负责督促本科室单病种数据及时准确上报；根据单病种质量管理实施过程中存在的问题，向临床路径及单病种质量管理委员会提出改进与修订服务流程、制度及诊疗规范的建议；应用单病种质量指标规范临床诊疗行为；定期对相关单病种质量管理措施进行评价调研。

其中各临床科室单病种质量管理员作为科室单病种质量管理工作的具体执行人，应由具有中级职称及以上临床医师担任，其必须熟悉单病种质量管理工作的具体内容及流程，负责本科室单病种数据上报工作的协调，并直接与管理部门负责单病种日常管理工作的人员进行对接，就单病种数据上报过程中及单病种质量管理工作中出现的问题，及时向管理部门进行报备，共同讨论并解决相关问题，保证本科室单病种质量管理工作正常进行。

二、制订单病种质量管理工作相关规章制度

任何单病种的诊治过程都不是单一的环节，均需要相关部门与人员的密切协作和配合，建立多部门联动机制，才能较容易地查找原因、提高诊治水平，有益于医疗安全质量的持续改进。医院应制订《单病种质量管理工作实施方案》等相关规章制度，明确单

病种质量管理工作目标及指导思想，确定医务部、护理部、病案科、信息中心、药学部、财务部等职能部门在此项工作中的职责，形成跨部门联动的工作机制，配合临床科室开展单病种质量管理工作，以规范临床诊疗行为，加强单病种过程质量管理。同时定期召开临床路径及单病种质量管理委员会会议，就单病种质量管理工作中存在的问题进行讨论，并提出解决方案，加强单病种质量的管理。

例如，可联动护理部，将国家《特定（单）病种质量管理手册4.0版》中对单病种健康教育的要求加入临床科室单病种患者健康宣教内容中，根据各单病种要求制作相应的健康宣教手册，如《心衰用药管理卡》《人工髋关节康复手册》《慢性阻塞性肺疾病康复手册》等，协助患者尽快康复。同时也可联动药学部，制作《单病种治疗药物规范使用监测记录表》，对单病种药物使用合理性及手术性单病种术前预防用药进行监测管理，有效提高单病种医疗质量。

三、单病种质量监测指标数据上报工作

单病种质量监测指标数据网络直报是单病种质量管理工作的重要组成部分，根据国家卫生主管部门相关文件，临床科室须在规定时间内完成单病种数据上报工作。管理部门首先应在上报系统中针对需上报单病种数据的临床科室进行数据上报员及单病种质量管理员的权限分配：数据上报员一般为临床一线医师，其权限仅为数据上报；各科室单病种质量管理员则应由本院主治及以上职称人员担任，主要承担本科室单病种数据管理工作，其应对本科室上报数据进行审核，督促数据上报工作及时准确完成。同时，科室单病种质量管理员作为此项工作的具体执行人，负责与管理部门对接单病种质量控制的所有相关工作。

牵头部门在加强与临床科室沟通与培训的基础上，应积极与病案科及信息中心协作，建立标准化的单病种数据上报流程。病案科针对国家要求直报的单病种ICD疾病及手术编码进行审核及对应，管理部门根据单病种疾病及手术编码制定医院单病种数据提取规则；信息中心依据规则提取数据，管理部门整理数据后发至临床科室，协助临床科室进行单病种数据上报及核对，避免数据误报及漏报，管理部门每月对上报数据进行统计汇总，并加强监督。

同时为提高上报的质量，各部门应积极进行单病种数据上报系统软件开发，尽量实现单病种数据本地化上报，使临床科室在医院内网中即可完成数据上报，这将极大地方便临床工作，有利于上报数据的本地化处理。同时运用信息化平台，逐步开发单病种数据上报系统与HIS指标数据抓取功能，在减轻临床科室工作量的同时，也可保证上报数据的及时性与准确性。

四、单病种质量管理的深化

传统的医疗质量统计指标通常基于出院患者的总体数据，按科别或疾病系统分类。这些指标虽然提供了宏观视角，但往往缺乏具体性和可比性，难以深入分析医疗质量的

细微差别。

（一）病种选择的精准化

国家虽然提供了51个单病种目录，但并未覆盖所有临床专业。医院应根据自身科室的特点，选择具有代表性的病种，如科室内排名前五的病种，以实现更全面的质量管理。

（二）单病种质量指标分析流程的建立

1. 数据整理与反馈：牵头部门需定期整理并反馈临床科室上报的单病种数据，确保信息的透明度和及时性。

2. 关键环节与终末质量指标分析：临床科室应根据国家《三级公立医院绩效考核》的要求，对关键环节和终末质量指标进行深入分析，找出问题并提出整改措施。

（三）单病种终末质量指标考核体系的构建

1. 监测与考核指标：《三级公立医院绩效考核》将单病种质量控制指标分为监测指标和考核指标，要求考核指标逐年下降。

2. 年终考核：医院应将单病种的关键终末指标纳入年终医疗质量考核体系，以加强质量管理。

（四）单病种质量指标监测体系的完善

1. 监测指标细化：建立细化至医疗组长层级的单病种质量指标监测体系，包括病种例数、平均住院日、次均费用等关键指标。

2. 数据支撑与科学依据：牵头部门定期提供监测数据，帮助临床科室及时发现问题并进行科学分析，为质量管理提供数据支撑。

单病种质量管理是现代医疗质量管理的重要方法，它不仅是医疗保险机构控制医疗费用不合理增长的必要手段，也是医疗行业管理组织指导医疗机构开展质量控制和持续改进的行业自律途径。对于医疗机构和临床科室而言，单病种质量管理更是规范医疗行为、优化并完善医疗方案、减少医疗风险、提高服务效率、降低医疗成本的质量改进过程，它不仅是有关指标的简单控制，更重要的是真正做到医疗质量科学、规范的常态管理，保障患者及医务人员的基本利益。

第三节 临床路径概述

一、临床路径的概念

临床路径（clinical pathway，CP）是一种针对特定疾病建立的标准化治疗模式和程序，它是一个综合的临床治疗模式，以循证医学证据和指南为基础，旨在促进治疗的组织和疾病管理，规范医疗行为，提高诊疗过程的标准化程度，控制成本的不合理增长，并最终提升医疗质量。与指南相比，临床路径内容更简洁、易读，适用于多学科、多部门的具体操作，注重特定疾病诊疗流程、治疗过程中各专科间的协同性、治疗效果和时间性。在特定患者或疾病诊疗分类体系下，临床路径可以涵盖多个主题的多个临床指南。

国内对临床路径的普遍理解：医疗、护理和相关人员针对某个疾病诊断或手术，制定具有科学性或合理性、具有时间顺序性的患者照顾计划。其核心是将疾病（手术）的关键检查、治疗、护理等标准化，确保患者在正确的时间、地点获得正确的诊疗服务。正确与否的标准需要明确，但医疗活动与工业生产活动性质不同，标准和标准化程度不能完全照搬。

临床路径的定义因学者而异，但普遍认为它是通过标准化、程序化、多学科的方法，对患者治疗过程中的关键事件按时间顺序进行规定，以实现预期结果。目的是通过不断改进诊疗规范，提升诊疗过程的同质性，合理控制医疗成本，改进质量。

构成临床路径的关键要素如下。

1. 对象：针对特定诊断或处置，如 DRGs、ICD 编码、手术术式或治疗方案等。

2. 制订方法：综合多学科医学知识，参考国内外最新指南，结合临床实际，由医师制订，并在实践中不断修订。

3. 设计方式：参照住院后的时间流程和诊疗阶段，制订主要诊疗工作、医嘱、护理工作等标准，注意医疗行为的顺序性和合理性。

临床路径的目的是建立适度标准化的治疗模式，规范诊疗行为，分析变异，细化和优化临床诊疗情况，提高质量。与传统诊疗相比，临床路径可能提高整体效率，但需客观看待，并非所有指标都能立即全面改善。临床路径的核心作用在于完善疾病诊疗和患者的分类，实现适度标准化。

二、临床路径的起源与发展

临床路径的概念最早起源于工业生产领域的关键路径（critical path/critical pathway），这一概念最初由美国杜邦公司在 1957 年为新建化工厂制订计划时提出。关键路径管理技术通过识别和时间限制生产过程中的关键步骤，协调资源、效率和时间的综合管理，以提高生产效率、控制成本和提升产品质量。

这种管理技术因其在工业生产中的显著效果，迅速被其他领域借鉴。20 世纪 60 年代末，关键路径理念首次被引入医疗保健行业，但起初并未受到广泛关注。直到 80 年代中期，美国政府为控制医疗费用上涨，提高卫生资源利用效率，实施了疾病诊断相关分组及定额预付款制度（diagnosis related groups—prospective payment system，DRGs－PPS）。这一制度由耶鲁大学卫生研究中心的 Bob Fetter 等提出，要求同一种疾病诊断的患者按统一标准付费，与医院实际成本无关，促使医院在保证医疗质量的前提下寻求成本控制。

在这样的背景下,临床路径管理方式应运而生,成为医院管理研究的热点,并在一些医院得到实验性应用。临床路径的起源可追溯至20世纪80年代中期,美国马萨诸塞州波士顿新英格兰医疗中心(The New England Medical Center,NEMC)的护士Karen Zander及其团队首次将临床路径理念应用于急救护理,制订了以护理内容为主的临床路径照顾计划。新英格兰医疗中心因此被认为是美国最早采用临床路径概念并应用于临床的医院。

进入21世纪,随着医疗费用的持续增长,临床路径在多个国家和地区得到推广。随着医疗体制改革和支付制度的发展,英国、澳大利亚、加拿大、日本等均有临床路径的相关研究。国际医疗卫生机构认证联合委员会(Joint Commission on Accreditation of Healthcare Organizations,JCAHO)也提倡医院利用"临床诊疗指南"和"标准诊疗流程"来指导临床决策,持续改善医疗质量和患者安全。

在我国,临床路径的发展始于台湾长庚医院的实践应用。1996年,北京协和医院和四川大学华西医院等医院开始探索临床路径。2009—2010年,卫生部在全国范围内开展临床路径管理试点工作,至2011年年底已在100余家单位实施。随着医疗体制改革和医疗保险制度的完善,临床路径的研究和应用正朝着更加科学化、规范化的方向发展,以更好地贴合诊疗实践。

三、临床路径国内外发展现状

临床路径已经成为医疗管理中的一个热点议题。美国作为最早采用临床路径的国家之一,经过多年的实践和优化,其临床路径的设计、实施和评价体系已经日趋成熟,并成为医疗行业的参考标准。截至2007年,超过80%的美国医院已经实施了临床路径。临床路径的应用范围也在逐渐扩大,从最初的外科手术病种,逐步扩展到急性和慢性疾病的综合管理,从外科领域延伸至内科,以及从医院内部服务扩展到社区医疗服务。

在我国,随着临床路径试点的逐步推进,政策层面的支持也在不断增强。国家卫生行政部门定期发布临床路径文本,以供医疗机构参考。至今已经发布了1200多个临床路径文本,这些文本虽然相对粗略,但主要目的是提供指导性建议。重要的是,这些文本并非强制性标准,而是鼓励医院根据自身的病种诊疗情况,制订适合本院的临床路径规范。

2017年,国家卫生和计划生育委员会办公厅发布了新版的《医疗机构临床路径管理指导原则》,进一步强调了鼓励医疗机构根据本地实际情况,形成具有地方特色的临床路径。这不仅有助于提升医疗服务的质量和效率,也有助于实现医疗资源的合理配置和优化利用。通过这种方式,临床路径管理能够更好地适应不同地区和不同医疗机构的具体需求,为患者提供更加个性化和精准的医疗服务。

四、临床路径的一般特点

1. 分布广,应用覆盖面大。临床路径在全球范围内得到了广泛应用,包括美国、英国、澳大利亚、加拿大、日本、新加坡及中国。据文献报道，美国约有 80% 的医院采用临床路径。

2. 病种多为诊断治疗明确，合并症、并发症少，技术成熟，疗效可预期的常见病、多发病。

3. 个性化突出。每家医院往往结合医院和地区实际情况而有所不同，包括内容、时间和诊疗过程。

4. 方法多样、形式多样，但总体应趋向于简单和易操作，不过多增加医务人员工作负担。

5. 目的性明确，主要围绕协助缩短平均住院日、协助控制不合理医疗费用、规范诊疗行为。

6. 管理方法可以涉及多个方面且往往较复杂，包括管理理念和模式的转变、个案管理、路径制订及不断完善、考核评价指标和变异分析及监督措施等。

7. 信息化支撑对于临床路径的开展实施和管理均非常重要。

五、临床路径的核心作用与效果

临床路径在国际上被视为一种过程管理思想，其在改善患者医疗保健方面的应用体现了对患者住院期间整体诊疗流程的关注，而非仅仅关注各个专业或护理功能的独立贡献。国外的临床路径管理实施强调与跨学科团队合作，以及在管理上的综合协调性。多学科协作诊疗（multi-disciplinary team，MDT）模式的思想和理念与临床路径的发展紧密相连。

1. 病例组合的不断优化：临床路径基于对患者诊断治疗的同质性进行分类，以实现病例组合的不断完善。

2. 适度标准化：临床路径追求在保持诊疗灵活性的同时，实现诊疗过程的适度标准化。

3. 循证医学的最佳实践：临床路径的设计基于循证医学和临床诊疗实践指南，以确保提供最佳治疗方案。

4. 多学科协作管理：临床路径强调多学科团队的协作，制订综合管理计划，以提高诊疗效率和质量。

临床路径的设计旨在捕捉那些在大多数情况下代表大多数患者最佳实践的可预见医疗动作，并在路径文件中提供适当的时间阶段性提示，以及阶段性的评估，确保结果符合预期。通过这种方式，医务人员可以将临床路径作为规范和标准操作程序（standard operating procedure，SOP）的参考，确保不遗漏重要的问题和诊疗环节。

然而，临床路径并非一成不变的定量规定。患者的临床诊疗情况存在个体化差异，临床路径的一个重要组成部分是捕获关于这些"差异"（变异）的信息。如果由于患者的特殊情况或临床判断，已经采取了与预期设计严重不同的医疗处置措施，或者产生了与预期严重不同的结果，就可能需要适时调整或退出既有的临床路径。

临床路径的核心思想在于寻求共性的同时尊重个体差异，即"求同存异"。这种思想有助于在保证医疗服务质量的同时，为患者提供更加个性化和精准的诊疗方案。

六、临床路径的目的和意义

国外临床路径的发展历程揭示了其最初的主要驱动因素，即为实现医疗保险的预付制度而发展的一种配套支撑措施。然而，随着临床路径的广泛应用，其目的已经超越了最初的预期，成为一种医院质量管理的有效工具，以及疾病诊疗和评估的标准。

从国内医院的角度来看，开展临床路径管理的意义主要体现在以下几个方面。

1. 规范诊疗行为：合理开展临床路径，为规范诊疗行为提供合理的参考，这是最初也是最基本的要求。通过临床路径，可以确保诊疗活动遵循既定的、科学的标准和流程。

2. 提高医院管理水平：临床路径的实施有助于医院管理的科学化和规范化，推动医院管理向更高效、更系统的方向发展。

3. 提升医院信息化管理水平：临床路径的实施需要依赖数据的收集、统计、分析和反馈。这不仅提高了医院的信息化管理水平，也为医院决策提供了数据支持。

4. 合理测算费用及效率指标：通过临床路径，医院能够更准确地测算诊疗过程中的费用和效率，为成本控制和资源优化配置提供依据。

5. 与付费方式改革的协同：临床路径与付费方式改革，如按病种付费（DRGs）等，有着潜在的协同效应。临床路径可以帮助医院更好地适应这些改革，优化诊疗流程，合理控制成本，同时保证医疗服务质量。

七、临床路径工作模式与传统医疗模式的区别

传统的医疗模式常常依赖医师个人的知识和技能，以及他们过往的临床实践经验。这种模式下，即使面对相同的疾病，不同的医师可能会提出不同的处理意见和结果。由于缺乏统一的规范或标准作为指导，医师的处置方式和结果可能会有较大的差异。

相比之下，临床路径的制订基于临床学科的专业性，并综合考虑多方意见。它尽量以医学指南和循证医学为基础，针对具有相似特征的患者群体，制订出相对统一的治疗和护理标准。在不断完善分类和追求适度标准化的过程中，临床路径作为一种特殊的规范和标准操作程序，有助于提升诊疗工作的同质性。

八、国家相关政策及法律法规

为指导医疗机构开展临床路径管理工作，规范临床诊疗行为，提高医疗质量，保障医疗安全，卫生部在2009年10月13日和12月7日分别组织制定了《临床路径管理指导原则（试行）》和《临床路径管理试点工作方案》，并于2010年1月5日公布了《临床路径管理试点工作试点医院名单》。

2016年，《医疗质量管理办法》公布了六种质量管理工具，包括全面质量管理、

PDCA 循环管理、品质圈管理、诊断相关分组管理、单病种质量管理和临床路径管理。医疗机构和医院人员被要求了解并熟练应用这些工具。

2017 年，国家卫生和计划生育委员会等部委进一步制定下发了《医疗机构临床路径管理指导原则》，旨在加强医疗质量管理，规范临床诊疗行为，贯彻落实医药卫生体制改革的相关要求，指导医疗机构进一步加强临床路径管理。

2020 年 1 月，国家卫生健康委员会印发了《有关病种临床路径（2019 年版）》并提供了解读。这次修订涵盖了 19 个学科的有关病种，形成了 224 个病种的临床路径（2019 版），供临床参考使用。

同年，国家卫生健康委员会等八部委发布了《关于印发进一步规范医疗行为促进合理医疗检查的指导意见的通知》，提出到 2022 年年底，三级医院 50% 的出院患者和二级医院 70% 的出院患者应按照临床路径管理。

2020 年，国家卫生健康委员会颁布的《三级医院评审标准（2020 年版）》中，临床路径的使用情况也被纳入了"现场检查"的内容。在评审标准的第三部分"现场检查"的第二章临床服务质量与安全管理中，对临床路径的使用提出了明确要求，强调医疗机构在开展诊疗工作时应遵循临床诊疗指南、医疗技术操作规范、行业标准和临床路径等相关要求。

第四节　临床路径的制订与实施

一、临床路径管理体系

医疗机构应建立健全的临床路径管理工作体系，以确保临床路径管理工作的顺利进行。该体系应涵盖以下关键组成部分。

1. 临床路径管理委员会：负责整体规划、决策和监督临床路径的管理工作。
2. 临床路径指导评价小组：由多学科专家组成，负责提供专业指导和评价临床路径的实施效果。
3. 临床路径实施小组：由临床科室成员组成，负责具体执行临床路径，并反馈实施过程中的问题和建议。

医疗机构应根据自身的实际情况，建立相应的临床路径管理工作制度。

1. 职能部门：负责组织和管理全院临床路径相关工作，协助科室开发和实施临床路径，并将实施情况反馈给各科室，以促进持续改进。同时，应将临床路径的开展情况纳入全院医疗质量考核体系，并根据科室内部管理需要，进行相关的精细化数据统计和反馈，帮助临床科室加强管理。
2. 信息中心：应提供必要的数据获取支持，减轻临床科室和管理部门相关人员的工作负担，提高工作效率。

3. 科室临床路径管理质量控制员及住院总医师：负责科室内各医疗组的培训工作。对于实施过程中遇到的重大问题，应进行问题收集，并以书面材料汇总上报。职能部门应对临床路径管理质量控制员及住院总医师进行培训。

4. 人员教育与岗前培训制度相结合：结合岗前培训制度，制订临床路径实施中对新入人员（如新入病房的轮转医师、实习医师、进修医师等）的教育培训制度，以确保临床路径管理"始于教育，终于教育"，促进规范化意识和质量管理文化的培养。

二、临床路径管理质量控制员的作用及工作职责

临床路径管理组织体系的完善，需要特别强化临床科室临床路径管理质量控制员的配置和管理工作。这些质量控制员在整个临床路径管理过程中扮演着至关重要的角色。他们负责监督和管理临床路径制订的相关医疗护理计划，确保从患者入院到出院的整个过程中，医疗护理结果符合预期目标。

临床路径管理质量控制员的一般职责如下。

1. 负责个案管理，具体落实临床路径开展中解释、协调、计划、监督、修订、医嘱维护等工作。

2. 负责对科室人员进行持续的指导和操作培训，提升团队对临床路径的理解和执行能力。

3. 在个案病例出现变异时，与相关医师和护士长进行沟通，进行必要的协调和处理，确保问题得到及时纠正。

4. 每月对科室上个月的临床路径基本数据进行汇总，协助科室进行内部管理和持续改进。

三、临床路径制订与实施

（一）对象的选择

1. 临床路径的应用范围。

尽管临床路径作为一种基于患者和诊疗分类的医疗标准化管理方式，在某些疾病领域已经显示出其效果，但这并不意味着它可以不加选择地应用于所有病种。在复杂疾病中，临床路径的成本效益和临床效果仍在探索之中。这主要是因为复杂病种的患者之间存在较大的个体差异，制订统一的标准治疗方案非常困难。此外，实施过程中需要识别和处理大量的治疗变异，这可能会大幅增加工作量，有时甚至可能导致成本效益比降低。

理论研究指出，临床路径制订对象的选择对整个路径的实施具有决定性作用，正确的对象选择是路径成功实施的前提之一。

目前，对于临床路径制订对象的选择并没有严格的限制，但多数文献建议，临床路径应用的病种应满足以下条件：发病率高、费用比重大；诊断明确、治疗或处置方式相

对简单；住院或医疗费用差异小的手术病例。特别是那些诊断明确、治疗或处置方式简单、合并症少、技术成熟的病例，这些病例在住院期间的医疗过程通常是可预见的，容易形成标准化模式。同时，这些病例治疗中的变异相对简单，更易于观察和分类。

因此，建议刚开始尝试临床路径的医院，应根据上述条件，优先选择外科手术病种作为制订对象。

例如，日间手术的病种和患者是非常适合开展临床路径的对象之一。只有经过临床路径严格筛选的病种和患者才能进入日间手术模式。日间手术模式排除了转科对费用测算的影响，所选病种通常是技术成熟、风险小的手术。此外，日间手术严格遵循术前评估流程，要求患者在门诊完成术前检查，并由有资质的医师进行术前评估，评估合格后才预约手术。高龄患者或有高血压、心脏病、糖尿病或过度肥胖的患者一般不纳入日间手术范畴。这表明日间手术本身对诊断、治疗及患者分类等提出了明确要求，有助于保障病种及患者的后续处置相对标准化，减少变异。

需要注意的是，尽管医学诊疗过程是一个复杂的专业技术过程，临床路径管理在未来可能涉及更复杂的综合管理模式，但在现阶段，临床路径管理并不能替代专门的专项管理（如药物合理使用、病历质量控制等）。因此，需要在重点科室和重点病种中进行试点探索。目前比较成熟的病种包括腹腔镜胆囊切除术（LC）、乳腺良性包块切除、小儿疝气、小儿睾丸鞘膜积液、无并发症白内障、声带息肉、慢性鼻窦炎、急性单纯性阑尾炎切除术、较小和单纯性结直肠息肉内镜下诊疗等。

2. 临床路径制订科室的条件。

在选择临床路径制订科室时，医院除了依据基础数据分析结果，还应综合考虑以下关键要素。

1）先前经验：参考已开展临床路径的医院所取得的成果与经验，从中吸取教训和启示。

2）科室特长：考虑科室的专业特长和在特定领域的技术优势。

3）人员积极性：科主任和医师对临床路径的兴趣及参与的积极性。

4）领导与协调能力：科主任的领导力和协调不同专业人员的能力。

5）专业水平：科室人员的专业技能和对临床路径相关指南的熟悉程度。

6）团队合作：科室人员的团队合作精神和对医院质量管理理念的认同与理解。

由于医院的技术水平和规模存在差异，临床路径的具体内容和完善程度也会有所不同。在制订临床路径时，应避免简单模仿，而应根据医院的实际情况，制订符合自身特点的临床路径。通过学习其他医院的成功案例，可以选择那些更易于实现标准化的病种，从而减少不必要的尝试和错误，为临床路径的顺利实施创造有利条件。

临床路径的制订和实施应被视为医院质量管理的一项系统工程，需要得到医院管理层的重视和全体医务人员的积极参与。此外，全科室医务人员的协作精神和对质量的重视，以及医院在构建质量文化方面的努力，同样是临床路径能否顺利实施的关键因素。

3. 临床路径对象主题的确定。

临床路径的对象主题，实质上是指疾病和患者的分类体系。在选取路径主题时，没有统一的严格规定，可以根据不同的视角选择：可以是某个 DRGs 分组，基于 ICD 诊断编码思维的病种的名称,基于临床诊断思维的"病种",抑或是某种操作(如胃镜、腹膜透析 PET 等),甚至是基于患者的某种特殊主诉或特殊检查结果为明确诊断而适度标准化的诊断路径(如肺结节待诊、发热待诊)。

重要的是,患者的诊断过程需要根据个体情况不断完善,诊断路径仅作为参考和提示。

在我国,标准化和完善的 DRGs 体系仍在发展之中。为了提高临床路径实施的可行性,应结合国内医院的实际情况和医疗行为模式,遵循医师对患者进行明确诊断后确定治疗方案的习惯。选择以疾病诊断名称为主题,或基于诊断的手术方式,可以使路径的准入标准更加明确,便于医师根据专业判断病例。

同时,临床路径对象主题由于复杂性和多样性需要在实践中不断探索和完善。加上临床路径的分类体系与 DRGs 基于患者病例组合的分类体系存在差异,如何有效结合两者,实现优势互补,也是未来研究和发展的重要方向。

(二)临床路径表单的制订

1. 表单的设计。

具体可参照国家卫生和计划生育委员会委托中华医学会制订及下发的临床路径参考表单的模式:设计方式参照时间流程和大体诊疗阶段,制订参考标准,一般包括主要诊疗工作、重点医嘱、主要护理工作。

临床路径表单的具体内容从整体上来看,是一份相对标准化诊疗计划和环节项目梳理。

临床路径表单横轴为住院时间,纵轴为相对标准化诊疗项目(也可横轴为项目、纵轴为大体时间流程),形成一个"任务-时间"矩阵,其中诊疗项目的具体内容依时间流程在表格中罗列出来。

2. 相对标准化诊疗项目的选择。

目前主要依托学科专业性来制订,未来在信息化技术发展,尤其是数据挖掘、大数据技术支持的情况下,可将相关病种或患者分类下医嘱使用频率数据作为参考依据。

3. 住院流程制订的原则。

1)对住院诊疗过程的主要环节进行分解和描述:例如,对外科手术患者来说,住院诊疗过程一般可划分三个关键时间点,入院日、手术日和出院日。进而确定五个主要阶段,入院接诊、术前检查与准备、手术、术后康复、出院。

2)对主要诊疗阶段的医疗流程中主要环节进行明确:对大体诊疗阶段的主要内容进行分析,通常会有 12 个主要环节,可参考表 9-1。

表 9-1 外科手术患者住院诊疗过程主要环节及简要内容一览

住院诊疗过程主要环节	简要内容
各级医师接诊（或查房）	询问病史、查体、初步诊断、下医嘱、开具各种检查单及完成入院记录及首次病程记录等
护理接诊	询问病史、体格检查、进行入院宣教等
完善术前检查	各种实验室检查和影像学检查，及完成术前诊断等
术前准备	术前讨论、各种知情同意书填写、术前医嘱、术前护理及上级医师查房记录、术前小结及手术计划核准等，以及进行医患沟通工作
手术排程	确定手术（包括时间、术者、助手及手术方式等）
手术	完成手术过程，完善手术记录等文书
术后对症处理	术后预防感染、消肿、切口护理、疼痛管理及术后其他主要护理等，完善术后病程记录等
功能锻炼	术后康复计划、运动功能及早期下床活动等
术后评估	各项检查、术后康复状况评估、相关量表评估等
护理出院工作	出院宣教、出院结算等
医师出院工作	出院医嘱、完善病案首页及出院文书等

3）设定阶段性大体时间目标（流程）：路径的制订和开发，力求为同类患者相似的临床诊疗过程提供有价值的合理参考内容；目的是提升标准化程度和诊疗同质性，重在提升和临床实践的拟合度，提升可操作性。此外，确保路径的设计和相关内容对患者而言是安全、有效和以证据为基础的。

（三）临床路径实施的一般步骤

临床路径的实施要根据医疗机构的具体情况，采取切实可行的方式。不同规模、不同地区的医疗机构的临床路径实施步骤往往不尽相同，可参考质量管理的 PDCA 循环原理，大体上可分为几个阶段：计划准备、临床路径制订、实施检查、不断修订完善等。临床路径实施的一般流程如图 9-1 所示。

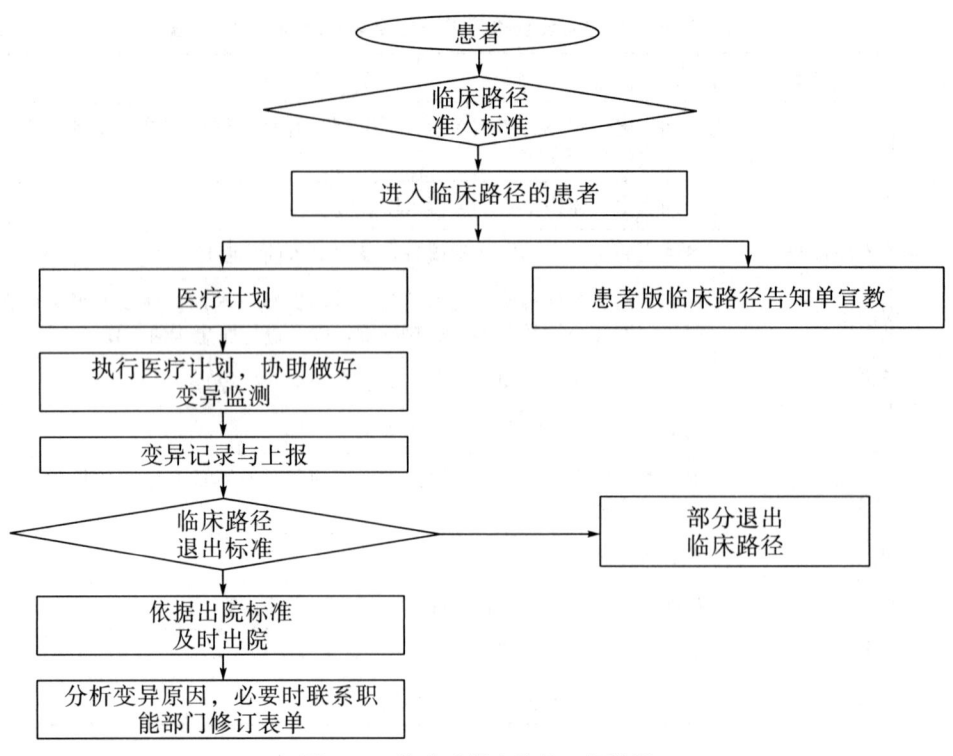

```
                    患者
                     ↓
              ◇ 临床路径准入标准 ◇
                     ↓
              进入临床路径的患者
              ↓              ↓
          医疗计划      患者版临床路径告知单宣教
              ↓
       执行医疗计划，协助做好变异监测
              ↓
           变异记录与上报
              ↓
         ◇ 临床路径退出标准 ◇ ——→ 部分退出临床路径
              ↓
         依据出院标准及时出院
              ↓
    分析变异原因，必要时联系职能部门修订表单
```

图 9-1 临床路径实施的一般流程

四、临床路径相关信息化建设

临床科室对内部管理和依从性的强化，以及与职能部门的紧密协作，是确保临床路径实施效果并持续改进的重要因素。信息系统的建设和应用在临床路径的实施中扮演着至关重要的角色，是推动临床路径进一步发展的关键助力。

1. 信息化的重要性。良好的信息化支撑对于临床路径的顺利实施至关重要。如果信息化建设不足，可能会成为临床路径实施的主要瓶颈。因此，需要与信息部门及软件开发商持续沟通，确保信息化需求得到满足。

2. 信息化建设的基本需求。

1）电子表单系统：建立一个嵌入文本的电子表单系统，方便临床医师输入和管理患者信息，并确保系统的易用性和可维护性。

2）简化操作流程：在业务流程设计上，应尽量简化临床医师的操作步骤，减少他们的工作负担，提高工作效率。

3）数据获取与统计：系统应具备基本的数据获取和统计功能，优化数据收集规则，确保数据的准确性和可用性。

4）变异数据处理：探索建立变异数据的记录、上报和分析系统，以便及时发现和处理临床路径实施中的变异情况。

五、临床路径相关指标解读及考核机制

(一)临床路径入径率

临床路径入径率指进入临床路径的住院患者数占同期住院患者总数的比例。入径率反映了有多少住院患者被纳入临床路径的管理范围内。

$$某科室临床路径入径率 = \frac{某科室进入临床路径的住院患者数}{同期住院患者总数} \times 100\%$$

临床路径入径率能够反映医疗机构临床路径的接受程度和执行情况。较高的临床路径入径率意味着更多的住院患者被纳入临床路径管理中,从而使得临床路径的实施效果更具代表性和可比性。

(二)临床路径完成率

临床路径完成率指在临床路径规定的时间范围内,患者按照规定的流程和步骤完成了临床路径所规定的治疗、检查和护理等项目的比例。

$$某科室临床路径完成率 = \frac{某科室进入临床路径并完成的患者数}{同期进入临床路径的患者数} \times 100\%$$

临床路径完成率是衡量临床路径执行质量和效果的重要指标之一。较高的临床路径完成率表明医务人员和患者在临床路径实施过程中遵循了规定的治疗计划和流程,有助于保障医疗质量和患者安全,同时也有助于提高医疗效率和资源利用率。

(三)临床路径变异率

临床路径变异率指在实施临床路径过程中,患者治疗和护理方案的执行存在的差异或不一致性。换句话说,它反映了在相同临床路径下,不同患者接受治疗的差异程度。

$$某科室临床路径变异率 = \frac{某科室进入临床路径并变异退出的患者数}{同期进入临床路径的患者数} \times 100\%$$

临床路径的设计旨在提供标准化的治疗方案,以确保所有符合入选标准的患者在相似的病情下都能得到一致和规范的治疗。然而,患者的个体差异、医务人员的经验水平、资源和设施的差异等因素,可能导致临床路径的实施过程中出现一定的变异。由于患者的个体差异和治疗结果的不可预测性,发生变异是正常的、是允许的。鼓励医务人员对变异进行详细的解释和记录。变异记录可为改进临床路径及明确路径的退出标准提供重要参考依据。变异记录的格式可以根据医院的实际需要自行设计。根据造成变异的原因,变异大体可分为疾病转归造成的变异、医务人员造成的变异、医院系统与流程等造成的变异、患者需求造成的变异四种类型。对变异记录和分析的过程就是为临床路径管理、制订医疗护理计划及改进临床路径表单等工作提供信息反馈的过程。

第五节 以临床路径为抓手的单病种质量管理体系

临床路径管理是单病种质量管理的重要抓手,构建以临床路径为抓手的单病种质量管理体系,对提高医疗质量尤为重要。主要方法是对每个单病种建立临床路径,通过制订标准化的诊疗路径、时间节点、药物使用等诊疗流程和步骤,为患者提供同质化、系统性和综合性的治疗方案。依托临床路径规范单病种临床诊疗行为,减少变异,降低医疗费用,提高单病种医疗质量。

同时,应结合临床路径,制订相应的质量指标和标准,用于评估医疗过程及结果的质量。可以根据国家卫生健康委员会2020年发布的《单病种质量监测信息项》要求,对各病种从质量控制及资源消耗两个维度进行监测,其中质量控制即监测诊疗环节质量。

以社区获得性肺炎(成人,首次住院)为例,其质量控制指标包括患者入院病情评估、首次氧合评估情况、治疗前病原学诊断情况、重症患者起始抗菌药物种类、非重症患者起始抗菌药物种类等。

为了提高肺炎诊疗质量,结合临床实际情况,制订出肺炎环节质量控制指标,如肺炎严重程度CURB-65/PSI严重程度评分、氧合评估、痰培养、ESR检测、CRP检测、PCT检测、抗菌药物使用时机等,并将上述质量控制指标纳入临床路径内容,通过临床路径监测临床诊疗行为,对其中不规范诊疗行为进行预警,实现对肺炎诊疗环节的质量控制管理,进一步提高肺炎诊疗质量,保障患者安全,降低单病种诊疗及服务过程中的风险点。

第六节 典型案例

案例9-1:对称性颈部脂肪瘤临床路径电子表单。

对称性颈部脂肪瘤临床路径电子表单见表9-2。

表9-2 对称性颈部脂肪瘤临床路径电子表单

路径名称	对称性颈部脂肪瘤
路径类型	烧伤整形科
准入诊断 ICD10	D17.002
准入诊断关键字	颈部脂肪瘤
准入手术 CM3	86.832,86.711

续表

路径名称	对称性颈部脂肪瘤		
准入手术关键字	颈部脂肪瘤部分切除术、带蒂筋膜皮瓣移植术		
准入提示	对称性颈部脂肪瘤（ICD10：D17.002），颈部脂肪瘤部分切除术（ICD-9-CM-3：86.832）		
参考费用	10000~15000元		
参考住院天数	3~4天		
变异分析描述	1. 因实验室检查结果异常需要复查，导致术前住院时间延长； 2. 其他意外情况需进一步明确诊断，导致术前住院时间延长； 3. 术后出现发热、呼吸困难等情况需要住院观察导致住院时间延长； 4. 术后出血等并发症需要治疗导致住院时间延长		

步骤	天数	主要诊疗工作及记录	重点医嘱	主要护理工作
入院1~4天（术前）	1	询问病史及体格检查	长期医嘱 整形科二级护理	介绍病房环境和设备
		完成入院病历书写	长期医嘱 其他医嘱	入院护理评估
		开具化验单及检查申请单	临时医嘱 血常规	完善术前准备、抗生素皮试
		主管医师查房	临时医嘱 生化1+4、凝血功能、输血全套、血型	提醒患者术前禁食水
		初步确定治疗方案	临时医嘱 心电图、胸片或胸部CT、颈部影像学，视情况选做头部CT	
		完成病程记录、上级医师查房记录、术前小结等	临时医嘱 心脏彩超、肺功能（视情况选做）	
		向患者及家属交代病情及围手术期注意事项	临时医嘱 术前6小时禁食水	
		签署自费用品协议书、授权委托同意书等医疗文书	临时医嘱 备术中抗菌药物	
		安排手术前全科讨论		
		开具术前医嘱		
		完成术前讨论记录、术前谈话记录		

续表

步骤	天数	主要诊疗工作及记录	重点医嘱		主要护理工作
手术日	1	手术	长期医嘱	整形科一级或二级护理，禁饮食，清醒后6小时流质饮食	观察病情变化
		术者完成手术记录	长期医嘱	监测血压、血氧饱和度、体温、心电、呼吸	心理和生活护理
		住院医师完成术后病程	长期医嘱	吸氧	保持呼吸道通畅
		上级医师查房	长期医嘱	应用抗菌药物、更换负压引流装置护理	
		向患者及家属交代病情及手术情况和术后注意事项	临时医嘱	镇痛药物其他医嘱	
术后	1	上级医师查房	长期医嘱	整形科二级护理	观察病情变化
		完成病程书写	长期医嘱	应用抗菌药物、更换负压引流装置护理	心理和生活护理
		注意生命体征	长期医嘱	局部红外线照射	鼓励拍背、咳嗽，协助患者咳嗽
		观察伤口敷料、引流及切口情况	长期医嘱	应用抗菌药物	术后康复指导
		完成出院记录及证明书书写			协助患者咳嗽
		安排出院			交代出院事宜

注：应用该临床路径对住院患者筛查时，其第一诊断必须符合ICD-10相关编码及对应诊断；当患者合并其他疾病，但住院期间不需要特殊处理也不影响第一诊断的临床路径流程实施时，可以进入临床路径。

案例9-2：肝癌开腹切除术标准医疗服务流程

（一）外科门诊流程

1. 必需的检查项目。

1）血常规，大小便常规，生化1+4、血型、凝血功能、重点肿瘤标志物（如甲胎蛋白与异常凝血酶原）、感染指标筛查（输血前全套）、乙肝病毒DNA（HBV-DNA）、丙肝病毒RNA（HCV-RNA）。

2）影像学检查（必备其一）：动态增强MRI、普美显动态增强MRI、动态增强

CT、超声造影。

3）心电图、胸片或胸部 CT。

2. 根据患者具体情况可选择的检查项目。

1）提示或需排除肿瘤转移时，相关部位 CT、MRI 或 PET-CT 检查。

2）其他肿瘤标志物，如癌胚抗原（CEA）、糖类抗原 19-9（CA19-9）、糖类抗原 125（CA125）等。

3）全身核素骨扫描。

4）胃十二指肠镜。

5）老年患者或合并其他疾病相关检查，如心脏彩超、肺功能、CT 冠脉造影或者冠脉造影等。

3. 门诊接诊医师看诊、开具检查，解答患者问题。

4. 开入院证：诊断录入，预计住院天数 7~12 天，填写预交金（依社保类型）。

5. 嘱患者到入院服务中心预约入院。

（二）入院服务中心预约入院办理流程

入院服务中心预约入院办理流程如图 9-2 所示。

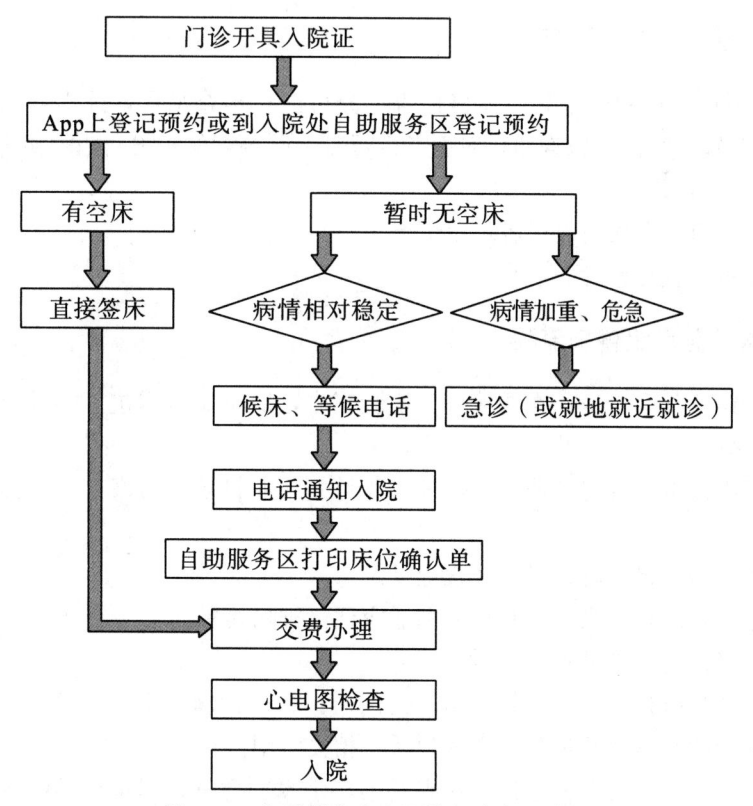

图 9-2 入院服务中心预约入院办理流程

1. 协助患者完善相关信息，并解答有关入院预约的问题，等候入院期间可电话咨询。

2. 据病房计划出院情况由入院服务中心工作人员通知患者入院（电话通知患者入院要点）。

1）办理入院需携带的证件：入院证、身份证、社保卡、院内外近期检查资料或出院病情证明书（如果有）等。

2）务必请于约定时间段到入院处自助服务区打印床位确认单，交纳预交金后携手续到指定病区报道。

备注：病房办公室护士每日上班时间上报入院服务中心病房空床情况。

（三）护士站入院接待流程

患者入病房后在护士站由办公室护士接待，查阅检查资料、入院证、身份证和医保卡复印件，核对身份并佩戴腕带，由主管护士带入病床并完成如下工作。

1. 入院宣教（集中观看视频）。
2. 病情评估：年龄、肥胖情况、生命体征；有无基础疾病，如果有，通知主管医师行相应疾病监测及相关辅助检查。
3. 环境及医务人员介绍。
4. 当班时间内完成首次护理记录并完成相关护理评估单，同时通知主管医师。

（四）主管医师首日诊疗流程

1. 24小时内完成病史采集；体格检查；分析已有检查结果，开出各项检查、检验项目和基础医嘱；完善医患沟通，对患者进行有关肝癌切除相关问题的初步宣教。
2. 完善病历书写。
3. 向医疗组长汇报新收患者基本情况。
4. 医疗组长查看患者。

（五）术前医疗组查房流程

1. 医疗组长首次查房：查看检查、检验报告，决定是否需进一步补充检查，有无相关手术禁忌证。
2. 医疗组长带组查房，明确下一步诊疗计划，制订治疗方案，交代治疗不良反应及注意事项。
3. 主管医师完善查房记录及病程记录。
4. 根据检查结果，完善诊断和手术适应证，排除禁忌证。
5. 三四级择期手术术前全科讨论。
6. 术前主管医师与患者或其家属交代沟通：目前诊断、手术指征、手术风险（术中）、术后可能的并发症及预防、手术预后、相关费用。
7. 签署术前医疗文书，包括授权委托书、手术同意书、术前谈话记录、输血同意书、特殊耗材使用同意书、组织标本留取同意书、术前小结与手术审批表（术前一天或手术当天早晨）。
8. 术前准备：主管医师下术前医嘱、抗生素皮试并取药带入手术室、合血及血浆、打印病理检查申请单及条码、确认患者治疗费用情况。

9. 手术医师行手术切口标记。

（六）接床转运注意事项

1. 时间：第一台手术（除周四外）7：30—7：50时间段到病房接患者，周四延后1小时，其余一致。

2. 人员：手术室工人。

3. 要点。

1）手术室带上排程（专为手术室工人设置的接患者的信息单）到病房。

2）手术室工人与病房护士进行交接（物品交接）。

3）交接内容主要是物品：病历、药物（抗生素、蛋白等）、影像学资料、个别其他手术需要的物品。

4）患者安全：拉上床栏，由专用电梯进入手术室。

5）患者到手术室后，由手术室工人与手术室护士进行交接。

6）特殊情况：病情危重的患者，需麻醉医师一同到病房接患者入手术室，必要时需要手术医师陪同。

（七）手术室术前准备

1. 护士。

1）第一台手术由巡回护士协助麻醉医师在手术室建立外周静脉通道或中心静脉通道，第二台及后续接台手术由管床护士在病房建立外周静脉通道或中心静脉通道。外周静脉通道宜建立在前臂手腕以上部位血管。

2）术前主要药物的使用（切皮前30~60分钟使用抗菌药物并在黄色术中医嘱单上填写）。

3）导尿管宜于手术室患者麻醉后由巡回护士安置，减少置管对患者的刺激。

第一台手术胃管由病房护士在患者清醒情况下安置，第二台及以后手术由手术室巡回护士安置。

2. 麻醉医师注意术中保温。

3. 手术医师、麻醉医师和巡回护士完成"三方核查"。核查内容包括患者信息（患者清醒时）、手术信息（TimeOut时间，切片前核对）、处置信息（手术结束时），并签字。核查重点包括患者身份（姓名、性别、住院号），腕带信息，手术部位标记、术后处置包括引流管种类，标本、标本去向等信息。

（八）手术室术中流程

1. 手术医师常规完成术中超声检查（肝恶性肿瘤手术须进行的重要环节），完成手术。

2. 巡回护士。

1）接患者入手术间，三方核查。

2) 检查医疗文书：手术同意书、输血前全套、生化检查结果（尤其是凝血指标及血红蛋白）、交叉配血试验结果。

3) 建立静脉通道：根据术中风险选择不同策略。外周一般为16G及以上，可酌情建立1~2个外周静脉通道或者1个外周静脉通道加中心静脉通道。第1台手术8：05完成。

4) 麻醉后留置导尿管。

5) 摆放体位，注意皮肤护理。执行人包括巡回护士、麻醉医师、手术医师。

6) 术前准备：根据手术医师习惯准备不同的切肝工具、止血材料、缝合材料。若为乙肝、丙肝等传染病患者，还需配备防护用具（双层手套、防护面屏、一次性手术衣、桌单等），清点并记录台上用物。

7) 术中配合：

(1) 再次三方核查（切皮前查对正确的手术）。执行人包括手术医师、麻醉医师、巡回及洗手护士。

(2) 安置框架拉钩暴露手术区域。

(3) 根据手术医师要求，适时联系术中超声检查。

(4) 切肝时，准备不同型号血管缝线、钛夹及其他止血工具或产品。

(5) 根据不同阻断方式，准确记录阻断时间，并提醒手术医师间歇性开放。

(6) 无瘤技术：避免肿瘤组织破裂或肿瘤细胞沾染，手套若有污染及时更换，为手术医师准备温热灭菌蒸馏水。

(7) 无菌技术：一次性物品检查效期、包装完整，监督术中人员无菌操作，管理参观人员及环境。

(8) 标本管理：台上标本需与手术医师确认名称及送检方式。

(9) 低体温防护：根据条件可采用空气保暖、输液加温、冲洗液加温等方法。

8) 术后护理：

(1) 再次三方核查（正确处置）。执行人包括巡回护士、手术医师、麻醉医师。

(2) 清点用物。执行人包括手术医师、巡回护士、洗手护士。

(3) 收纳标本并及时送检。执行人包括手术医师、有资质护士。

(4) 填写护理文书。

(5) 保护患者隐私。执行人包括巡回护士、手术医师。

(6) 防止患者复苏时躁动坠床。执行人包括手术医师、洗手护士、巡回护士、麻醉医师。

(7) 整理房间环境，根据情况选择不同消毒方法。

(九) 术后复苏流程

1. 手术间转运至麻醉复苏室。

转运执行人：手术室工人、麻醉医师、手术医师。

接收执行人：麻醉复苏室护士、麻醉复苏室医师。

时间：适时接收。

2. 入室护理（从接收至出室回病房前）。

执行人：麻醉复苏室护士、麻醉复苏室医师。

麻醉复苏室护士在接到"患者转入"电话预约或口头预约后，提前做好接收患者的仪器、设备、物资准备。

3. 复苏期护理。

1) 体位：带气管插管患者给予平卧位；拔除气管插管后适当抬高床头，有恶心、呕吐现象者头偏向一侧，防止误吸。

执行人：麻醉复苏室护士。

2) 监测

（1）监测患者生命体征，对患者神志、呼吸、循环、血氧饱和度、面色进行评估，每 15 分钟评估 1 次并记录。执行人：麻醉复苏室护士。

（2）监测患者是否发生麻醉并发症，如恶心、呕吐、呼吸抑制、低氧血症、高血压、低血压、烦躁等，及时通知麻醉复苏室医师，并协助处理。执行人：麻醉复苏室护士、麻醉复苏室医师。

（3）监测患者是否发生手术并发症，如出血，及时通知手术医师床旁查看患者，协助处理。执行人：麻醉复苏室护士、麻醉复苏室医师、手术医师。

（4）预防意外拔管、坠床、压疮的发生，进行保护性约束和减少受压部位持续受压。执行人：麻醉复苏室护士。

（5）对清醒患者或儿童患者家长进行复苏期间的健康知识宣教。执行人：麻醉复苏室护士。

4. 出室护理。

1) 患者达到出室标准后送出。

2) 送患者回病房。执行人：麻醉医师、手术医师、麻醉复苏室护士。

3) 途中用物：呼吸球囊、面罩、吸痰管、50mL 注射器组成的抢救盒。

5. 与病房或 ICU 相关人员交接患者。

（十）术后 ICU 或病房流程

在术前、术中，若存在术前合并多种疾病或其他器官功能不全、循环呼吸不稳定等需要术后继续呼吸支持、密切监护治疗的情况，由手术医师、麻醉医师共同评估后联系 ICU 床位，术后送 ICU 治疗。

1. ICU。

1) 生命体征监测，维持呼吸、循环及内环境稳定。

2) 适时拔除气管插管。

3) 监测血常规、生化、凝血功能等。

4) 观察各引流管，如有异常情况，及时与主管医师联系。

5) 主管医师定期至 ICU 共同查房，患者病情好转、呼吸循环等生命体征平稳后，转回普通病房。

2. 病房。

1）手术完毕 6 小时内完善术后病程记录（主管医师），24 小时内书写完成手术记录（手术医师）。

2）上级医师带组查房，明确术后治疗计划、制订治疗方案，交代术后监测要点：生命体征、24 小时出入量、血常规及各项生化指标的变化，注意观察各引流管引流液性状与数量。

3）每日完善医师查房记录及其他病程记录（主管医师）。

（十一）病房快速康复注意要点

加强术后快速康复（ERAS）管理，采取多模式镇痛，早期进食和活动，强化术后康复治疗。

1. 重视围手术期预防性、多模式、按时的全程疼痛管理。术前预防性镇痛：术前 2 小时口服塞来昔布（西乐葆），术后镇痛采用镇痛泵联合静脉镇痛药物持续有效使用 72 小时。使用镇痛药物原则为按时镇痛（区别于按需镇痛）。术后 72 小时疼痛评分≤3 分，则改为口服药物镇痛。

2. 术后早期经口进食及营养支持。患者麻醉清醒后如无恶心、呕吐，肠道安全（无梗阻、无出血），应早期经口进食，从温开水、半流质饮食、流质饮食、软食逐渐过渡到正常饮食。

3. 术后早期下床活动。术后 4 小时在床上开始活动四肢、翻身，术后 1 天床边站立，术后 2 天开始下床活动。可据情况逐渐增加活动量。

4. 术后早期拔除管道。术后 24 小时拔除导尿管，腹腔引流管根据患者病情，于术后 48~72 小时拔除。

5. 重视术后并发症的预防管理。

1）术后肺部感染：对术前存在肺部感染高风险患者，由主管护士指导患者使用呼吸训练器实施肺康复训练；术后主管医师予药物雾化吸入，肺康复师呼吸训练，主管护士及家属协助拍背，鼓励患者深呼吸、咳嗽、咳痰。

2）术后深静脉血栓形成：根据《中国普通外科围手术期血栓预防与管理指南》，推荐患者术后早期下床活动，适当抬高肢体，以利血液回流，尽量减少卧床。动态使用 Caprini 血栓风险评估，中等风险以下的患者（Caprini 评分<3 分），给予术后早期活动和机械预防措施（间歇充气加压泵）；中等风险及以上的患者（Caprini 评分≥3 分），手术前 12 小时开始预防性抗血栓治疗（低分子量肝素），并持续用药至出院或术后 7~14 天。

（十二）出院及随访注意事项

1. 出院主要流程。

1）伤口检查、更换敷料（主管医师）。

2）告知出院后注意事项并在出院病情证明书上逐条记录（主管医师），包括使用药物方案、随访间隔、随访门诊时间、带管注意事项、取病理检查报告时间和地点、复印病历地点。

3）书写出院文书，上级医师审阅签字（主管医师）。

4）办公室护士告知患方出院流程，办理出院手续。

2. 手术医师于患者出院后 72 小时内完成病历审阅、签字、归档。

3. 出院后随访及康复注意事项（主管医师）。

1）嘱患者术后 1 周携带出院证明书于门诊病理科领取病理检查报告，可到病房或医疗组长门诊咨询结果。

2）嘱患者按要求进行定期（3～4 个月）门诊随访或者通过华医通 App 进行健康随访。如有不适，请患者及时就诊。

3）随访内容包括切口情况，营养膳食情况，带管出院患者管道管理，术后生理、生活、工作恢复情况等。

4）依患者病情及手术情况交代康复注意事项。

案例 9-3：单病种环节质量管理

以急性心肌梗死（ICD-10 编码为 I21.0～I21.3、I21.4、I21.9）为例，其环节质量监测指标如下（带★即为核心/问责指标）。

1. 到达医院后即刻使用阿司匹林（有禁忌证者应给予氯吡格雷）★。

2. 实施左心室功能评价。

3. 再灌注治疗（仅适用于 ST 段抬高型心肌梗死患者）★。

1）到院 30 分钟内实施溶栓治疗★。

2）到院 90 分钟内实施 PCI 治疗★。

3）需要急诊 PCI 患者，但本院无条件实施时，必须转院。

4. 到达医院后即刻适用 β 受体阻滞剂（有适应证、无禁忌证者）。

5. 有证据表明住院期间适用阿司匹林、β 受体阻滞剂、血管紧张素转换酶抑制剂（ACEI）或血管紧张素 Ⅱ 受体阻滞剂（ARB）、他汀类药物，有明确适应证、无禁忌证。

6. 有证据表明出院时继续适用阿司匹林、β 受体阻滞剂、ACEI/ARB、他汀类药物，有明确适应证、无禁忌证。

7. 血脂评估与管理。

8. 为患者提供急性心肌梗死的健康教育。

9. 患者住院天数与住院费用。

针对急性心肌梗死，血管再通的时间越短，患者疗效越好。如果能在发病 90 分钟内开通血管，后遗症很小甚至可以没有任何后遗症。血管再通的时间越长，同样的技术和医疗花费，救治效果越差。故病种诊疗过程中的关键环节指标执行程度直接影响到病种的诊疗效果与患者所承受的经济负担。

【关键词】

单病种、临床路径、质量管理、特定单病种。

【思考题】

1. 单病种质量管理的定义与目标是什么？

2. 实施单病种质量管理的挑战有哪些？单病种质量管理的未来发展方向是什么？
3. 临床路径管理的基本原理是什么？与其他管理工具相比有哪些优势？
4. 医院如何制订与实施临床路径？

主要参考文献

卫生部. 第二批单病种质量控制指标的通知（卫办医政函〔2010〕909号）[Z]. 2010.

国家卫生健康委员会. 关于进一步加强单病种质量管理与控制工作的通知（国卫办医函〔2020〕624号）[Z]. 2020.

卫生部. 临床路径管理指导原则（试行）（卫医管发〔2009〕99号）[Z]. 2009.

国家卫生和计划生育委员会，国家中医药管理局. 医疗机构临床路径管理指导原则（国卫医发〔2017〕49号）[Z]. 2017.

国家卫生健康委员会. 有关病种临床路径（2019年版）（国卫办医函〔2019〕933号）[Z]. 2019.

国家卫生健康委员会. 关于印发进一步规范医疗行为促进合理医疗检查的指导意见的通知（国卫医发〔2020〕29号）[Z]. 2020.

国家卫生健康委员会. 三级医院评审标准（2022年版）（国卫医政发〔2022〕31号）[Z]. 2022.

（帅冰星　张磊　刘芳）

第十章 静脉血栓栓塞院内防治体系的建立

第一节 静脉血栓栓塞的流行病学及预防策略

一、静脉血栓栓塞的流行病学

静脉血栓栓塞（venous thromboembolism，VTE）每年影响全球近1000万人，已成为全球疾病负担的重要构成之一。据统计，VTE的患病率在心脑血管疾病中排名第三，仅次于急性冠脉综合征和脑卒中。

研究表明，在欧洲和美国，VTE的年发病率为（1~2）/1000，而在亚洲，VTE的发病率则较低。美国心脏协会在2021年的报告中指出，美国每年大约有122万例VTE发生。一项针对欧洲的模型研究显示，在6个国家（总人口3.104亿）中，每年新发29.6万例肺血栓栓塞症（pulmonary thromboembolism，PTE）和46.6万例深静脉血栓形成（deep venous thrombosis，DVT）。在韩国，通过全民医保数据分析，VTE的年发病率约为0.2/1000。我国2018年流行病学调查显示，VTE的年发病率约为0.03/1000。大洋洲的研究发现，当地的VTE年发病率约为0.8/1000。目前，非洲地区尚缺乏VTE发病率的研究。

全球急性VTE的年发病率为（1~2）/1000，且随着年龄增长，无论男性还是女性，发病率均呈指数级增长。VTE的终生患病风险在性别间无显著差异，但在20~40岁，女性的患病风险较高，这可能与生育有关。在其他年龄段，男性的患病风险较高。在活动性癌症患者中，首次VTE的年发病率因癌症类型而异，如膀胱癌和乳腺癌为3%，结肠癌和前列腺癌为4%~7%，肺癌、胃癌、卵巢癌和脑癌为10%~12%，胰腺癌为15%。

VTE是一种常复发的慢性病，与抗凝治疗相关的大出血和长期残疾有关。VTE的医疗费用也相当高昂：在欧洲，与VTE相关的年度医疗保健费用估计在15亿~33亿欧元；而在美国，估计在70亿~100亿美元。尽管PTE相关的死亡率呈下降趋势，但约20%的患者在诊断后1年内死亡，这些死亡主要由并发症（如癌症）导致，而非复发性PTE。在欧洲，15~55岁妇女中每1000人中有8~13人死于PTE，男子中每1000人有2~7人死于PTE。

VTE 的主要长期并发症包括血栓形成后综合征（post-thrombotic syndrome, PTS）和肺血栓栓塞症后综合征（post-pulmonary thromboembolism syndrome, PTES），它们会降低患者的生活质量并增加卫生保健的经济负担。PTS 是 DVT 后静脉功能不全的慢性表现，在 DVT 发病 2 年内，20%~50% 的患者会发展为 PTS，其中 10% 为重度 PTS。与未发生 PTS 的 DVT 患者相比，发生 PTS 的患者的总治疗费用明显更高。最严重的 PTES 是慢性血栓栓塞性肺动脉高压，影响约 3% 的 PTE 患者；近一半的患者在急性 PTE 发病 1 年后出现功能和运动限制。

二、VTE 预防策略

VTE 通常可以通过早期干预来预防。大约一半的 VTE 病例与已知的触发因素相关，这表明采取适当的预防措施可能有效。维持健康的生活方式和使用药物预防都是降低 VTE 风险的方法。预防措施包括：

1. 通过精确的诊断性检查对手术前后的患者进行筛查，准确评估相关风险因素，特别是那些有 VTE 病史或特殊 VTE 风险因素的患者。
2. 利用风险评估模型帮助医师制订合适的预防策略。
3. 采用血管造影等方法早期发现 VTE，尽管由于成本限制，其应用受到一定约束。
4. 对于无症状患者，使用血管超声等侵入性较小的检查方法，以尽早明确诊断。

住院卧床和癌症是 VTE 预防的重点领域。由于住院期间发生 VTE 的风险较高，医院内 VTE 风险的预防已成为关键目标。对于有特殊 VTE 风险因素的患者，常用的预防措施包括低剂量抗凝药物。尽管已有针对住院期间预防 VTE 的指南，但关于出院后应继续预防多长时间，除了某些骨科手术外，尚缺乏明确指导。同样，癌症患者的 VTE 预防也面临挑战，因为 VTE 风险会随时间变化，而抗凝治疗可能增加出血风险。

VTE 病史是 VTE 复发的主要危险因素之一。对于有 VTE 病史的患者，标准的预防策略是抗凝治疗。然而，抗凝治疗可能会增加出血风险，因此在延长抗凝治疗时间与潜在出血风险之间需要仔细权衡。所有基于抗凝治疗的 VTE 预防策略都需考虑出血风险的增加。因此，选择使用低分子量肝素或低剂量口服抗凝剂进行 VTE 预防，是基于风险与收益评估的合理决策。

第二节　住院患者静脉血栓栓塞风险和出血风险评估

VTE 是一组由于机体的凝血和溶血机制失衡，在血管内形成血栓，导致血管阻塞和血液回流障碍的疾病。VTE 主要包括两种临床类型：PTE 和 DVT。DVT 一旦发生，可能进一步引发 PTE，引起心肌缺血、肺动脉高压、心力衰竭等严重并发症，对患者的生命安全构成重大威胁，并带来显著的社会经济负担。

在医院内实施 VTE 的预防和治疗措施，及时识别并干预住院患者的 VTE 风险，对于降低 VTE 的发生率至关重要。在我国，2007—2016 年，VTE 患者的住院死亡率从 4.7% 降低到了 2.1%，平均住院时间也从 14 天减少到了 11 天。这些成果的取得，归功于在医院内建立了早期预防和科学治疗相结合的 VTE 管理模式，以及加强了对 VTE 风险人群的评估和早期干预工作。

一、院内患者 VTE 风险评估模型

自 19 世纪 50 年代德国学者鲁道夫·魏尔肖（Rudolf Virchow）提出静脉血栓形成的三大风险因素以来，VTE 的风险评估、预防和治疗技术已取得显著进展。目前，国内外已有多个成熟的临床指南，如美国胸科医师学会（American College of Chest Physicians，ACCP）、欧洲心脏病学会（European Society of Cardiology，ESC）等学术团体制订的 VTE 治疗指南。

及时评估患者的 VTE 风险是防治 VTE 的基础。患者入院时，应进行全面的 VTE 风险评估，并根据病情分级实施相应的干预措施。可根据不同患者类别选择适用的评估量表，主要的 VTE 风险评估量表包括 Caprini 风险评估模型、Padua 风险评估模型、IMPROVE 风险评估模型、Khorana 风险评估模型等。

（一）Caprini 风险评估模型

Caprini 风险评估模型最初由美国学者 Caprini 提出，用于外科手术患者的 DVT 风险评估，后逐渐应用于内科住院患者。该模型最初包含 20 个风险因素，2005 年由密歇根大学研究团队扩展至 40 个风险因素，将患者分为极低危（0 分）、低危（1~2 分）、中危（3~4 分）、高危（5 分及以上）四类。2010 年和 2012 年，Caprini 对该模型进行了改进，纳入了体重指数（BMI）等风险因素，并被《ACCP 抗栓治疗和血栓预防指南（第 9 版）》采用，作为区分患者风险、采取不同预防和治疗手段的依据之一。

（二）Padua 风险评估模型

Padua 风险评估模型是意大利学者 Barbar 等对 Kucher 评分模型的改进，主要针对内科住院患者。该模型包含既往 VTE 史、活动性癌症、活动减少等 11 项风险因素，不同风险因素被赋值 1~3 分，最终分为低风险（<4 分）和高风险（≥4 分）两个结果。

Padua 风险评估模型基于 1180 名内科患者的前瞻性队列研究开发，对内科住院患者 VTE 风险的预测性能良好。

（三）IMPROVE 风险评估模型

2011 年，Spyropoulos 等基于 15156 名急诊入院的内科住院患者数据，提出了 IMPROVE 风险评估模型。该模型确定了 VTE 既往史、癌症、是否接受 ICU/CCU 治疗等 7 个风险因素。

与其他模型相比，IMPROVE 风险评估模型更多地考虑患者住院治疗时的实际需要，为医师提供了简便易行的入院评估方法。在后续的外部验证研究中，IMPROVE 风险评估模型预测性能较好。

（四）Khorana 风险评估模型

癌症患者是 VTE 防治的重点人群，发生 VTE 的风险可能与一般人群存在差异。2008 年，Khorana 等针对接受化疗的门诊癌症患者开发了新的风险评估模型。该模型相对简易，纳入了 5 个风险因素，包括癌症部位、血红蛋白计数、白细胞计数、BMI、是否使用促红细胞生成素，最后根据评分分为低风险（0 分）、中风险（1~2 分）和高风险（3 分及以上）三个类别。

研究建立了纳入 2701 名门诊癌症患者的推导队列，并使用另一包含 1365 名门诊癌症患者的验证队列。在推导队列和验证队列中，低风险组在 2.5 个月内发生 VTE 的患者比例分别为 0.8%、0.3%，中风险组 VTE 发生率分别为 1.8%、2.0%，高风险组 VTE 发生率分别为 7.1%、6.7%，模型 C 统计量为 0.7，能较为有效地识别目标人群的短期 VTE 风险。

（五）基于我国患者数据开发的风险评估模型

前述各类 VTE 风险评估模型均基于国外患者队列数据研发。近年来，国内学者利用国内医院患者数据，开发了多种 VTE 风险评估模型。相较于国外开发的多个模型，基于我国患者数据开发的模型初步表现了更好的预测性能。

2019 年，Tian 等利用 533 名 2016 年 7 月至 2017 年 12 月期间在北京朝阳医院接受胸外科手术的患者数据，开发了包含肿瘤性质、术式、手术时长、术中出血、D-二聚体、红细胞计数、BMI、年龄等因素的 VTE 风险评估模型——朝阳模型。在同一队列中，朝阳模型的 C 统计量为 0.80，优于 Caprini 等风险评估模型。

2023 年，Chen 等基于北京世纪坛医院住院的 300 名 VTE 患者和 300 名非 VTE 患者，开发了包含年龄、下肢水肿、VTE 既往史、D-二聚体、中心静脉导管置入、慢性阻塞性肺疾病等 6 项风险因素的住院患者 VTE 风险评估模型 STJ，并与 Caprini 风险评估模型、Padua 风险评估模型在另一组独立数据中进行了外部验证，STJ 模型在内科住院患者、手术住院患者中的预测性能与 Caprini 风险评估模型、Padua 风险评估模型相似或更优。

二、出血风险评估

出血风险是 VTE 预防、治疗中需要考虑的重要因素。使用抗凝药物、外科手术或其他患者个人因素都可能会增加患者发生出血的风险。目前，学界已提出 IMPROVE 出血风险评估模型、VTE-BLEED 模型和 VTE-PREDICT 模型。下文将对这 3 个模型的概况和评估效果予以介绍。

（一）IMPROVE 出血风险评估模型

IMPROVE 出血风险评估模型与前文所述的用于 VTE 风险评估的 IMPROVE 风险评估模型同属一项研究。2011 年，Decousus 等使用 IMPROVE 数据对院内出血的发生率进行了统计，分析患者入院时与院内出血风险的相关因素。研究表明，15156 名患者入院 14 天内出血的累计发生率为 3.2%，活动性胃十二指肠溃疡、既往出血史、血小板计数是院内出血最强的独立危险因素，其他危险因素还包括年龄、肝肾功能、癌症等 7 项危险因素。基于这些危险因素，研究人员制订了 IMPROVE 出血风险评估模型。

该模型得到了其他研究人员的外部验证。Hostler 等对 1668 名住院患者的出血风险分析表明，IMPROVE 出血评分 ≥7.0 的患者入院后 14 天内出血累计发生率较高，在预防性使用药物的患者群体中，IMPROVE 出血评分与发生临床出血事件的趋势显著相关。Rosenberg 等基于 12082 名患者的研究同样表明，IMPROVE 出血风险评估模型有效，模型 C 统计量为 0.63，评分 ≥7.0 的患者出血风险显著高于评分 <7.0 的患者。

（二）VTE-BLEED 模型

Klok 等于 2016 年提出 VTE-BLEED 模型，包含癌症、未控制的高血压、贫血、出血史、年龄、肾功能不全共 6 项风险因素。在用于推导队列的患者群体中（2553 名接受达比加群治疗的 VTE 患者），VTE-BLEED 模型预测出血风险时的 C 统计量为 0.72，具有一定准确性。随后，研究人员使用 VTE-BLEED 模型评估了接受华法林或达比加群长期治疗 VTE 患者的长期出血风险，模型 C 统计量分别为 0.78、0.75，预测性能良好。在利用其他队列数据进行的外部验证中，VTE-BLEED 模型也能较为准确地识别低风险、高风险患者，评估患者的短期、长期出血风险。

（三）VTE-PREDICT 模型

2023 年，de Winter 等整合多个临床研究队列，形成了包含 189 名抗凝治疗期间大出血患者在内的共 15141 例病例的研究队列，预测开发了 VTE-PREDICT 模型。VTE-PREDICT 模型纳入了手术史、VTE 既往史、是否服用非甾体抗炎药等 14 个临床特征，在评估患者 VTE 复发风险的同时，也能分析抗凝患者 1 年、5 年的出血风险。研究人员在多个 VTE 相关队列中验证了该模型的有效性，涉及 59257 名 VTE 患者，其中 3335 名发生出血事件。在不同的队列中，VTE-PREDICT 模型预测出血的 C 统计量处于 0.61~0.68，也具有一定的应用潜力。

第三节 医院内静脉血栓栓塞防治管理制度

一、背景及目的

住院患者 VTE 发生风险与患者的病情、手术等治疗措施，以及患者并存的其他危险因素（如高龄、肥胖、卧床、合并症等）有关，是导致住院患者非预期死亡的重要原因，已经成为医院管理和临床医务人员面临的严峻问题。DVT 多发生于下肢，血栓脱落可引起 PTE，PTE 发病急、病情重、预后差、病死率高，且症状不典型，易漏诊、误诊，早期筛查高危患者，及时进行预防可明显减少医院内 VTE 的发生，高效规范的救治可以显著降低 PTE 患者的病死率。鉴于上述背景，为提高医院内 VTE 防治的医疗质量和医疗安全，特制订本管理制度。

二、医院内 VTE 防治管理组织机构与职责

医院内 VTE 的防治工作需要医院各管理部门和临床及医技科室之间的密切合作。建立一个人员组成和组织结构合理的管理组织是确保 VTE 防治措施得以有效实施的基本条件。医院应首先成立 VTE 防治管理委员会，并下设 VTE 防治管理办公室来负责组织和开展院内的具体工作。此外，医院应积极申报建立肺栓塞和深静脉血栓形成防治中心，获得全国肺栓塞和深静脉血栓形成防治能力建设项目的认证后，通过标准化建设，规范和完善全院的 VTE 防治管理。

（一）VTE 防治管理委员会

VTE 防治管理委员会应由院长及分管医疗的副院长分别担任主任委员及副主任委员，成员包括职能部门如医务部、护理部、设备部等负责人，以及相关临床、医技科室如呼吸内科、血管外科、超声科、放射科、检验科等科室负责人。VTE 防治管理委员会的职责如下。

1. 制订医院内 VTE 防治管理的规章制度并监督其实施。
2. 审查医院内 VTE 防治管理的基本标准和工作流程。
3. 制订医院内 VTE 防治的工作计划，并对计划的实施进行考核和评价。
4. 明确相关部门、人员在防治工作中的责任。
5. 组织并开展 VTE 相关的培训和教育，包括对行政管理人员、临床医务人员等的定期培训。
6. 开展院内 VTE 防治工作的质量控制。
7. 定期召开管理工作例会，对相关工作进行总结梳理，并持续改进。

（二）VTE 防治管理办公室

在医院 VTE 防治管理委员会的指导下，成立 VTE 防治管理办公室，通常设在医务部，由医务部安排专人负责统筹办公室的相关工作。VTE 防治管理办公室的职责如下。

1. 落实 VTE 防治管理委员会的工作部署，包括院内 VTE 防治工作计划、具体执行和日常运行。

2. 每月组织召开联席会议等。

（三）临床科室 VTE 防治管理小组

由各科室的科主任、护士长、医疗组长、护理组长及 VTE 联络员（医师、护士）等组成。科主任作为科室 VTE 防治管理的第一责任人，负责组织制订全科 VTE 工作计划、组织科内培训计划、召开专题会议等。护士长负责制订科室的 VTE 防治护理管理制度，并建立医护沟通机制。临床科室 VTE 防治管理小组的职责如下。

1. 在科主任的领导下开展工作，根据科室特点制订专科预防方案及 VTE 诊治处置流程。

2. 组织落实各项评估，包括对所有住院患者的 VTE 风险评估和中高风险患者的出血风险评估。

3. 督促科室人员根据 VTE 风险程度为患者制订预防方案，实施预防措施，对患者和家属进行 VTE 预防知识宣教和指导，早期识别和及时处理 VTE 事件。

4. VTE 联络员负责与医院 VTE 防治管理委员会及管理办公室沟通，传达医院的 VTE 管理政策，协助制订科室 VTE 管理文件，负责科室 VTE 相关数据的收集及上报。

三、医院内 VTE 防治管理实施方案

（一）医院内 VTE 的风险评估和预防

所有住院患者应在入院 24 小时内完成 VTE 风险评估。推荐使用 Caprini 风险评估模型，并建议将其整合至医院信息系统以便于临床使用。对于特殊科室需要使用其他类型的 VTE 风险评估模型，应向 VTE 防治管理办公室提出申请并备案，经审批通过后方可使用。对于 VTE 中高风险患者，指南推荐可采用药物预防，但考虑到药物预防可能伴随的出血风险，应对所有评估为 VTE 中高风险的住院患者进行出血风险评估。

VTE 风险和出血风险的动态评估应在患者入院后、转科、手术后 24 小时、出院前以及病情变化时进行。通过信息化手段，整合相关评估及预防措施，并利用专门的 VTE 防治信息系统协助工作。

1. VTE 风险评估。

1）评估对象：所有住院患者（除 13 岁以下儿童）。

2）执行人：由主管护士进行初步评估，并将评估结果告知主管医师。

3）评估内容：Caprini 风险评估模型中涉及的相关内容，包括患者、外科、内科、治疗等相关因素。

4）评估工具：Caprini 风险评估模型。

5）评估时机：患者入院、转科、手术后、病情变化、出院前时需进行动态评估。

2. 出血风险评估。

1）评估对象：所有 VTE 风险评估为中高风险的住院患者，以及 Caprini 评分≥3 分患者；入院时已诊断静脉血栓形成，需使用抗凝药物患者。

2）执行人：主管医师。

3）评估内容：患者因素、基础疾病、合并用药情况、手术及侵入性操作等。

4）评估工具：《内科住院患者出血危险因素评估表》或《手术患者大出血并发症危险因素评估表》。

5）评估时机：VTE 风险评估为中高危患者，或本身已有血栓形成者使用抗凝药物前。

3. VTE 预防策略。

在充分评估 VTE 风险和出血风险的基础上，选择个体化预防措施，并根据动态评估结果调整预防策略，同时做好患者和家属对 VTE 风险的告知和相关预防措施的知情同意。推荐预防原则如下。

1）VTE 危险程度为非常低危（Caprini 评分 0 分），推荐基础预防措施。

2）VTE 危险程度为低危（Caprini 评分 1～2 分），推荐基础预防措施，卧床患者可考虑机械预防措施。

3）VTE 危险程度为中危（Caprini 评分 3～4 分），推荐基础预防措施＋机械预防措施，合并高风险疾病可考虑药物预防。

4）VTE 危险程度为高危合并低出血风险（Caprini 评分≥5 分），推荐基础预防措施＋药物预防，可考虑加用机械预防措施。

5）VTE 危险程度为高危合并高出血风险（Caprini 评分≥5 分），推荐基础预防措施＋机械预防措施，注意动态评估出血风险，出血风险降低后加用药物预防。

基础预防措施包括尽早活动（主动/被动运动）、操作规范、减少血管内膜损伤、健康教育（低脂、清淡、易消化饮食，多饮水，保持大小便通畅）等。机械预防措施包括弹力袜、间歇充气加压装置、足底静脉泵（使用前注意评估相关机械预防的禁忌证）。药物预防包括低分子量肝素、磺达肝癸钠、利伐沙班等。

（二）医院内 VTE 的诊断和治疗

严格按照 DVT 和 PTE 相关的临床诊疗规范和指南对医院内 VTE 患者进行临床识别和处理。

1. 临床科室。

1）所有临床科室，特别是高危科室如重症医学科、肿瘤科、骨科、胸外科等，科室 VTE 防治管理小组需制订本科室的 VTE 应急预案并报医院 VTE 防治管理办公室备案，定期按照预案进行应急演练。科室做好 DVT 和 PTE 的临床识别和诊断，一旦发现疑诊 PTE 或疑诊 DVT 患者，需立即请相关科室会诊，进入规范诊治程序。

2）呼吸与危重症医学科/肺栓塞与肺血管疾病专业团队：负责肺栓塞的会诊、转诊与救治。发现疑诊 PTE 患者，由呼吸与危重症医学科住院总医师会诊，如遇复杂或危重病例，由呼吸与危重症医学科住院总医师请肺血管病专业组医师协助解决。呼吸与危重症医学科病房肺栓塞与肺血管疾病亚专业组负责收治 PTE 患者，内科 ICU 负责收治病情危重的高危 PTE 患者。

3）血管外科/血管专业组医师：负责 DVT 的会诊、转诊与救治。发现疑诊 DVT 患者，由血管外科住院总医师会诊，如遇复杂或危重病例，由血管外科住院总医师请血管病专业组医师协助解决，血管外科病房静脉疾病亚专业组负责收治 DVT 患者。

4）急诊科：负责急诊患者的初诊及甄别，胸痛中心保证急性 PTE 患者就诊绿色通道畅通。疑诊或确诊的急性 PTE 患者，入院后直接进入抢救流程，并请相应科室住院总医师/二线医师进行会诊。

5）心脏内科、心脏外科、血液内科、ICU 等临床科室需协助复杂及危重 VTE 患者的诊治，必要时由 VTE 防治管理办公室协调启动急性 PTE 的多学科会诊。

2. 医技科室。

1）放射诊断科：负责开展 CT 肺动脉造影（CTPA）等检查或急查，设立 24 小时绿色通道，有相应危急值提示。

2）核医学科：负责开展核素肺通气/灌注（V/Q）显像等检查，有相应危急值提示。

3）超声诊断科：负责开展 24 小时下肢静脉加压超声检查或床旁急查，有相应危急值提示。

4）检验科：负责开展 24 小时血浆 D-二聚体、肌钙蛋白、脑钠肽等快速检测，有相应危急值提示。

5）心脏内科心电图检查室：负责开展 24 小时床旁心电图和超声心动图检查（条件允许），有相应危急值提示。

6）药剂科：负责抗凝药物及溶栓药物的常规配备。

第四节 VTE 医疗质量控制与管理评价

医院内 VTE 防治管理的质量控制与评价主要围绕医疗管理过程的各个环节展开，包括 VTE 风险评估、出血风险评估、合理预防、疾病诊治及医疗服务质量的持续改进。医疗质量由医务管理部门监管，并将 VTE 防治纳入质量控制管理范围及医疗年终考核体系。依据国家卫生健康委员会及院内 VTE 防治质量控制中心发布的质量监控指标，重点对住院患者，特别是围手术期和其他住院 VTE 中高风险患者的医疗质量进行控制和考核，定期开展现场检查和病历抽查。护理质量控制由护理部监管，将评估及措施应用纳入护理部每月及年度质量督导检查项目。质量控制指标可通过信息系统及医院VTE防治系统进行采集，同时，医院VTE防治管理办公室及护理部将不定期进入科室检查相关制度的落实情况。

一、医院内VTE防治管理质量控制指标

1. 观念指标。各科室医务人员对VTE预防、诊治知识知晓率，住院患者对VTE防治知识知晓率。

2. 评估与预防质量指标。

1）VTE风险评估率：接受VTE风险评估的住院患者人数占同期住院患者人数的比例。

2）VTE风险完整评估率：完整接受入院/转科评估、术后、出院前与病情变化等关键环节VTE风险评估的患者数占同期住院患者人数的比例。

3）出血风险评估比率：接受出血风险评估的住院患者人数占同期VTE风险评估为中危及以上患者人数的比例。

4）VTE预防措施（不包括基础预防措施）实施率：接受VTE预防措施的住院患者人数占同期VTE风险评估为中危及以上的住院患者人数的比例。

5）VTE恰当预防措施实施率：接受VTE恰当预防措施的住院患者人数占同期VTE风险评估为中危及以上患者人数的比例。

6）药物预防率：接受药物预防的患者人数占VTE风险评估为中危及以上患者人数的比例。

7）机械预防率：接受机械预防的患者人数占VTE风险评估为中危及以上患者人数的比例。

3. 结局质量指标。

1）医院相关性VTE发生率：首次确诊医院相关性VTE的患者人数占同期住院患者人数的比例（可进一步计算院内DVT及院内PTE发生率）。

2）医院相关性VTE治疗率：本次住院期间首次明确为医院相关性VTE的病例按照指南要求分别实施了规范的抗凝治疗、溶栓治疗、介入治疗或手术治疗的住院患者总例数与同期首次明确为医院相关性VTE出院患者总例数的比值。

3）VTE患者全因死亡率：所有确诊VTE的患者住院期间的死亡人数占同期确诊VTE的患者人数的比例。

4）肺栓塞病死率：因肺栓塞死亡的住院患者人数占同期所有确诊肺栓塞的患者人数的比例。

二、VTE相关不良事件管理评价

1. 出血事件发生率：使用抗凝药物预防VTE或使用抗凝/溶栓药物治疗医院相关性VTE的出院患者中，在住院期间发现大出血或临床相关非大出血的出院患者比例。

2. 评估、预防、治疗未规范实施导致的临床不良结局个案评估分析。定期组织涉及患者治疗的临床科室、VTE 救治主要临床及医技科室召开多学科讨论，针对不良结局的发生原因进行分析，并将分析结果提交医院 VTE 管理办公室。

【关键词】

静脉血栓栓塞、风险评估、防治管理、质量评价。

【思考题】

1. 如何建立一个有效的管理效果评价反馈机制？
2. 如果做好 VTE 确诊患者的院外随访？
3. 如何选择适合的 VTE 风险评估模型？

主要参考文献

CUSHMAN M. Epidemiology and risk factors for venous thrombosis [J]. Semin Hematol, 2007, 44 (2): 62-69.

FAIONI E M, ZIGHETTI M L, VOZZO N P. Sex, gender and venous thromboembolism: do we care enough? [J]. Blood Coagulation & Fibrinolysis, 2018, 29 (8): 663-667.

WENDELBOE A M, RASKOB G E. Global burden of thrombosis: epidemiologic aspects [J]. Circulation Research, 2016, 118 (9): 1340-1347.

LAW Y, CHAN Y C, CHENG S W K. Epidemiological updates of venous thromboembolism in a Chinese population [J]. Asian Journal of Surgery, 2018, 41 (2): 176-182.

HONG J, LEE J H, YHIM H Y, et al. Incidence of venous thromboembolism in Korea from 2009 to 2013 [J]. PLoS One, 2018, 13 (1): e191897.

VIRANI S S, ALONSO A, APARICIO H J, et al. Heart disease and stroke statistics-2021 update: a report from the American Heart Association [J]. Circulation, 2021, 143 (8): e254-e743.

COHEN A T, AGNELLI G, ANDERSON F A, et al. Venous thromboembolism (VTE) in Europe — The number of VTE events and associated morbidity and mortality [J]. Thrombosis and Haemostasis, 2007, 98 (4): 756-764.

HO W K, HANKEY G J, EIKELBOOM J W. The incidence of venous thromboembolism: a prospective, community - based study in Perth, Western Australia [J]. Medical Journal of Australia, 2008, 189 (3): 144-147.

DANWANG C, TEMGOUA M N, AGBOR V N, et al. Epidemiology of venous thromboembolism in Africa: a systematic review [J]. Journal of Thrombosis and Haemostasis, 2017, 15 (9): 1770-1781.

RASKOB G E, ANGCHAISUKSIRI P, BLANCO A N, et al. Thrombosis: A major contributor to global disease burden [J]. Seminars in Thrombosis and Hemostasis, 2014, 40 (7): 724-735.

HEIT J A. Epidemiology of venous thromboembolism [J]. Nature Reviews Cardiology, 2015, 12 (8): 464-474.

TAGALAKIS V, PATENAUDE V, KAHN S R, et al. Incidence of and mortality from venous thromboembolism in a real - world population: the Q - VTE Study Cohort [J]. The American Journal of Medicine, 2013, 126 (9): 813-832.

ROACH R E J, LIJFERING W M, ROSENDAAL F R, et al. Sex difference in risk of second but not of first venous thrombosis: paradox explained [J]. Circulation, 2014, 129 (1): 51-56.

COHEN A T, ANJA K, RIETBROCK S, et al. Epidemiology of first and recurrent venous thromboembolism in patients with active cancer [J]. Thrombosis and Haemostasis, 2017, 26 (1): 57-65.

BARCO S, WOERSCHING A L, SPYROPOULOS A C, et al. European Union-28: an annualised cost-of-illness model for venous thromboembolism [J]. Thrombosis and Haemostasis, 2016, 115 (4): 800-808.

GROSSE S D, NELSON R E, NYARKO-A, et al. The economic burden of incident venous thromboembolism in the United States: a review of estimated attributable healthcare costs [J]. Thrombosis Research, 2016, 140 (Suppl 1): 137-143.

KELLER K, HOBOHM L, EBNER M, et al. Trends in thrombolytic treatment and outcomes of acute pulmonary embolism in Germany [J]. European Heart Journal, 2020, 41 (4): 522-529.

BIKDELI B, WANG Y, JIMENEZ D, et al. Pulmonary embolism hospitalization, readmission, and mortality rates in US older adults, 1999-2015 [J]. JAMA, 2019, 322 (6): 574-576.

BARCO S, MAHMOUDPOUR S H, VALERIO L, et al. Trends in mortality related to pulmonary embolism in the European Region, 2000 - 15: analysis of vital registration data from the WHO Mortality Database [J]. The Lancet Respiratory Medicine, 2020, 8 (3): 277-287.

SISTA A K, KLOK F A. Late outcomes of pulmonary embolism: the post-PE syndrome [J]. Thrombosis Research, 2018, 164: 157-162.

GALANAUD J P, KAHN S R, KAHN S R. The post-thrombotic syndrome: a 2012 therapeutic update [J]. Current Treatment Options in Cardiovascular Medicine, 2013, 15 (2): 153-163.

MACDOUGALL D A, FELIU A L, BOCCUZZI S J, et al. Economic burden of deep-vein thrombosis, pulmonary embolism, and post-thrombotic syndrome [M]. Oxford: Oxford University Press, 2006.

KACHROO S, BOYD D, BOOKHART B K, et al. Quality of life and economic costs associated with postthrombotic syndrome [J]. American Journal of Health-System Pharmacy, 2012, 69 (7): 567-572.

ENDE-VERHAAR Y M, CANNEGIETER S C, VONK NOORDEGRAAF A, et al. Incidence of chronic thromboembolic pulmonary hypertension after acute pulmonary embolism: a contemporary view of the published literature [J]. European Respiratory Journal, 2017, 49 (2): 1601792.

KAHN S R, HIRSCH A M, AKABERI A, et al. Functional and exercise limitations after a first episode of pulmonary embolism: results of the ELOPE prospective cohort study [J]. Chest, 2017, 151 (5): 1058-1068.

ORTEL T L, NEUMANN I, AGENO W, et al. American Society of Hematology 2020 guidelines for management of venous thromboembolism: treatment of deep vein thrombosis and pulmonary embolism [J]. Blood Advances, 2020, 4 (19): 4693-4738.

FOLSOM A R, CUSHMAN M. Exploring opportunities for primary prevention of unprovoked venous thromboembolism: ready for prime time? [J]. Journal of the American Heart Association, 2020, 9 (23): e19395.

LLOYD-JONES D M, HONG Y, LABARTHE D, et al. Defining and setting national goals for cardiovascular health promotion and disease reduction: the American Heart Association's strategic

Impact Goal through 2020 and beyond [J]. Circulation, 2010, 121 (4): 586-613.

BATES S M, JAESCHKE R, STEVENS S M, et al. Diagnosis of DVT: antithrombotic therapy and prevention of thrombosis: American College of Chest Physicians evidence-based clinical practice guidelines [J]. Chest, 2012, 141 (2): e351S-e418S.

JOHNSON S A, STEVENS S M, WOLLER S C, et al. Risk of deep vein thrombosis following a single negative whole-leg compression ultrasound: a systematic review and meta-analysis [J]. JAMA, 2010, 303 (5): 438-445.

HIRSH J, GINSBERG J S, CHAN N, et al. Mandatory contrast-enhanced venography to detect deep-vein thrombosis (DVT) in studies of DVT prophylaxis: upsides and downsides [J]. Thrombosis and Haemostasis, 2014, 111 (1): 10-13.

LINDSTRöM S, WANG L U, SMITH E N, et al. Genomic and transcriptomic association studies identify 16 novel susceptibility loci for venous thromboembolism [J]. Blood, 2019, 134 (19): 1645-1657.

ORTEL T L, NEUMANN I, AGENO W, et al. American Society of Hematology 2020 guidelines for management of venous thromboembolism: treatment of deep vein thrombosis and pulmonary embolism [J]. Blood Advances, 2020, 4 (19): 4693-4738.

中华医学会呼吸病学分会肺栓塞与肺血管病学组，中国医师协会呼吸医师分会肺栓塞与肺血管病工作委员会，全国肺栓塞与肺血管病防治协作组. 肺血栓栓塞症诊治与预防指南 [J]. 中华医学杂志，2018, 98 (14): 1060-1087.

WENDELBOE A M, RASKOB G E. Global burden of thrombosis epidemiologic aspects [J]. Circulation Research, 2016, 118 (9): 1340-1347.

ZHEN K, FEN D, FANG F, et al. Evaluation of in-hospital venous thromboembolism prevention and management system using hospital-level metrics: A nationwide cross-sectional survey in China [J]. Journal of Patient Safety, 2022, 18 (3): e626-e632.

MAHAN C E, BORREGO M E, WOERSCHING A L, et al. Venous thromboembolism: annualised United States models for total, hospital-acquired and preventable costs utilising long-term attack rates [J]. Thrombosis and Haemostasis, 2012, 108 (8): 291-302.

HUNT B J. Preventing hospital associated venous thromboembolism [M]. London: British Medical Journal Publishing Group, 2019.

STEVENS S M, WOLLER S C, KREUZIGER L B, et al. Antithrombotic therapy for VTE disease: second update of the Chest guideline and expert panel report [J]. Chest, 2021, 160 (6): e545-e608.

ZHANG Z, JIEPING L, SHAO X, et al. Trends in hospitalization and in-hospital mortality from VTE, 2007 to 2016, in China [J]. Chest, 2019, 155 (2): 342-353.

余婧，王伟，黄建华，等. 美国胸科医师学会第十版静脉血栓栓塞症治疗指南解读 [J]. 中国血管外科杂志（电子版），2016, 8 (3): 228-231.

张月儿，陈佳丽，宁宁. 预防深静脉血栓的研究进展 [J]. 现代临床医学，2017, 43 (3): 235-237.

CAPRINI J A, ARCELUS J I, HASTY J H, et al. Clinical assessment of venous thromboembolic risk in surgical patients [J]. Seminars in Thrombosis and Hemostasis, 1991, 17 (Suppl 3): 304-312.

CAPRINI J A. Risk assessment as a guide to thrombosis prophylaxis [J]. Current Opinion in Pulmonary Medicine, 2010, 16 (5): 448-452.

BARBAR S, NOVENTA F, ROSSETTO V, et al. A risk assessment model for the identification of hospitalized medical patients at risk for venous thromboembolism: the Padua Prediction Score [J]. Journal of Thrombosis and Haemostasis, 2010, 8 (11): 2450-2457.

SPYROPOULOS A C, FREDERICK A, GORDON F G, et al. Predictive and associative models to identify hospitalized medical patients at risk for VTE [J]. Chest, 2011, 140 (3): 706-714.

BO T, LI H, CUI S P, et al. A novel risk assessment model for venous thromboembolism after major thoracic surgery: a Chinese single-center study [J]. Journal of Thoracic Disease, 2019, 11 (5): 1903-1910.

CHEN X L, HUANG J L, LIU J X, et al. Derivation and external validation of a risk assessment model of venous thromboembolism in hospitalized Chinese patients [J]. Clinical and Applied Thrombosis/Hemostasis, 2023, 29: 1309634628.

ZHOU H X, WANG L, WU X L, et al. Validation of a venous thromboembolism risk assessment model in hospitalized chinese patients: a case-control study [J]. Journal of Atherosclerosis and Thrombosis, 2014, 21 (3): 261-272.

GRANT P J, GREENE M T, CHOPRA V, et al. Assessing the Caprini Score for risk assessment of venous thromboembolism in hospitalized medical patients [J]. The American Journal of Medicine, 2016, 129 (5): 528-535.

VARDI M, GHANEM-ZOUBI N O, ZIDAN R, et al. Venous thromboembolism and the utility of the Padua Prediction Score in patients with sepsis admitted to internal medicine departments [J]. Journal of Thrombosis and Haemostasis, 2013, 11 (3): 467-473.

SHAIKH M A, JEONG H S, MASTRO A, et al. Analysis of the American Society of Anesthesiologists Physical Status Classification System and Caprini Risk Assessment Model in predicting venous thromboembolic outcomes in plastic surgery patients [J]. Aesthetic Surgery Journal, 2016, 36 (4): 497-505.

ZHOU H X, HU Y H, LI X Q, et al. Assessment of the risk of venous thromboembolism in medical inpatients using the Padua Prediction Score and Caprini Risk Assessment Model [J]. Journal of Atherosclerosis and Thrombosis, 2018, 25 (11): 1091-1104.

BLONDON M, SPIRK D, KUCHER N, et al. Comparative performance of clinical risk assessment models for hospital-acquired venous thromboembolism in medical patients [J]. Thrombosis and Haemostasis, 2018, 118 (1): 82-89.

CHAMOUN N, MATTA S, ADERIAN S S, et al. A prospective observational cohort of clinical outcomes in medical inpatients prescribed pharmacological thromboprophylaxis using different clinical risk assessment models (COMPT RAMs) [J]. Scientific Reports, 2019, 9 (1): 18366.

DECOUSUS H, TAPSON V F, BERGMANN J F, et al. Factors at admission associated with bleeding risk in medical patients: findings from the IMPROVE investigators [J]. Chest, 2011, 139 (1): 69-79.

HOSTLER D C, MARX E S, MOORES L K, et al. Validation of the international medical prevention registry on venous thromboembolism bleeding risk score [J]. Chest, 2016, 149 (2): 372-379.

ROSENBERG D J, PRESS A, FISHBEIN J, et al. External validation of the IMPROVE Bleeding Risk Assessment Model in medical patients [J]. Thrombosis and Haemostasis, 2016, 116 (3): 530-536.

KLOK F A, HöSEL V, CLEMENS A, et al. Prediction of bleeding events in patients with venous thromboembolism on stable anticoagulation treatment [J]. The European Respiratory Journal, 2016,

48 (5): 1369-1376.

KLOK F A, BARCO S, KONSTANTINIDES S V. External validation of the VTE-BLEED score for predicting major bleeding in stable anticoagulated patients with venous thromboembolism [J]. Thrombosis and Haemostasis, 2017, 117 (6): 1164-1170.

DEWINTER M A, BüLLER H R, CARRIER M, et al. Recurrent venous thromboembolism and bleeding with extended anticoagulation: the VTE-PREDICT risk score [J]. European Heart Journal, 2023, 44 (14): 1231-1244.

全国肺栓塞和深静脉血栓形成防治能力建设项目专家委员会《医院内静脉血栓栓塞症防治质量评价与管理指南（2022版）》编写专家组. 医院内静脉血栓栓塞症防治质量评价与管理指南（2022版）[J]. 中华医学杂志, 2022, 102 (42): 3338-3348.

全国肺栓塞和深静脉血栓形成防治能力建设项目办公室. 医院内肺栓塞和深静脉血栓形成防治医生工作手册（试行版）[R]. 2019.

（李大江　任爽　杨墨轩　王颖航）